刘国光

经济论著全集

（计划经济向商品经济和市场经济转型过渡时期的探索 1978—1980 年） 第 ② 卷

知识产权出版社
全国百佳图书出版单位

目　录

计划经济和价值规律[*]

（1978年3月）

价值规律对按比例发展的作用

在国家统一计划的指导下，自觉利用价值规律，这个问题对于我们有计划、按比例、高速度地发展国民经济，非常重要。

国民经济计划管理的一项重要的经常的任务，是正确安排和保持国民经济的适当比例，求得生产和需要的平衡。列宁说："经常地、自觉地保持的平衡，实际上就是计划性"。^①这是社会主义经济制度优越性的具体体现。一切社会，为了使社会再生产顺利实现，客观上都要求生产资料和劳动力在农业、工业和国民经济其他部门的分配，保持一定的比例关系。但是，在不同的社会，实现的途径不同，后果也不一样。在资本主义社会，生产资料的资本主义私有制，造成个别企业中生产的组织性和整个社会生产的无政府状态之间的矛盾，社会再生产所要求的各种比例关系，只能通过价值规律的盲目调节和周期性的经济危机自发地、强制地实现。在社会主义社会里，生产资料的公有制代替了私有制，国民经济有计划按比例发展规律代替了竞争和社会生产无政府状态规律，社会再生产过程中所要求的各种比例关系，就

---

* 本文系与何建章、黄振奇合写，原载《红旗》杂志1978年第6期，小标题为 编者所加。

① 《列宁全集》第3卷，第566页。

有必要和可能通过计划自觉地加以安排。

但是，在社会主义阶段，仍然保留着商品制度。在有商品和商品生产的地方，价值规律是不能不发生作用的。这样，就产生了一个问题：在社会再生产的比例关系的形成上，价值规律同国民经济计划、同国民经济有计划按比例发展规律是什么关系？

由于所有制的改变，在社会主义社会中，价值规律已经不能像在资本主义社会那样成为整个社会生产比例关系的自发的调节者，它能够被社会自觉地利用来为安排和实现计划比例服务。因此，在这个问题上，我们既不能把价值规律看作是安排计划比例的主要依据，完全让价值规律来调节国民经济各部门的比例关系；也不能把价值规律与国民经济有计划按比例发展规律看成是互相排斥的，认为凡是计划规律起作用的地方，价值规律就不起作用，而凡是价值规律起作用的地方，就要冲击国家计划。

社会主义经济发展的实践表明，制定国民经济计划比例的主要依据，不再是价值规律，而是社会主义基本经济规律和国民经济有计划按比例发展规律。发展生产以满足不断增长的社会需要，是社会主义基本经济规律的要求；而生产与需要之间的平衡，则是由有计划按比例发展的规律决定的。但是，价值规律在计划比例的形成中，仍然起着重要的作用。在社会主义社会还存在商品经济的条件下，不正确运用价值规律的作用，要实现国民经济有计划按比例发展规律的要求，经常地、自觉地保持国民经济发展的比例性，是不可能的。

社会主义国家实现计划规定的发展速度和比例，主要依靠无产阶级的思想政治工作，加强计划的严肃性和严格财经纪律来达到，同时必须正确运用价值规律，贯彻执行"计划第一，价格第二"的方针。

利用价值规律影响计划比例的形成，主要是通过制定正确的计划价格，安排好各种产品的比例关系。对于大多数产品，在一般情况下，计划价格必须以价值为基础。只有正确贯彻等价交换原则，才能使各部门产品的生产处于大致同等有利的地位，促进计划规定的比例顺利实现。如果计划价格过于偏离价值，而各种产品偏离的程度又相差很远，就不利于计划比例的实现。例如，国家要求粮食和各种经济作物生产有一个合理的比例，如果粮食和经济作物的比价规定得不合理，就会影响粮食和经济作物的比例关系。粮食价格偏低，粮食的发展会受到不利影响；经济作物的价格偏低，经济作物的发展也会受到不利影响。毛泽东同志在1956年曾经指出："从去年冬季以来，集中搞粮食，忽略了副业和经济作物，特别是二十项、三十项比价一定，什么棉粮比价，油粮比价，猪粮比价，烟粮比价，等等，这样一来，农民对副业、经济作物就大有味道，而粮食不行了。开头一偏偏到粮食，再一偏偏到副业、经济作物。……谷贱伤农，你那个粮价那么便宜，农民就不种粮食了。这个问题很值得注意。"[①]不仅农业内部的比例，而且工业和农业之间的比例，工业内部的比例，都受到价值规律的影响。例如，我们要加快农业发展速度，使之适应工业和整个国民经济发展的需要，如果农业产品价格偏低和工业品价格偏高的现象不加以逐步克服，就不能促进农业迅速发展，不利于协调农、轻、重的比例关系。又如，我们有些加工工业的发展已经超过了原材料、燃料、动力供应的可能，如果加工工业产品价格偏高，和一些原材料、燃料价格偏低的现象不逐步加以克服，也不利于协调这两类工业之间的比例关系。

计划价格为什么会对各种产品的生产和计划比例的形成产生影响呢？这是因为，就全民所有制内部来说，在保留着商品制度条件下，每个企业都是一个相对独立的经济核算单位，必须以出售本企业产品的收入抵偿生产消耗，并为国家提供利润。全面完

① 《毛泽东选集》第5卷，第316—317页。

成国家计划的企业，还可以按一定比例在利润中提取企业基金。因此，不同产品价格的高低，不仅关系着企业能不能完成国家规定的产值、利润任务，而且关系着企业集体的物质利益。制定正确的计划价格对于自负盈亏的集体所有制单位生产的影响，更为显著。为了保证集体经济单位能够扩大再生产，我们必须考虑价值规律的要求，反对"一平二调"，"采取缩小'剪刀差'，等价交换或者近乎等价交换的政策"，制定合理的农副产品和收购政策，并通过切实可行的思想政治工作和经济工作，引导人民公社的生产按照国家统一计划要求的方向发展。

产品价格与价值的必要背离，也是价值规律作用的一种表现形式。在一定条件下，在制定某些产品的计划价格时，可以自觉地运用这一形式，促进或限制这些产品的生产和消费，从而影响各类产品的比例关系，更好地实现有计划按比例发展规律的要求。例如，像手表、照相机这一类消费品，现在生产还远远满足不了需要，所以在制定这些产品的价格时，价格就可以高于价值，以调节供给和需求的矛盾。但是，对人民的基本的生活必需品就不能采取这种办法。

"四人帮"一方面把社会主义公有制基础上发生作用的价值规律，说成是什么"私有经济的遗物"，是一种"摆脱人的有意识有计划的控制的""异己的力量"，反对自觉地利用价值规律促进国民经济有计划按比例的发展。另一方面，又狂妄叫嚷："什么计划不计划，我们说的就是计划，我们需要的就是计划"，实际上是既否定国民经济有计划按比例发展规律，又反对利用价值规律来为社会主义计划经济服务，而妄图让价值规律自发地冲击国家统一计划，破坏国民经济的比例关系。其罪恶目的，是以资本主义的竞争和社会生产无政府状态代替社会主义经济的有计划发展，为复辟资本主义开绿灯。对于他们所散布的谬论，必须进行深入的批判。

在计划工作中，正确认识和运用价值规律，是有助于实现社会主义基本经济规律和国民经济有计划按比例发展规律的要求，保证预定计划的完成的。只有不尊重价值规律的客观性质，在制定和实行国民经济计划时不考虑价值规律的要求，它才会变成在人们背后发生作用的"异己"力量，给经济生活带来不良的后果。近几年来，由于"四人帮"的干扰破坏，许多经济理论工作者和实际工作者对计划经济和价值规律问题很少研究，甚至把价值规律问题视为"禁地"。结果，计划管理削弱了，在很多方面没有自觉地利用价值规律，让价值规律自发起作用，在一定程度上破坏了计划比例，冲击了计划经济，使国民经济陷入半计划半无政府状态。这就从反面告诉我们，一定要肃清"四人帮"的流毒和影响，认真总结经济管理工作中正反两个方面的经验。只有这样，才能更加自觉地利用价值规律为社会主义经济服务。

价值规律对节约劳动消耗提高经济效果的作用

国民经济计划管理的一个重要任务，是节约活劳动和物化劳动的消耗，提高经济活动的效果。马克思提出，节约时间和有计划地分配劳动时间于不同的生产部门，是社会主义社会的"首要的经济规律。甚至可以说这是程度极高的规律"。[①]按比例地分配劳动时间和节约劳动时间是互相联系的。在每个计划时期，安排国民经济的比例，可以有种种不同的可供选择的方案。我们应当从中选出经济效果最优的方案，以最少的劳动消耗取得最多的满足社会需要的产品。不这样，我们就不能有必要的、适当的速度，就会延迟实现四个现代化。要讲究经济效果，就要对各种生产活动的成果与劳动消耗进行比较，实行从个别企业到整个国民

① 《政治经济学批判大纲》第1分册，人民出版社1975年版，第112页。

经济的核算。在现阶段，这种对生产成果和劳动消耗的比较和核算，必须借助于价格、成本、利润等价值工具。

社会主义生产的目的是满足全体劳动人民的需要，而劳动人民的需要，不论是个人需要或共同需要，当前需要或长远需要，都要用各种不同的物质财富来满足。不论是国民经济范围还是企业范围的核算，都不仅要利用价值指标，而且要利用实物指标，即对产品产量、品种、质量、生产能力、物质消耗和实物表现的劳动生产率等指标进行核算。实物指标核算和价值指标核算，构成社会主义经济核算的两个方面，不能忽视任何一个方面。不能认为，由于社会主义生产和交换的目的，是使用价值而不是价值，只要是社会迫切需要的产品，就可以不计工本，不管代价多大，也要把它生产出来，而把价值指标核算当作无关紧要的事情。

"四人帮"出于破坏经济核算，搞乱经济管理的反革命目的，胡说强调成本、利润、资金等价值指标的核算，就会出现什么"价值追逐狂"，"从而根本否定社会主义生产和交换的目的是使用价值"。他们的谬论给企业生产带来了严重的恶果。那些不计成本、不问盈亏、"亏损有理"等现象和谬论，那种追求产品重量吨位，用昂贵的物料，突击投料、增加物耗等不正当办法追求总产值的做法，有许多就是在"四人帮"的流毒和影响下产生的，应当切实加以纠正。

"四人帮"攻击利用价值规律就是"利润挂帅"，把利润和满足社会需要对立起来，是十分荒谬的。列宁在讲到社会主义社会中利润这一范畴的时候，曾经指出："利润也是满足'社会'需要的。应该说，在这种条件下，剩余产品不归私有者阶级，而归全体劳动者，而且只归他们。"在社会主义条件下，利润是劳动者为社会创造的一部分产品价值的表现形态。通过价值核算来促进物化劳动和活劳动消耗的节约，用降低物耗、提高劳动生产率、降低成本的办法来增加利润，这样增加的利润越多，社会用来满足扩大再生产和改善人民生活等需要的可能性就越大。用这样的办法，来"追逐"为社会的那一部分产品价值，以满足更多的社会需要，又有什么不好呢？相反，忽视价值规律的要求，不算经济账，搞得企业没有盈利甚至亏损，就会使社会用于扩大再生产的积累的源泉减少以至枯竭，哪里还谈得上满足社会需要！

我们历来反对把利润当作衡量企业经营好坏的唯一指标。经验证明，片面强调价值指标而忽视使用价值指标，也会给经济生活带来消极的后果。因为，在现实经济生活中，各种产品的价格不可能完全符合于其价值，它们与价值偏离的程度也不可能是一样的，从而用等量劳动生产不同产品所得产值和利润，不可避免地会有差异。如果在评价经济活动的成果时，只注意价值指标，就容易滋长一种不顾产品产量、品种、质量计划，单纯追求产值、利润的倾向，因此，对这种倾向必须加以控制和防止。不要以为"四人帮"只反对价值指标的核算，他们是把国家考核企业的八项指标，统统斥之为"八根大棒"而全盘否定，其反革命目的就是要取消一切劳动消耗和生产成果的比较和核算，彻底破坏社会主义经济。

总之，在社会主义计划管理中的价值核算，是从属于满足社会需要这一目的的。自觉地考虑价值规律的要求，促进劳动的节约，从而把商品的个别价值降到社会价值以下，这样，商品生产的社会必要劳动消耗量就能够不断地降低，社会便能够用较少的劳动消耗取得更多更好的使用价值，以满足不断增长的社会需要。为了使价值指标成为经济核算的有效工具，必须按照社会必要劳动消耗来规定统一的计划价格，使各类产品的价格基本上符合价值，而不可过于偏离。由于历史等原因与价值偏离程度较大的价格，一般都要逐步使之接近于价值。只有大体符合价值的价格，才能提供比较准确的尺度，来衡量费用与效果，衡量先进与落后的差距，推动后进赶先进，先进更先进。如果不以价值为基础来制定统一的价格，而是一厂一价，一地一价，一物多价，甚至自由定价，那就不但不能对生产的消耗和效果进行正确的比较和核算，而且会保护落后，助长自发势力冲击计划经济。

必须用经济办法管理经济

如上所述，在计划管理中利用价值规律，要求遵守等价补偿和等价交换原则，制定正确的计划价格，以恰当照顾和正确处理各方面的经济利益，调动各方面的积极性，促进计划比例的实现和经济效果的提高，这样，就可以达到以最少的劳动消耗取得最多的社会产品，满足社会需要的目的。这种通过利用价值规律和价值工具，正确处理各方面经济利益关系的办法来进行计划管理，就是我们通常所说的用经济办法管理经济，以区别于所谓行政办法，即用指令性任务和行政命令来管理经济。在社会主义计划管理中，在加强思想政治工作的前提下，这两种管理办法是相互补充、不可偏废的。

列宁说过："国家的计划，即无产阶级的任务。"[1]在国民经济的计划管理中，国家下达指令性任务和行政命令，是完全必要的。但是，这些任务和命令能否顺利执行和完成，一个重要条件就是能否处理好国家、企业生产集体和劳动者个人之间的经济利益关系，充分调动各方面的积极性。这就必须利用价值规律，利用成本、价格、利润、利息等价值工具，来考核企业的经营管理成绩，并以此作为对企业实行奖惩的重要依据；还要发挥财政、银行、信贷对各项经济活动的促进和监督作用。通过这些办法，促使企业不但从政治责任上而且从物质利益上关心和努力完

① 《列宁全集》第35卷，第433页。

成国家下达的指令性计划。这就是计划管理中的行政办法和经济办法的统一。我们既要反对片面强调计划管理的行政办法，忽视经济办法的倾向，也要反对片面强调经济办法，忽视行政办法的倾向。

"四人帮"出于搞乱我们的经济，达到乱中夺权的反革命目的，一方面，他们肆意攻击在计划管理中实行经济核算，正确处理经济利益关系是什么"利润挂帅""物质刺激"，胡说什么"强调经济利益"就是"修正主义"；另一方面，他们又竭力反对国家对国民经济集中统一的领导。张春桥居心叵测地说："上海工业生产为什么能够1968年超过1966年呢？主要是由于中央各部都瘫痪了。今后各部的机器一开动，上海的日子就要难过了。"他们还竭力反对国家对国民经济实行必要的行政领导，让价值规律自发调节生产和流通。

要不要在计划管理中利用价值规律，实行用经济办法管理经济？这个问题同在个人消费品的分配中，要不要坚持实行按劳分配的原则一样，是关系到企业能否从物质利益和经济责任上关心自己的经营管理效果，多快好省地完成计划任务的问题。在过去几年中，由于"四人帮"散布的流毒所及，许多企业的经济核算制，企业内部和各级经济管理机构的责任制，遭到严重破坏，吃"大锅饭"，无人负责的现象相当普遍，成本无核算，奖金无考核、质量无检查，完成不完成计划一个样，亏损和盈利一个样，造成消耗增加、成本提高、资金积压、质量下降、企业亏损面扩大的严重恶果。这也从反面证明了，在保留着商品制度的情况下，利用价值规律实行经济核算，把企业的经济利益同它的经营管理效果联系起来是完全必要的，是有利于调动企业的主动性和积极性的。

"四人帮"反对经济管理中的行政办法，也是十分反动的。经济管理中的行政办法是保证国家计划的严肃性，完成国民经济的统一计划所必需的。毛泽东同志说过："人民为了有效地进行生产、进行学习和有秩序地过生活，要求自己的政府、生产的领导者、文化教育机关的领导者发布各种适当的带强制性的行政命令。"①国家发布的指令性任务，是必须切实保证实现的。完成任务好的要表扬，因为领导不力或官僚主义等主观原因而完不成任务的，要追究有关人员的责任，问题严重的要给以必要的处分。否定计划管理中的这些行政办法，否定国家机构的行政管理，就会使国家计划成为一纸空文，实际上就是取消统一计划，让价值规律来自发地调节生产，使整个社会陷于竞争和生产无政府状态之中。

总之，在社会主义制度中，计划管理的正确方法应当是：在加强思想政治工作的前提下，正确处理国家、生产者集体和劳动者个人三者之间的经济利益关系，把对经济的行政管理办法同经济管理办法很好地结合起来。在计划管理中，要利用价值规律，利用价格、成本、利润等价值工具，实行经济核算，并把企业经营效果同企业的经济利益联系起来。为此，就要正确制定和执行党的各项经济政策。例如，在农产品收购政策上，我们应该主要通过经济的办法来取得农产品，而不是主要地通过行政办法；应该采用统购合同、定购合同和议购合同这些不同的形式，发展城乡的商品交换。在价格政策方面，我们要认真研究工农业产品的比价，适当提高农产品的收购价格，在降低成本的基础上适当降低工业品特别是支农产品的销售价格；各类产品的价格要保证生产单位在正常情况下都能以收抵支，能够获得盈利，并且逐步消除各类产品之间毫无经济根据的盈利差别很大的不合理现象。在利润分配政策方面，企业在全面完成国家计划的情况下，可以按一定的比例提取企业基金，主要用于举办企业的集体福利事业。

① 《毛泽东选集》第5卷，第368—369页。

在资金管理政策上，企业对占用国家资金应负物质责任，不但要考核产值利润率、成本利润率，还要考核资金利润率，力求消除任意积压、浪费国家资金的现象。财政信贷政策应有利于促进各经济单位提高经营管理水平，讲究经济效果，为国家多积累资金。还要建立和健全严格的合同制，违反经济合同的要罚款，并且要赔偿由此而带来的经济损失，等等。总之，我们既要做好思想政治工作和行政管理工作，教育人们让局部的眼前的利益服从于整体的长远的利益，提高人们的政治责任感，同时还要善于利用经济杠杆，善于运用价值工具，从经济利益上调动各方面的积极性，为实现国民经济高速度按比例发展而奋斗。

当前，我国的社会主义革命和社会主义建设已进入一个新的时期。我们要在不到四分之一世纪的时间内，把我国建设成为社会主义现代化强国。艰巨的经济建设任务摆在我们面前。我们要通过总结正反两个方面的丰富经验，努力掌握社会主义经济的客观规律，包括价值规律。毛泽东同志把价值规律比作一个伟大的学校，强调只有利用它，才有可能教会我们的几千万干部和几万万人民，才有可能建设我们的社会主义和共产主义。我们要通过价值规律这个伟大的学校，努力学会管理现代化经济的本领，为实现我国新的发展时期的总任务贡献力量。

改革中的罗马尼亚经济管理[*]

（1978年4月）

    罗马尼亚解放后，经济发展速度一直很快。从1951年到1976年，工业总产值每年平均增长12.9%，农业4.8%。其经济能够持续高速度发展，原因很多。其重要原因之一，是十多年来，罗马尼亚在坚持社会主义计划经济的前提下，对经济管理进行了一系列必要的改革。1978年3月罗共中央召开全会，又通过了《关于完善财经领导工作和计划工作的决议》，提出了进一步改进经济管理的重大措施，使罗的上层建筑和生产关系，能适应于生产力不断发展的要求。长期以来，罗马尼亚在经济管理中的主要问题：一是集中过多，灵活性较少；二是行政办法较多，经济办法较少；三是注意数量较多，注意质量、效果较少。20世纪60年代中期以来，已采取了一些改进措施，但问题仍然没有完全解决，经济管理不能适应罗共中央提出要在1985年进入中等发达国家发展阶段的战略要求。现将罗马尼亚十余年来经济管理改革演变的一些情况，及今后改进的方向，作一个扼要的说明。

一、国民经济领导机构

    1965年罗马尼亚宣布成立社会主义共和国后，历次宪法规定，罗马尼亚国家最高权力机关是大国民议会。国民经济发展

---

  * 原载《世界经济》1978年第4期。

的长期和年度计划、年度预算都要经过大国民议会批准，并由其常设机关国务委员会把大国民议会通过的计划安排落实到各部门、各县。具体组织领导经济工作的是部长会议。部长会议同中央有关部门制定执行计划的具体任务，向大国民议会提出计划执行情况的报告，并为各部门各地区顺利完成计划保证必要的条件。部长会议直接管的部门有四类。第一类是综合部门。其中包括国家计委、财政部、物资技术供应和固定资产管理监督部、劳动部等。第二类是经济专业部门。第三类是社会文化性质的部门。第四类是银行系统。有国民银行、农业和食品工业银行、外贸银行、建设银行。过去罗马尼亚有16个州和两个直辖市。州以下是区、县。为了减少不必要的中间环节、加强中央的集中领导，并发挥地方的积极性，1968年2月撤销了州和区的行政建制，全国改划为39个县和布加勒斯特直辖市，其管理机构是县、市人民委员会的执行委员会。

为了加强国民经济的统一计划管理，罗马尼亚于1973年成立了"经济和社会发展最高委员会"。委员会的主席由总书记齐奥塞斯库亲自兼任，副主席由政府总理、各部部长等兼任。除党和国家机关领导人外，还吸收工业中心的经理和企业的经理、各方面的模范人物、优秀的专家参加，成员共500人。委员会分设16个组。最高委员会的任务是分析研究社会经济发展的大政方针，向党中央委员会提出完善和改进计划工作、加快经济发展速度的建议。国家计委编制的计划草案，在提交党中央全会讨论以前，要经最高委员会各分组审议。1978年党中央3月全会决议进一步强调了经济和社会发展最高委员会的重要作用，要求它"同党和国家机构在制定和执行计划时进行紧密合作"，并且规定，为了使各部门、各级计划纳入国民经济发展的总的平衡计划，在整个国民经济范围内以及在各中央部、各经济部门和各县范围内制定的计划的指导性和标准性要求，将由经济和社会发展最高委员会的各组审议。

二、工业管理体制和企业组织机构

1969年以前，罗马尼亚工业主要由中央各工业部通过部属专业局或总局来管理，部、局的机构庞大，权力过于集中，各个厂矿的原料供应，人员配备，设备购置，生产技术的改进，以及各厂之间的协作等问题都要到部里才能解决，不利于发挥企业的积极性，厂矿生产中的许多问题处理不及时。1967年12月罗共召开了全国代表会议，批判了"过分集中"的现象，决定在工业部下面，撤销有关的部属专业局，按行业和地区成立类似联合公司的"工业中心"。这种工业中心于1969年年初开始建立，经过几次调整改组，现在全国共有150多个。原来由部里处理的日常生产问题，部分科研设计工作，部分进出口日常业务，中专和技工学校等均下放归工业中心领导。中央各部集中精力研究方针、政策、长远规划以及检查督促国家生产计划的完成情况等方面的问题。每个工业中心管十几个、二十几个厂矿企业单位，原来各厂矿企业负责的科研设计、设备大修、人员培训、产品销售、原材料及零配件供应等也统一集中由工业中心管理。厂矿企业主要抓生产及工艺技术改进。工业中心不是像过去部属专业局那样的单纯行政管理机构，而是一个综合性的经济单位，具有生产、科研和设计、供销、财会、人事教育五个方面的职责，有权批准3000万列伊（约合人民币450万元）以下的基本建设项目和150万列伊（合人民币22.5万元）以下的零部件及设备的进口，可以和外国公司进行科技合作和按规定签订合同。这种管理形式便于实现生产的专业化协作，便于用经济的办法管理经济，便于及时发现和解决企业中的问题，指挥比较灵便，在组织和领导生产方面发挥了积极作用。1978年3月罗共中央全会决议进一步强调要"发挥

刘国光

经济论著全集

第2卷

企业和工业中心在制定本单位工业计划方面的积极性和责任心，从而消除过于集中的现象"。

以上所述"中央部—工业中心—企业"三级管理，是就中央部属的工业企业来说的。目前罗中央部通过工业中心来管的企业，约占全国工业企业总数的95%。其余5%为地方（县、市）管的企业。县人民委员会不直接领导工业中心和部属企业的业务，但工业中心是个跨县的单位，其所属企业的计划，必须同时报县，列入县的计划。工厂向部和工业中心报告工作时，也向县汇报。工业部任命企业领导干部时，应征得所在县人委的同意。工业中心和厂矿企业的党委同受地方党委的领导。县人委对全县所有企业从制定计划、新项目投产到供产销，都有协调、检查、督促的任务。并负责解决工厂所需劳动力及职工住房、交通、食品供应等后勤工作，以保证企业生产任务的完成。

罗马尼亚过去的企业管理实行一长制，但是，后来正如齐奥塞斯库于1969年8月在罗共第十次代表大会上指出的那样：现实"生活表明，一长制的领导已不再适应我国社会主义生产制度当前阶段的情况。在生产资料公有制的条件下，作为一种客观需要，要求实现集体领导，使劳动人民直接参加对经济工作的领导"。随着一长制的取消，罗马尼亚在企业里逐步建立了一套集体领导和工人参加管理的制度。企业的最高权力机关是劳动人民大会。集体领导机构是劳动人民委员会，一般由15~30人组成。主席由党委书记兼任，第一副主席由厂长兼任。另外几名副主席，一名由工会主席兼任，一名由直接参加生产人员的代表担任，一名由团组织书记担任。其他成员，由副厂长、重要部门的领导人和工长、技师、工程师担任。全部成员中有一半是工人、工长和技术人员。劳动人民委员会的执行机构是执行委员会，一般由5~11人组成。主席由厂长担任，成员有副厂长、总工程师、总会计师及直接参加生产的人员的代表。工厂日常事务，由厂长及其领导下的职能机构负责。

随着这种集体领导和工人参加管理制度的建立，罗马尼亚企业里的一切重大问题，都由劳动人民委员会讨论并作出决定，然后交执行委员会和厂行政领导去执行。集体领导机构通过决议，至少要有2/3成员参加，出席者半数以上同意。如某些问题发生分歧，提交上级领导机关解决。劳动人民委员会定期向劳动人民大会报告工作。此外，为发挥劳动群众的监督作用，从企业到中央均设立了工人监察委员会，由技术熟练、经验丰富的工人、工程技术人员和经济专家组织。它的职能是帮助劳动人民委员会监督计划执行情况、生产能力利用情况及遵守生产工艺的情况等。

罗马尼亚认为，通过取消一长制、实行集体领导和劳动人民参加管理等一系列措施，虽然建立了民主的组织形式，但是，经济体制上仍集中太多，企业财经权限很小，使这种民主管理形式的作用受到了限制。所以齐奥塞斯库1978年3月在罗共中央全会上又强调"在民主的组织形式和过分集中、死板、陈旧而又非常复杂的经济体制之间，出现了某些矛盾"。全会决定在企业收支预算、建立自有基金等方面采取新措施，扩大企业权限，把工人自我管理建立在更加扎实的基础之上。

三、计划管理

罗马尼亚的经济计划有三种。一是经济预测，是比较粗的远景设想，现已作出到1990年的19个部门、40个地区、28个综合问题的预测。二是长远规划，它的指标比经济预测细些，并有较具体的措施。第三种计划是执行性的计划，包括五年计划和年度计划。五年计划在计划工作中占中心地位，一般在五年计划开始的2~3年前就制定出来，规定了分年指标，作为制定年度计划的依据，保证计划的连续性和稳定性。年度计划，一般在头年的

6~8月就制定出来。计划的制定，是从基层单位开始的。基层根据党中央的指示和五年计划的分年指标，考虑投资完成情况和新的发展的可能性、农业收成、国际市场情况等，制定计划后逐级上报，反复协调。在协调计划过程中，国家计委要确保物资、劳动、财政资金和外汇的平衡。计划草案制定后，国家计委上报部长会议，部长会议研究后上报党中央委员会。党中央委员会一般与经济和社会发展最高委员会举行联席会议来审查计划，最后报大国民议会审批。计划经大国民议会批准后就成为法律，逐级下达到基层单位，贯彻执行。

1978年3月罗共中央全会决议中，对改善计划工作，又着重讲了两个问题。一是强调在统一计划基础上的上下结合。决议指出：为了搞好计划的综合平衡，将按不同的组织系统，先根据党的各次代表大会、代表会议的指示和远景规划的规定，从上而下地逐级制定出"计划的指导性和标准性要求"，然后从基层单位开始，从下而上制定计划，以实现党和国家的经济和社会发展指示，并纳入按国民经济总体、行业和工作部门制定的关于"计划的指导性和标准性要求"。二是强调在制定计划中加强经济合同的作用。到目前为止，罗马尼亚的做法是先有计划，后订合同。由于签订合同不及时，往往产销不衔接，造成产品积压。为了改变这种情况，这次决议很强调计划与合同相结合，要求"在制定计划文本的同时就签订这些合同。对于国内消费，计划在批准之时就必须实际上完全以有效合同为基础"，做到以销定产。对进口和出口也要求以有效合同、原则合同、订货单和确保供销落实的议定书为基础。禁止没有合同或订货单的产品投入生产。在产品不能确保销路时，就要把工厂生产能力改用于生产其他产品。

罗马尼亚过去有一段时间，国民经济计划的指令性指标越来越多。为了改变这种情况，1967年开始逐步把考核指标减少到7项，即产品销售额、工资总额、每个列伊产品销售额的成本费用、劳动生产率、投资额、向国内市场提供的商品额、出口额。但7项指标的内容，后来有所变化。较近的一个材料上说，这7项指标是：产品产量、出口额、投资额、生产能力使用情况、劳动生产率、成本消耗、利润。尽管这样，"总产值"仍然一直作为主要考核指标保留下来。用总产值作为基本考核指标，助长了片面追求总产值、浪费原材料、忽视产品质量等不良倾向。为了消除这些弊病，1974年罗共代表大会就决定采用净产值代替总产值作为考核的基本指标，并在一些企业试行了几年，但一直没有推广。1978年3月罗共中央全会决议再次确定在工业、国营农业、建筑和运输业中，以净产值作为基本指标，在工业中将根据净产值计划完成情况来计算和发放工资基金。除净产值外，计划指标中还要考核各种产品的实物量指标、工时总额、劳动生产率、每千列伊商品值的消耗、产品成本、生产能力利用程度、原材料燃料动力消耗和库存定额标准、人员定额、产品质量和产品更新、每千列伊固定资产所得利润和净产值、出口产品的换汇率和外汇贡献。计划指标中还保留商品产值和表明工作量的总产值。但这些都不作为主要考核指标。在基本建设方面，为了加快工程进度、缩短建设周期，新措施规定主要考核指标将是投入生产的固定资产和生产能力。

四、物资管理和财务管理

罗马尼亚过去物资管理工作由国家计委物资局负责。随着经济工作的发展，1971年单独成立了物资技术供应和固定资产管理监督部，负责合理分配、供应、管理物资，并对全国固定资产的合理使用进行监督。罗马尼亚物资管理的集中程度较高。目前列入计划平衡分配的物资有2100种，其中由国家计委和物资部管理的有300种，由中央各部管理的有1300种，由中央各部所属工业中心管理的有500种。由国家计委和物资部管理的物资,经部长会议批准下达;由中央各部和工业中心管理的物资,分别由部和工业中心负责制定平衡、分配计划,但必须报送物资部审批后才能执行。制定生产、建设计划时,特别强调物资保证。如新增基建项目,必须经过物资部投资审议委员会审查,如发现建设过程中所需材料或建成投产后所需原材料没有保证,就不准上马。国家的物资分配指标下达到企业后,由企业提出具体品种规格货单,上报工业中心,由工业中心审核上报主管部,再由主管部将货单分别送生产该种产品的工业中心。生产该种产品的工业中心接到各需要部报来的货单以后,进行产需平衡,并通知生产企业和需要企业,由它们直接签订合同。如有意见,报由双方上级协商解决,解决不了的,最后由物资部仲裁委员会裁决,供需双方必须执行。全国物资仓库,一般只有两级设库,一级是物资部在各县的供应基地,二级是企业。除了专用物资外,中央各部、各工业中心和各县都不另设库。物资周转库存期限,不同物资有不同规定,超过规定就要提高银行贷款利息。正常贷款的年利率为5%,超储的部分贷款年利率达12%~18%。生产单位未按合同规定的时间交货的要罚款,每超过一天要罚欠交产品价值的1%。

　　在财政计划管理方面,除国家预算外,罗马尼亚还制定中央财政计划,即综合财政计划,作为综合平衡的一个重要工具。中央财政计划包括了预算内的收支,也包括了预算外国家经济成分的收支。在中央财政计划中占资金来源比重最大的是国营单位的利润和固定资产折旧。过去,企业的利润除留很小一部分作为年终奖金外,基本上全部上交,需要的各种基金由国家拨给,其中用利润留成来抵拨的部分,也由财政部决定,没有固定比率。基本折旧也大部上交,留成比例每年根据固定资产更新的需要确定。这种办法,给企业的机动权很小,不利于发挥企业的主动性和积极性。为了适当扩大企业财权,保证企业能够实行财务自理，1978年3月全会决议规定每个企业都要制定收支预算，设立以下五种自有基金。

1. 经济发展基金。用于全国统一计划规定的生产投资，它由如下几部分组成：生产用固定资产折旧的一部分；利润提成；本企业其他来源，如从利用报废了的固定资产的材料所获得的收入。但现有企业大幅度扩建和新企业投资，仍由国家预算拨款。

2. 周转基金。从利润中提取，用于保证必要的流动资金。

3. 建筑住宅和其他社会性投资基金。由利润、住宅和其他社会性固定资产的折旧以及一些社会文化单位的收入来建立。用于建造职工住宅、托儿所、幼儿园、食堂和计划规定的其他社会性投资。

4. 社会福利基金。来源于利润以及分红基金中5%以内的提成、根据法律规定职工疗养和休息以及送孩子上托儿所、幼儿园所必须承担的费用。用于社会福利开支。

5. 劳动人民分红基金。由利润部分提取。

以上各项基金提取比例，除分红基金外，尚未最后确定。建立企业自有基金的目的，是贯彻自负盈亏原则，促使企业尽可能用自己的力量来满足各种基金的需要。企业各项基金如有不足，得向银行借款付息，并由企业负责偿还。各项基金的机动部分，属企业所有，应有息存入银行，并可转期使用。如企业不能如期偿还贷款，银行得索取高息，以此来制约企业遵守贷款合同。如企业在某些条件下不能确保以收抵支，银行可以发放较高利息的贷款，以利开展生产，帮助企业迅速恢复支付能力。所有这些办法，扩大了企业的权力，也加重了企业的责任，督促他们改善经营管理，提高经济效益，鼓励他们关心本企业和整个国民经济的发展。在企业自负盈亏之后，会出现盈利大小的差别，从而不同企业之间职工收入和福利也会出现差别，这将由征收净产值税来调剂。这次决议规定，根据利润额、盈利率以及自筹基金需要等情况，国家对不同的工业部，不同的工业中心，必要时对不同企业征收税率不等的净产值税，以保证整个工业的盈利率在14%~15%。为了鼓励企业完成和超额完成净产值，还规定对超计划的净产值收取较低的税额。

在中央与地方的财政关系上，罗马尼亚过去基本上实行统收统支，地方的财政收入上交给中央，支出由中央拨给。这次改进财经工作，也提出了扩大地方财权，认为现在给地方以必要的财政经济手段，使他们确保本地区社会经济发展，已成为客观必要。罗共中央要求在今后几年之内，每个县、市、乡都要实行财经自治、财务自理。

五、劳动报酬和分红制度

罗马尼亚劳动者的收入不仅取决于个人的劳动成果，而且取决于所在单位集体的劳动成果。报酬形式，除个人计时、计件外，还普遍实行集体定额制或叫总合同制。即在工矿企业，以车间、工段或班组为单位，按下达的计划为依据，以基本工资为基础实行集体定额计酬。这种报酬制度包括工人、工长、工程技术人员和车间主任在内，按全组的劳动成果和所消耗的工时的比例来计算集体应得报酬。完成计划100%的可以拿到全部工资，超额完成计划的可多得，完不成的少得，但最多不得扣20%以上。职工工资级别，一般每3年提一级，优秀的2年调一次，都要经过考核。劳动报酬要考虑工龄。工龄5~10年、10~15年、15~20年和20年以上的，按基本工资分别增加3%、5%、7%和10%。各级领导干部，上自中央部长，下至厂长、经理，每月只发80%的工资，其余部分视计划完成情况而定。超额完成计划的，不但补满全工资，而且有奖；完不成计划的，要从未给发的20%工资中按比例减发。在农业合作社，种植业是按生产小组（10~20个劳动力）

为单位实行集体定额制。对社员付出的劳动，按不同的作物和产品的数量，用实物和现金给予不同的报酬。在超过合同规定的产量时，社员按规定的标准，得到按超产量递增的无限额的报酬。在集体定额制下，每个人劳动好坏都与集体收入多少有关。所有这些付酬办法，较好地贯彻了按劳分配原则，对于调动劳动人民的积极性，起了积极的作用。

为了进一步提高企业劳动人民委员会和全体职工有效地经营交付他们管理的财产的责任心，以便提高劳动生产率和确保高度的经济效益，1978年3月罗共中央全会决定，各经济单位的职工除了报酬之外，还有权参加企业分红。分红基金由每个企业按照上年实际经济成果来计算，每年提取和分配一次。提取的办法是：在计划指标内完成的利润，提取3%。超计划利润中，由于降低物质消耗和其他生产开支而获得的，提取25%；由于超额完成净产值而获得的，提取14%；通过其他途径而获得的，提取8%。还规定，只有在完成净产值计划和合同规定的实物产量的情况下，才全部发放分红基金。如果没有完成这些计划，则每未完成1%，分红基金就扣除1%，但最多不得扣除25%。分红基金的分配办法是：基金中至少有85%，按每个职工的工资级别和工龄补贴，直接分配给全体职工。对当年工作中有缺点违反纪律的人，企业劳动人民委员会有权少发或不发。基金的其余15%，有三项用途：最多以5%用于奖励在竞赛中获得先进称号的人员和对企业取得超计划利润有特殊贡献的职工；最多以5%支付按分得的外汇组织出国旅游的费用和奖励对完成和超额完成出口任务做出特殊贡献的人；最多以5%用来补充企业的社会福利基金。

过去，罗马尼亚曾规定，职工一年内的额外收入不得超过3个月的工资。这次取消了这个限制。用分红形式归个人所得的数额，由劳动人民委员会依法决定，并且没有极限规定。除分红外，企业职工还有权在当年依法获得各种奖金。如杰出劳动成绩奖，总额为企业计划报酬基金的1%；节约材料和劳力奖，限额为节约价值的30%，若节约某些重要的或短缺材料，最高可奖励净节约价值的50%，等等。

为了鼓励出口，这次改革还专门规定了奖励办法。超额完成出口计划所获得的超计划外汇，最高可有25%留给生产企业，用于为发展出口而必需的进口物资上及改进产品质量、采取新工艺和更新设备上。企业还可以从超计划外汇中提取2%，组织职工出国旅游。地方上超额完成出口任务的，也由超计划外汇收入中提取一部分交县里掌握，供组织农业劳动者出国旅游之用。此外，凡超额完成出口计划的企业，还可以从超计划利润中最高提取10%，作为分红基金。

综上所述，我们可以看到，罗马尼亚这次改进财政经济和计划工作的措施，是在罗马尼亚经济发展获得重大成就的基础上，为克服经济管理工作上仍然存在的一些缺陷而提出来的。1978年3月全会决定的主要精神，是要在坚持中央统一的计划领导下，给企业和地方以更多的机动权力，以发挥他们的主动性和积极性，并进一步加强利用经济办法管理经济，使企业的经营成果同企业集体和劳动者个人的经济利益更紧密地结合起来。对于这次改革，罗共中央的决心很大。从1977年年底罗共全国代表大会起，就不断通过各种形式，在人民群众中进行广泛的宣传和动员。1978年7月1日起，先在全国各企业中采用净产值指标，1979年年初开始，将全面推行3月全会决议规定的一整套改进措施。罗马尼亚广大干部和群众，对于这次改革将给罗马尼亚的经济发展带来的积极后果，抱着很大的希望和坚强的信心。

略论用经济办法管理经济*

（1978年5月29日）

什么是用经济办法管理经济？经济办法是与行政办法相对而言的。所谓行政办法，就是依靠各级领导的权威，用指令性的计划任务和行政法规、命令的办法来管理经济。与行政办法不同，经济办法是利用各种经济杠杆，特别是利用诸如价格、成本、工资、利润、利息、税收等价值工具，通过正确处理各个方面的经济利益关系的办法来管理经济。在社会主义计划经济中，这两种管理经济的办法都是必需的，不可偏废的。

社会主义经济是在生产资料公有制基础上建立的计划经济。无产阶级专政国家通过制定统一计划，指导国民经济的发展。列宁指出："各个生产部门的一切计划都应当严密地协调一致，相互联系，共同组成一个我们迫切需要的统一的经济计划。"[①]我们的统一计划，不是可以执行、可以不执行的参考文件。国家计划一经中央批准下达，各地区、各部门、各基层单位都必须坚决执行。所以，在国民经济的计划管理中，根据情况的需要，下达指令性的计划任务和行政命令，是完全必要的。毛泽东同志说过："人民为了有效地进行生产、进行学习和有秩序地过生活，要求自己的政府、生产的领导者……发布各种适当的带强制性的

---

*　原载《光明日报》。

①　《列宁全集》第31卷，第464页。

24

行政命令。"①实现计划任务，主要依靠无产阶级的政治，加强计划的严肃性和严格财经纪律来达到；同时也要正确利用物质利益原则，处理好各方面的经济利益关系，以充分调动各方面的积极性。如果不这样，就不能保证计划任务和行政命令的顺利执行。为此，就必须利用价值规律，贯彻按劳分配原则，实行经济核算，考核企业集体和劳动者个人的工作成绩，并据此给予奖惩；同时还要发挥财政、银行、信贷对各项经济活动的促进和监督作用。通过这些经济办法，促进企业不但从政治责任上而且从物质利益上关心和努力完成国家计划任务。这就是计划管理中的行政办法和经济办法的统一。

还应该看到，随着社会经济的发展和复杂化，成千上万个企业和产品品种，它们的生产条件和成果不可能一一都由上面详细规定，不可能完全用下达指令性任务和行政命令的办法来进行管理。这种情况也需要利用价格和财政信贷等经济杠杆，通过经济利益对各项经济活动的影响，促使企业按照本身的经济利益，沿着符合统一计划要求的方向，符合社会利益的方向，以最经济有效的途径去发展生产。在这样的情况下，用经济办法管理经济，就比用行政办法显得更为必要。

社会主义社会之所以必须采用经济办法管理经济，从根本上说，是由于在社会主义阶段生产力发展水平还不高，社会产品还不够丰富，三大差别还存在，人们的思想觉悟还没有得到极大的提高，劳动还是谋生手段，而不是生活第一需要；在当前，还存在着社会主义公有制的两种形式。由于这一切，社会主义社会必须实行按劳分配原则，还必须保留商品制度。1958年党的八届六中全会决议指出："继续发展商品生产和继续保持按劳分配的原则，对于发展社会主义经济是两个重大的原则问题，必须在全党

① 《毛泽东选集》第5卷，第368—369页。

统一认识。"基于这一认识，1962年党的八届十中全会进一步明确指出，我们应该主要通过经济的办法，而不是主要通过行政办法，来取得农产品；并且指出，在这里，价格问题是一个特别重要的问题。实践证明，每当价格对某种农产品的生产和销售不利时，尽管号召或命令加速发展生产，这种产品的生产也难以发展起来。毛泽东同志说过："谷贱伤农，你那个粮价那么便宜，农民就不种粮食了。这个问题很值得注意。"[①]对于自负盈亏的集体所有制单位，采用经济的办法以照顾它们的经济利益，这种必要性是十分明显的。就是对于全民所有制单位来说，也不能忽视采用经济的管理手段。这是因为，在保留着商品制度的条件下，每个企业都是一个相对独立的经济核算单位，必须以出售本企业产品的收入抵偿生产消耗，并向国家缴纳税金和上缴利润，自己还可以按一定比例提取企业基金。经营成果的好坏，完成国家计划任务的好坏，对于全民所有制企业来说，不仅仅是一个政治荣誉问题，而且也关系着企业集体和每个成员的物质利益。只要存在着企业集体和生产者个人对于物质利益的关心，就不能不用经济的办法来管理经济。

"四人帮"出于破坏社会主义经济的反革命目的，装出一副极左的面孔，开口政治，闭口革命，就是不准讲用经济的办法管理经济。他们把用经济办法管理经济同无产阶级政治对立起来，肆意攻击计划管理中利用经济手段，实行经济核算，是什么"利润挂帅""物质刺激"，胡说什么用经济办法管理经济就是"修正主义"。前几年，由于"四人帮"乱打棍子，把"用经济办法管理经济"划入"禁区"，许多同志对此都是谈虎色变，不敢去碰。许多企业的经济核算制、企业内部和各级经济管理机构的责任制遭到严重破坏，成本无核算、资金无考核、质量无检查、吃

① 《毛泽东选集》第5卷，第317页。

"大锅饭"、无人负责的现象相当普遍。干好干坏一个样，完成不完成计划一个样，盈利和亏损一个样，从而造成消耗增加、成本提高、资金积压、企业亏损面增大的严重恶果。所有这些，从反面证明了在保留着商品制度和按劳分配原则的条件下，无视企业集体和劳动者个人的经济利益，不采用经济手段，进行经济核算，不把企业经营效果同企业的经济利益联系起来，是不利于社会主义经济的发展的。

在社会主义制度下，计划管理的正确方法应当是：在加强思想政治工作的前提下，把用行政办法管理经济和用经济办法管理经济很好地结合起来。应当指出，无产阶级政治本身，就包含着正确处理经济利益关系的内容。我们要讲个人利益服从集体利益、局部利益服从整体利益、目前利益服从长远利益；同时要照顾和调整个人、局部、当前各个方面的利益，使之真正有利于无产阶级和劳动人民整体、长远利益的实现。思想政治工作必须紧密结合经济工作一道去做，行政的管理办法必须紧密结合经济的管理办法一道去做，才能收到切实的效果。那种不顾各方面的经济利益，无视客观经济规律的单纯行政命令办法，只能给社会主义经济带来消极的后果，这是我们应当极力避免的。总之，我们既要做好思想政治工作和行政管理工作，教育人们让局部的眼前的利益服从于整体的长远的利益，从思想觉悟上和行政措施上加强人们的政治责任感；同时还要善于利用价值杠杆，善于运用经济手段，把企业的经营效果同企业的经济利益联系起来，做到在一般情况下，对国家有利的，对生产单位和它的成员也有利，而对国家、整体和消费者有害的，企业和有关人员要负物质责任，一句话，就是要从经济利益上调动各方面的积极性，加强他们的责任心。光有政治责任而无经济责任，责任制是不完整的。只有不但首先从思想上、政治上提高人们的责任感，同时又从经济利益上加强人们的责任心，企业和各级经济管理机构的责任制才能真正有效地建立起来，我们的经济管理工作才能更快地走上健康的轨道，把经济工作越做越细致、越深入、越科学，大大提高我们的经济管理水平，推动国民经济稳定而迅速地向前发展，为实现新时期的总任务贡献力量。

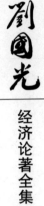

刘国光

经济论著全集

第 2 卷

南、罗、匈、苏经济管理改革的比较研究*

（1979年1月）

　　第二次世界大战后的一段时期，苏联和东欧各国实行的经济管理，基本上是苏联在20世纪30年代形成的一套管理制度。50年代初期，南斯拉夫最早放弃了苏联式的管理体制，宣布实行工人自治。50年代后期60年代初期，苏联和一些东欧国家经济发展速度减缓、质量与效率下降和技术发展迟缓的趋势，日益显露。这种情况迫使他们考虑改革经济管理的问题。这些国家经济改革的程度不同，步调也不一样。捷克的经济改革，曾经打算采取与南斯拉夫相近的做法，因遭到苏联的入侵和残酷镇压而夭折，重新被纳入苏联容许的轨道。匈牙利的经济改革，在采取市场调节等方面步子较大。苏联、民主德国、保加利亚、波兰等国，改革的步子较小。罗马尼亚在"经互会"成员国中是抵制一体化计划的主要国家，比别国更致力于维护自主权利。但罗国内经济改革起步较晚，阻力较大。近年来罗经济迅速增长，越来越感到传统的体制不适应高速度发展经济的需要，有进一步改革的必要。为此，1978年3月罗共中央全会提出了改进财经和计划领导工作的一系列新措施，将于1979年全面推行。

　　苏联和东欧各国经济改革，涉及问题很多，范围很广，本文

---

*　本文系与庞川、余广华合写，原载《世界经济》增刊1979年第1期。

限于对南斯拉夫、罗马尼亚、匈牙利、苏联四个国家经济改革的一些主要情况，进行一些对比分析。这四国目前社会经济性质不同。苏联变修后，生产资料的社会主义全民所有制已经蜕变为官僚垄断资产阶级所有制。罗马尼亚的国有制仍然是社会主义全民所有制的性质。南斯拉夫则早已把国有制改为"社会所有制"。尽管这样，这些国家都存在着经济管理的国家集权、地方分权和企业自治的矛盾问题，并且不断地寻求解决矛盾的途径。

一、加强市场经济和价值规律的作用

苏联和东欧各国经济体制改革的一个重要特点，是在计划与市场的关系上，加强了市场经济和价值规律的作用。大体来说，市场因素起作用最强的是南斯拉夫、匈牙利，而苏联和罗马尼亚则在加强利用市场经济的同时，仍然较多地强调统一计划。

南斯拉夫现在的经济体制叫作"自治市场经济"，又叫"自治计划体制"，其中既有市场经济，又有社会计划，而社会计划又是市场机制的一部分。南的市场包括国内外市场上各种商品的供销和资金借贷。企业基层组织根据对市场行情的预测，自行决定产品产量和品种，50%产品的出厂价格由企业按市场供求关系自行调整或由同行业协议确定，自己提出基本建设和扩大再生产的任务，自己组织产品的生产和销售。南不存在统一的物资调拨制度，各基层组织所需要的生产设备和原材料供应、产品销售，都是通过市场进行。企业所需资金不是由上级统一拨给，除企业自有者外，得向银行和其他企业借款。企业之间实行相互竞争。在社会计划方面，联邦制定的中期（五年）、长期计划，只具有预测性质，它所规定的国民经济各部门的基本比例关系，对企业和地方并没有约束力。为了使社会生产能有组织地协调地进行，南采取的措施：一是从基层起，自下而上对各级计划进行层层的协调和调整，通过协调达成自治协议和社会契约，作为社会计划的基础。对不完成协议和契约义务的企业，实行物质处分和司法制裁。二是发挥经济法令和经济政策的指导作用，对需要发展的项目给予优惠条件，对不需要发展的项目加以限制，这样来指导和调节经济的发展。这些政策包括：关税政策、税收政策、信贷政策、价格政策、投资政策等。三是通过社会簿记机关，对经济和财务活动进行监督。四是必要时，由国家机构出面来协调经济，如当出现有危及南经济的某种现象时，南联邦议会可以采取某些限制性的措施，维护全国利益。

匈牙利于1968年全面实行新经济体制后，废除了过去计划层层下达的制度。中央计划机关的任务，限于确定经济发展的主要目标，保证经济平衡发展的主要比例，重点也放在中期计划和远景计划上。对年度计划，基本上靠运用市场体制来实现计划的协调。在制定国民经济计划时，政府各部和国家计划局要听取各大企业的意见。各企业根据国家计划及中央制定的经济管理办法自主地制定自己的计划，各企业的计划无须上级机关的批准，上级机关的协调意见也不是行政命令，企业可听也可以不听。除协调外，匈也是主要通过制定各项经济政策，来保证国家计划的实现，必要时也可运用行政手段，如颁发许可证、禁止令和指示等。在产品供销方面，匈也取消了国家统一调拨的制度，改用贸易办法来代替由中央统一调配原料和产品的制度。在物价管理方面，废除了国家全面规定固定价格的制度，实行三种价格：一是国家规定的固定价格；二是浮动价格，即由国家规定最高价格和浮动幅度，也叫作有官价限制的协议价格；三是自由价格。匈也鼓励市场竞争。但为了解决出现的垄断和无政府现象，近年来又采取了一些加强计划性的措施，如加强对自由价格的控制，提高固定价格的比例；在国民经济年度计划中政府可以确定应急措施，对某些原料和商品排列满足需求的先后次序，规定某些产品必须生产的数量和质量，规定某些产品的最高库存限度，等等。然而这些措施并没有改变匈经济以市场调节为主，国家计划调节为辅的基本特征。

苏联在实行新经济体制中，市场经济的作用远不如南斯拉夫，也不及匈牙利。苏采取的主要措施，一是减少下达给企业的指令性指标，从过去的20余项减为9项（后又逐渐增到12项），其余指标完全由企业自行制定。二是强调利用价值杠杆作为提高效率和完成计划的工具，如以销售额、利润额、盈利率等财务指标代替实物指标作为考核企业经营成果的主要依据；采用征收生产基金占用费，级差收入固定缴款；扩大贷款在投资和流动资金中的比重等，以加强企业的经济责任；按生产价格原则定价，在固定价格制度中容许给企业一定的灵活性，利用价格机制促进技术进步、发展新产品、降低消耗和提高产品质量；等等。三是在生产资料流通上提出有计划地开展生产资料的批发贸易，以逐步代替计划调拨。由于在实行新体制过程中，出现了片面追求利润，违反计划制度和合同的现象日增，1970年起，苏又逐渐强调集中统一的计划领导，批判"市场社会主义"，原来的改革措施未能尽行贯彻。1974年苏联生产资料的非计划调拨的批发贸易在生产资料流转总额中只占5%，而计划调拨部分仍占95%。目前由苏联国家计委管的产品品名，达两千余种，中央各部分配的物资，达3万多种。

罗马尼亚自1968年以来，为了减少计划的过分集中，也采取了减少下达给企业的指令性指标的措施，与此同时，罗继续强调国家批准下达的计划是法律，必须执行。目前罗计划管理的权限仍然很集中，如由国家计委、中央各部和工业中心这三级机构平衡分配的物资，共有2100多种。1978年3月罗共中央全会通过的决议中，强调计划的制定，要从基层单位开始，由下而上逐级平衡，纳入国民经济总体和各行业各部门制定的"指导性要求"和

"标准性要求"，以实现党和国家善于社会经济发展的指示。还规定企业制定计划时，要切实研究国内外市场需求，及时签订合同，特别强调计划与合同相结合，要求"在制定计划文本的同时，就签订这些合同"，做到以销定产。禁止没有合同或订货单确保其销路的产品投入生产。在利用价值杠杆以提高经济效益方面，新措施规定了用净产值代替总产值作为企业的主要考核指标，并通过分红基金的设置等来突出利润的地位。此外，在征课净产值税，利用银行资金等方面，也作了一些新的规定，加强了用经济办法管理经济。

二、扩大企业的权力

苏联和东欧各国在经济改革中都十分重视企业权力的调整，其趋势和特点是：强调企业的物质利益和自负盈亏，广泛采用利润、奖金、价格、税收、信贷等经济杠杆，逐步扩大以财权为核心的企业权力。企业权限扩大程度，南、匈大些，罗、苏小些。

如前所述，在计划管理和物资管理方面，南、匈、罗、苏，在不同程度上扩大了企业的计划权限和物资权限。南、匈企业基本上根据市场需要和本身利益制定计划，实行生产资料的自由买卖。罗、苏则在下放一部分计划权限的同时，在很大程度上保持了集中统一计划，生产资料供应基本上仍实行计划调拨。苏联《企业条例》规定，企业在无损于国家计划和合同义务的情况下，有权在计划外用订货单位的原材料或用自己的材料和废料接受其他企业和组织的订货。上级机关不得随意修改企业计划。在物资供销方面，企业有权在签订供货合同时拒绝接受拨给它的多余产品和不需要的产品，有权根据规定的定额把调拨量转给其他单位，有权削价出售推销不出去的产品。此外，苏联《企业条例》还规定，企业多余的物资、设备，如上级机关在一定时间内不予重新分配，可以自行出售。暂时不用的房屋、建筑物和运输工具等也可以自行出租。

在劳动管理方面，改革以前，各国控制劳动力的办法比较严。改革以后，南、匈允许劳动力在部门间、地区间、企业间自由流动。企业根据发展生产和提高劳动生产率的需要，有权增加或裁减职工，有权规定各类职工的劳动收入。南还允许失业人员到国外去就业，留在国内的，由企业发给法定的最低收入的60%，以维持最低生活。苏联《企业条例》规定，在国家规定的范围内，企业经理"有权确定并批准企业的结构和编制，规定工资水平和资金"，有权招收和解雇工人，对企业的工作人员进行奖励和处分。近几年来，苏联又广泛推行"谢基诺"化工联合企业的"经验"，即企业有权裁减由于提高劳动生产率而多余的职工，并把节约工资的一部分分给在业的职工。

扩大企业财权是四国调整企业权限的核心。各国的改革不同程度地要求改革原来那种基本上"统收统支"的办法，而实行新的"以收抵支"，更多地分享利润，建立各种企业基金的制度。企业经营得越好，创造的利润越多，企业能支配的各种基金就越多，具体来说，主要有下列几个方面。

（1）关于固定资产折旧基金：南、罗、匈、苏四国的大修理基金一般都留归企业使用。基本折旧基金在改革以前全部上缴国家作集中的基本建设投资之用。改革以后，南斯拉夫完全由企业自己支配。匈牙利60%的折旧费留给企业。苏联则规定企业有权提取15%~45%的基本折旧基金，充作生产发展基金，其余上缴。罗马尼亚1978年3月通过的新措施中也规定折旧基金将留一部分给企业，抵充部分生产发展基金，但留成比例仍未定。

（2）关于流动资金：目前，南斯拉夫企业完全自主地筹划流动资金，并利用银行贷款。其他各国企业扩大生产所需的增加部分也不再由国家财政拨款，而改变为银行贷款或由企业利润中提取一部分。如匈牙利当企业从银行得到投资贷款时，银行同时就给企业一部分流动资金贷款。因此，银行贷款占工业企业全部流动资金的比重逐渐增加。如苏联，从1965年的42.6%，提高到1976年的47.2%。

（3）关于利润的分配：现在四国企业利润的留成比例都有很大的变化。南斯拉夫随着企业自治权力的扩大，目前联合劳动基层组织的利润除向国家依法缴纳流通税和其他捐税，以及向本基层组织以外缴纳各种费用外，其余全部由自己支配，用于扩大再生产和提高工人的个人收入和集体福利。匈牙利工业企业的利润首先向地方议会（地方政权）缴纳6%的地方税，其次按规定偿还国家投资和贷款；再次，按企业职工人数每人扣除750福林作为企业的社会福利和文化基金；剩下部分再向国家上缴36%的普通税，再从上税后的利润中抽10%作为企业的后备基金；最后剩下的部分是企业有权支配的发展基金和分红基金。苏联在推行新体制后，工业企业利润首先用于生产基金付费、级差收入的固定交款和支付银行贷款利息。其次用于抵拨基建投资、偿还贷款和补充流动资金等，剩余部分按一定比例提取各种经济刺激基金，其中包括：生产发展基金、物质鼓励基金和社会福利基金。最后，再将多余的利润上缴国家预算。1967年，工业企业的经济刺激基金约占利润总额的11%，1976年约占16%。苏联《企业条例》还规定，企业出售多余物资和出租暂时不用的固定资产的收入留归企业，充作购置固定资产和流动资金之用。罗马尼亚按照1978年3月罗共中央全会通过的改革措施的规定，企业可以从利润等来源设立以下五种基金：生产发展基金、周转基金、住宅与其他社会建设基金、社会福利基金、劳动人民分红基金。罗还通过征收税率不等的净产值税，调剂各行业和各企业的利润水平。为了鼓励企业超额完成净产值计划，对超额部分征收较低的净产值税，这样企业便可从较多的利润中提取各项基金。

在基本建设管理方面，改革以前各国企业的基建投资基本上是由国家预算拨款，企业按国家计划无偿使用。这种办法不利于企业节约建设资金，提高投资效果。目前，南斯拉夫基本建设投资，一般由企业用自筹资金和银行贷款自己安排，联邦只设置"支援不发达地区基金"，通过银行，以长期低息贷款形式发放。在匈牙利，从1976年起，由银行贷款制代替了国家预算拨款制。所有投资项目，由银行贷款和企业自筹资金（包括企业发展基金和折旧留成）来解决。对于银行贷款，企业要在10年内偿还。但企业在是否接受银行条件以及确定项目、图样、技术设计和施工单位方面有自主权。从1975年8月1日起，匈还规定，凡企业自己决定的项目，应从企业发展基金中向国家缴纳占全部投资费用10%的建筑税，以便控制投资和提高效果。在罗马尼亚，新建企业和现行企业中较大的扩建项目，仍由预算拨款，但企业须通过上缴折旧按期偿还。其他项目通过银行贷款和企业自筹解决。苏联目前的基建投资，绝大部分仍旧来自国家拨款，一部分企业自筹；企业虽可以从银行得到长期贷款，但利用很少。

三、实行企业联合，扩大中层的管理权力

20世纪60年代，苏联和东欧国家先后出现了企业联合，并在联合的基础上建立中层管理机构的趋向。

罗马尼亚过去的体制是部—部属专业局—托拉斯—企业四级。为了适应工业的高速度发展，罗于1969年开始建立"工业中心"，逐步取代专业局，减少层次，使工业中心直接与部联系。经过几次调整，目前罗各行业共有工业中心一百五十多个。"工业中心"与专业局不同，不是单纯的行政管理机构，它既是一级行政单位，又是经济组织，上受主管部的领导，下管十几个或几十个工厂，统管所辖工厂和单位的生产、科研、设计、供销、外

贸、财务、人员培训及同有关单位协作等问题。工业中心一般设在一个较大厂内，密切联系生产实际，这种管理形式便于实现专业化协作，便于用经济办法管理经济，解决问题比较及时，指挥比较灵便。工业中心与主管部及所在县委的关系是双重领导，但以主管部垂直领导为主。县委只负责解决工厂所需的劳动力、职工住宅、交通、食品供应等后勤工作。但工业部任命企业领导干部时，需征得所在县委的同意，企业应向县委汇报工作，企业利润上缴一部分给县。

苏联建立联合企业的基本内容是通过合并企业，建立联合公司以减少层次，实现行政管理组织与经济组织的合一。合并企业的最基本形式有两种：一种是生产联合公司，组织到生产联合公司里来的，可以是生产同类产品的企业，也可以是按生产顺序从原料到加工的企业。另一种是科学生产联合公司，以科研机关为主体合并有关生产企业，目的是缩短将科研成果用于生产的周期。这两种联合公司是工业管理的基层环节。作为工业管理的中层环节，则是在取消部属管理局和托拉斯的基础上建立的工业联合公司。到1977年年底，各工业部共建成了三百多个全苏的工业联合公司。中央的工业部和各加盟共和国的工业部是工业管理的上层环节。它们直接领导生产联合公司和科学生产联合公司，或通过工业联合公司来领导。工业联合公司是所辖生产联合公司或企业的上级管理组织，参加单位一律保持其独立性。工业联合公司与被撤销的总管理局不同，局是由国家预算开支的行政管理机构，是工业部的组成部分。而工业联合公司的经理处则是实行独立核算的经济组织。苏联自己认为这种形式比总局好，总局不顾企业利益、乱发指示、随意改变计划，对企业的经营不承担任何物质责任。工业联合公司的经理处有权将所辖企业的部分管理职能集中到自己手上，有权抽调或重新分配所辖企业的财产与资金。企业的经济刺激基金、大修折旧基金等都要提成交经理处作为集中使用的基金，经理处可用这个基金奖励或支援所辖的某些企业。在经理处同所辖企业之间相互提供产品或劳务时，则与独立企业之间的关系一样，要订立合同，按价付款。

匈牙利与罗、苏不同，它未建立罗、苏这样的工业中心或联合公司。但从1968年实行新经济体制后，也取消了部属的工业管理局，托拉斯除在极少数工业部，如煤炭部尚保留之外，也多数取消了。但匈有不少企业是总厂性质，下属若干分厂。据1976年年底的统计，全匈共有企业5250个，分属737个法人经营单位管辖。如匈牙利机床总厂是法人单位，下设十个分厂和一个技术发展研究所，分厂无权对外。

南斯拉夫的情况，与罗、苏、匈又不同。南自1971年实行联合劳动后，经济组织的形式分为三层：联合劳动基层组织，相当于小厂或大厂的车间；联合劳动组织，由若干个联合劳动基层组织组成，相当于大厂或总厂；联合劳动复合组织，由若干个联合劳动组织联合而成，相当于联合企业。

综上所述，罗、苏、匈等国工业管理体制的改革，是有几个共同的特点的。一是取消了部属管理局和托拉斯，实行了部以下的行政管理机构与经济组织的合一，可以更多利用经济手段来管理工业，使中层机构能更多从经济利益上关心所属企业的经营。二是企业联合起来，便于实现专业化协作，解决问题比过去效率高，从罗建立工业中心以来十多年的实践看，效果是显著的。三是由于建立工业中心、联合公司和总厂等中层环节，使企业的权力削减了一部分，工业部的管理权下放了一部分，结果使中层机构的权力扩大了，这样的体制，还缩小了地方政府对企业的管理范围。如罗建立工业中心后，地方管的企业只占企业总数的5%。在苏联归州一级地方政府管的企业也为数极少了。

四、把职工个人物质利益与企业集体的经营效果联系起来

南、罗、匈、苏在体制改革中，都不同程度地调整了国家、生产单位和个人三者的经济关系，使个人收入不仅取决于个人劳动的好坏，而且也取决于整个企业经营的结果。企业在物质上鼓励职工个人和举办集体福利的手段增多了，形式也比过去灵活了。对企业领导者采取了企业完成计划有奖，完不成计划则罚的措施。

南斯拉夫职工收入与个人劳动成绩及企业经营好坏联系得比较紧密。其企业内部分配的总原则是：企业收入经过决定的和本企业自定的各项扣除之后，剩下的就是个人消费资金（即每个人毛收入的总和）。把个人消费资金首先分作两部分。第一部分是最低法定收入，大体上每人每月3000第纳尔（约合人民币300元），企业职工人人有份。若企业亏损，不能保证每人最低法定收入，则动用企业储备资金。第二部分是按劳分配部分，具体计算办法由各企业工人委员会自定。一般是根据每个人的技术熟练程度（包括文化程度）、贡献大小、劳动条件好坏、体力、脑力消耗程度等十几项指标确定每个人的得"分"，算出全厂分值，最后算出每个人的按劳所得部分。按劳所得部分加上最低法定收入就是每个人的毛收入。从每个人的毛收入中再扣除如社会保险和各种公共福利等开支就是个人纯收入。在南，不但人与人之间，而且每一个人每月之间的收入额是不同的，经营好坏不同企业之间个人平均收入也是不同的。

匈牙利是企业从全年利润中扣除了上缴的各项税、费和提取的后备基金和文化福利基金后，剩余部分企业有权决定多少用于发展基金，多少用于分红基金。分红基金用途有三：（1）对

职工的非现金补贴：伙食补贴，疗养补助、托儿所及幼儿园补贴等；（2）对职工的现金补贴：优秀劳动者奖金、革新奖金、职工造房补助、助学金、困难补助等；（3）年终分红。为防止企业无限制地增加职工个人收入，对分红基金收较重的税。如分红基金不超过企业全年工资总额的2%时，免税。为2%~4%时，缴200%的税。为4%~6%时，缴300%的税。因此，一般企业都不敢任意扩大分红基金。

罗马尼亚实行的是"综合集体计件制"或"定额包产制"。如一个车间全体职工，包括车间主任和工程技术人员，以车间为单位签订合同、集体计件，整个车间完成计划时，得100%的工资，超计划多得工资，未完成计划按比例扣工资。但最多不得扣工资的20%以上。这种办法起到鼓励生产相互督促的作用。改进财经工作的新措施规定，1978年7月1日起，工资基金根据净产值计划完成情况来计算和发放。罗还决定建立职工分红（叫作劳动人民分享企业利润）制度。即除本人应得的报酬之外，根据职工贡献大小、所任职务及在本企业的连续工龄参加分红，数额大小不受限制。分红的不仅是企业职工，各中央机关、各部、各县人委的干部都参加分红。分红总额大体占企业计划利润的3%。此外，各种情况下超额完成计划时，得由超计划利润中提取较大比例。发放分红基金是有条件的。只有在企业完成净产值计划和合同规定的实物量的情况下才全部发放。企业未完成计划，则每未完成计划的1%，分红基金就减少1%。但最多不得扣25%。分红基金的85%，按报酬加工龄津贴（领导干部则有领导工作津贴）的比例，直接分给个人。分红基金的另外用于补贴出国旅行、奖励先进、公共福利等。罗的分红是全体职工人人有份，这就鼓励职工关心集体。但对犯错误、不守纪律的人视情况减发或不发。

苏联改革后，企业建立经济刺激基金。其中有一项是物质鼓励基金。经济刺激基金数额取决于盈利率和产品销售额等指标。

苏联的办法是要刺激哪一项指标，就把哪项指标与物质鼓励基金挂起钩来。工业联合公司有权给企业下达这类指标，但最多不得超过三项。因物质鼓励基金数额也取决于企业利润，故每年数额各不相同。1974年全苏用于物质鼓励基金的占利润的8.2%，相当于当年全年工资总额的10.1%。苏联在使用物质鼓励基金上有与别国不同的特点。基金的一半分给工人，另一半给技术人员和职员。工人人多，分得奖金就少，一般为工人工资的2%~4%，技术人员少，奖金就多，一般为他们工资的20%~25%。以此来扩大劳动报酬的差别。

这些国家在分配和物质鼓励中有一个特点，是对企业领导干部实行严格奖惩办法，把整个企业办的好坏与他们个人收入直接联系起来。如罗马尼亚，上自部长下至企业经理，每月先发工资的80%。其余20%视计划完成情况而定。完成计划如数补发。超额有奖。完不成计划则按比例扣除。匈牙利是在企业亏损时，企业上层领导扣工资25%，中层领导扣15%，工人不扣，只是基本工资以外的收入受影响。这些国家的另一个特点是强调企业经济领导要内行，要有熟练的业务、经济知识水平。不足者限期补课取得文凭。罗任命企业领导干部还有实践经验方面的限制，如大厂经理必须有12年以上工龄，车间主任和小厂厂长必须有6~8年工龄。苏联还规定对经济领导人员和工程技术干部每3年公开鉴定一次，并做出"适合""不适合"任职的结论，或提升、奖励的建议。

五、扩大工人管理的权利

在工人管理问题上，由于所有制不同，四国情况和形式各异。苏、匈工业部门主要是国家所有制，国营企业领导是国家代表，由国家机关任命，推行一长制，工人参加管理受到较大限制。罗也是国家所有制，企业经理或厂长由国家机关任命，但罗自1969年起否定了一长制，实行集体领导，逐步扩大工人参加管理的权利。南斯拉夫自实行工人自治以来就否定了国有制，实行社会所有制。社会所有制企业的领导不是国家任命，而是由工人委员会招聘，并有权罢免。

南斯拉夫自1950年正式实行工人自治，在企业里建立工人委员会。1971年南实行联合劳动和建立在联合劳动基础上的政治制度，使南的社会主义自治形成了一个比较完整的体系。其总原则是：联合起来的劳动者直接管理和使用社会所有制的生产资料（指他所在的企业和单位），决定劳动成果的分配，并负起建设社会主义的责任。劳动者不仅通过工人委员会管理工厂的事务，而且通过代表团管理国家和社会事务。工人在联合劳动基层组织中，直接参与本单位的生产、资金、收入分配等问题的决定。联合劳动基层组织的最高权力机关是工人大会，并选出工人委员会作为管理机构。不足30人的单位不成立工人委员会。由工人大会直接行使管理职能。工人委员会的决定交由工人大会表决通过。工人委员会委员不脱产，任期两年，最多只能连任一次。工人委员会委员若不能代表工人意见，工人可依法罢免。经理不得选为工人委员会委员，但对工人委员会负责，列席工人委员会的会议，有建议权，无决定权。其职权是：执行工人委员会及其执行机构的决议，领导业务，组织生产，提出业务方针及其执行措施。工人委员会的决定若与法律抵触时，经理有权告诫、拒绝执行并在三天内向政府主管机关报告。联合劳动组织和联合劳动复合组织也设有工人委员会，由下一层组织选出同等数量的代表组成。

罗马尼亚在体制改革中，明确提出发展社会主义民主，实行"企业自治"和"工人自行管理"。但与南斯拉夫不同。罗的自治实质上是把国家统一计划与企业自治结合起来，是在统一计

刘国光

经济论著全集

第
2
卷

划、统一领导的基础上给工业中心和工矿企业以更多的权益，使其承担更大的责任，发挥更大的积极性。

罗实行集体领导和工人参加管理的主要形式，是在企业里建立劳动人民委员会，一般由15~30人组成。其中不脱产工人占50%。劳动人民委员会主席现规定由党委书记兼任，经理兼任第一副主席。企业的工会主席、共青团书记、女工多的企业里的妇联主任均为副主席，另有一名副主席必须由不脱产的工人担任。委员会的其他成员是：负责各种专业的副经理、负责质量和技术检验的主任、一些主要车间的主任、水平较高的专家（也包括企业外的专家）等，另外是经本企业劳动人民大会选出的工人代表。工人代表任期两年，没有额外津贴，如不称职，不替工人说话，可以撤换。企业里的一切重大问题均由劳动人民委员会讨论决定。劳动人民委员会的执行机构是执行领导小组（或委员会），其成员是企业主要领导干部，也有工人代表参加，执行小组（或委员会）主席由经理担任。劳动人民委员会定期向企业劳动人民大会报告工作。工业中心也建立劳动人民委员会及其执行机构。其形式和内容与企业类同。其中工人代表是由下属每个企业选2~3名组成。为发挥劳动群众的监督作用，罗从企业到中央均设立了工人监察委员会，由技术熟练、经验丰富的工人、工程技术人员和经济专家组成。它的任务是帮助劳动人民委员会监督计划的执行、生产能力的使用及遵守生产工艺等情况。

苏、匈两国是另一种类型。他们虽然也提出"扩大社会主义民主""吸引工人参加管理"，但继续推行一长制，即厂长或经理的个人负责制。匈尚明文规定工人参加管理的目的是帮助而不是阻碍一长制的实施。在吸引工人参加管理方面出现了一些新的形式。以匈机床总厂为例，该厂设有"厂务委员会"，由厂党委书记、工会代表、10名分厂的厂长、10名工人代表等25~26人组成。"厂务委员会"可讨论厂里所有问题，但只有建议权，无表决权。另外，还有"联席会"，由厂工会主席任主席，成员101人，总厂领导10人，其余均来自各分厂，大部分是工人代表，每年开会两三次，讨论并决定诸如计划、分红、集体合同等问题。

党委在这些国家企业里的作用，除罗1978年才规定企业党委书记兼任劳动人民委员会主席，主持集体领导机构外，苏、匈企业党委只管宣传鼓动工作，起一定的建议和监督作用，无权决定经济上的方针大计。在南斯拉夫，党是起"引导"作用的，其决议通过党员的模范行动来实现。匈牙利还明确规定厂长只对委派他的上级负责，党委书记不能给厂长下命令，如发现有问题可责成厂长汇报工作，但对党委提出的意见厂长可听，也可不听。意见分歧报请上级领导机关仲裁。

六、外贸管理权的下放

这些国家外贸管理改革中的主要趋向是扩大中层和基层经济单位的外贸权力。这种趋向在南、罗、匈等国表现得尤为明显。南实行自治，企业具备一定条件，可自由对外贸易。匈、罗原来是实行国家集中外贸，但自经济体制改革后，都非常重视发挥中层和基层经济组织开展对外经济关系的积极性。在这种指导思想之下，他们的外贸管理体制也有了很大的改变。

匈牙利体制改革规定，企业的进出口计划不必上报中央批准，外贸部门也不能给企业下达指标。实际上是企业自由外贸，国家用经济手段为主、行政手段为辅来调节对外贸易。但当国家利益得不到保证时，也可以直接给下边下指示。国家鼓励进出口的东西，就给以有条件的补贴。匈搞外贸有两种形式：一种是有些工业部、托拉斯、企业有直接外贸权，这样的单位有83个。有400个单位有部分外贸权。第二种形式是大型外贸公司。目前匈有外贸公司35个，国营经纪公司8个，这些都是自负盈亏的经济单位。外贸公司及经纪公司用三种办法经营：一是委托和代销，与企业签订合同，代企业进口或代销企业产品，收3%的手续费。外贸公司与国外签合同时，生产企业和进口单位必须参加，共同签署。二是外贸公司与企业合股经营外贸，共同承担风险，有利两家分红。这种形式一般用于有外贸权的企业。三是经纪办法，即充当介绍人，从中获得佣金。

罗马尼亚的外贸管理体制变化较多。由集中变为分散，然后又相对集中。1968年年底以前，基本上是采用苏联的体制，由计委以国家法令形式下达外贸计划，对外签合同由外贸公司出面，企业无权直接对外贸易。

1969年起外贸权限逐渐分散，外贸活动改由外贸部与工业部双重领导，实际上是由工业部领导，外贸部只有监督权，掌握别国政策、进行外汇管理。工业中心成立后，工业部有权批准工业中心建立外贸公司。到1972年外贸公司达85个，其中归外贸部直接领导的由原来的17个减少到2个（外运公司和租船代理公司）。由于分散经营、工业中心缺乏外贸经验，原来外贸部所属外贸公司与企业间签订的具有法律效力的经济合同改为没有法律效力的代理佣金制，全国外贸计划未能严格执行。1972年和1973年连续两年没有完成国家外贸计划，又在体制上逐渐收缩。

罗从1976年开始，又走向外贸的相对集中，减少工业部的外贸公司，工业中心和企业只设外贸处、室，从事外贸研究及同外贸公司签订经济合同，不能直接出口。对外经济协作也由外贸部主管。这样集中之后，由外贸部直接领导的外贸公司有8个，外贸部和有关工业部双重领导的外贸公司有33个。从1977年1月起，加强了外贸部在外贸方面的领导作用，规定各外贸公司由外贸部和工业部双重领导，外贸部是法定的外贸计划执行人。外贸部根据国家计划与工业部分别签订协议，并各自下达所属单位执行。外贸部有权撤换不称职的外贸公司经理，无须征得工业部的同意。恢复了外贸公司与企业之间的具有法律效力的经济合同制，废除了代理佣金制。在对外谈判方面，生产企业可以参加，但无权签订合同。

1973年3月罗通过的财经体制改革，又进一步强调开展外贸，要求工业部门对外贸活动直接负责，加强研究国际市场情况，优先安排出口产品，扩大专利、技术资料和成套设备的出口量。特别要求企业尽量出超，以偿还外债，企业今后进口，必须自己具备支付能力，等等。为鼓励出口，把产品的创汇率列为各企业的经济指标之一，并规定超计划完成出口时，超计划外汇可以留成25%用于发展出口生产，超计划利润可以提成10%用于分红和组织职工出国旅行等奖励办法。

南斯拉夫和其他国家都不一样，它的外贸也是以工人自治为基础的，力求摆脱国家垄断，不受行政干涉，已把大部分业务和责任从国家行政机构下放到联合劳动组织。因此，南允许更多的企业同外国直接做生意。每一联合劳动组织，基层组织，只要具备下列条件，都有权进入国外市场，并向外派驻代表：（1）有合格的干部；（2）有必要的资金；（3）得到有关共和国统筹委员会的同意。1966—1974年，南从事外贸的单位，从501个增加到1400个，其中有580多个单位与外国签订了1800多个经济技术合作协定。所有从事外贸和需要外汇的劳动组织，都参加外贸利益共同体。共同体的主要任务，一是同劳动组织共同制定有关外贸的计划，协调各方面的利益；二是决定进出口额和取得外汇的方式；三是鼓励出口。企业通过出口所得外汇，80%由国家控制，20%归企业支配，用于购买设备和原材料，也可卖给国家银行，还可卖给与它签订生产合作合同的其他企业。

罗马尼亚的经济管理[*]

——在国家经委第一期企业管理研究班上所作的报告
（1979年3月16日）

一

先概括讲讲罗马尼亚的经济发展情况，作为研究的背景。分三个问题讲。

（一）速度和水平

罗马尼亚原来是欧洲一个经济十分落后的农业国家，解放前被称为只配做西方大国的经济补充的贫穷落后的农业国家。解放后，罗马尼亚实行了社会主义的计划经济，发展很快。对罗马尼亚的经济发展，有这样几个总的概念。

1. 速度快

经济增长率为世界平均增长速度的两倍，仅次于日本，高于东欧其他国家。见下表：

---

* 原载《经济研究参考资料》1979年第89期。

平均年增长率 国别 项目	国民收入	工业	农业	备注
罗马尼亚（1951—1976年）	9.8%	12.9%	4.5%	
日本（1950—1973年）		15.1%		石油危机前平均
（1950—1976年）		12.4%		石油危机后平均
南斯拉夫（1947—1977年）		9.0%	3.3%	
世界平均（1951—1976年）	4.9%	5.0%	2.9%	

2. 罗马尼亚经济上的发展，主要在近十余年

我们1978年到罗马尼亚参观，看到的一些大型的现代化企业，都是在这个时期兴建和发展起来的。如斯拉提纳炼铝厂，13年前炼出第一炉罗马尼亚的铝，现在年产量已超过20万吨，除满足本国需要外，还向很多国家出口。彼得什蒂小汽车厂，是1968年建成的，至今共生产了40万辆各种型号的小汽车，其中30%以上出口到世界上15个国家，现在正继续扩建，1978年计划生产7.5万辆，1980年计划达到15万辆。罗马尼亚最大的港口康斯坦萨港，1965年吞吐量只有500万吨，现已达到3400万吨，1980年将达到5200万吨，并正在筹划逐步扩建到25 000万吨。我们还看到成片的大住宅区，都是近十余年建成的。正是在这十余年，我国经济因受林彪、"四人帮"的干扰破坏而停滞不前，甚至濒于崩溃的边缘。

3. 从达到的水平看

罗已从落后的农业国一跃成为具有现代工业、现代农业的工农业国家。

罗马尼亚每人平均国民收入水平已从1950年的80美元增长到1977年的1100美元，每人平均钢产量已达半吨，每人平均粮食占有量接近1吨。

但是，罗马尼亚的经济水平，在世界上一百四五十个国家和地区的排列中，仍居偏后地位。据世界银行统计资料报告，1976

年，罗马尼亚每人平均国民收入排在第72位。这个水平低于世界平均水平的23%，为发达国家（瑞典8044美元，加拿大7340美元，美国6995美元，西德6451美元，法国5860美元，日本4478美元，英国3580美元）水平的22%~23%，但比发展中国家的平均水平高2.6倍。

罗马尼亚与南斯拉夫比较，基础工业比较发达，拿1977年统计资料看，南斯拉夫钢产量为317万吨，罗马尼亚为1100万吨；罗马尼亚在轻工业、加工工业、总工业水平、国民收入水平方面不如南斯拉夫。罗马尼亚农村人口在全国总人口中比重（52%）高于南斯拉夫（33%）。拿每人平均国民收入来比，罗马尼亚（1100美元）低于南斯拉夫（1600美元）。

罗马尼亚与我国比较，已大大超过我国。我国还有农村人口80%以上，1977年我国每人平均钢产量为50多斤（罗为1000多斤），粮食产量每人平均为600多斤（而罗为1800斤），平均每人国民收入只有150美元。

4. 从发展前景看

罗马尼亚人自称他们仍然是发展中国家。他们强调要摆脱发展中国家的状况。目前，罗马尼亚人民正为建设全面发展的社会主义而努力。他们的目标是，1985年，进入中等发达国家的阶段，平均每人国民收入要从1977年的1100美元增长到1985年的2400~2500美元。也就是说，八年翻一番以上。

（二）积累和消费的关系

积累和消费关系，是关系经济发展速度和人民生活的一个重大比例关系。

过去有的访罗材料中，提到罗马尼亚经济之所以发展快，其中原因之一，是执行了"高积累低消费"的方针。现在看来，这个提法，不很确切。罗马尼亚积累和消费的比例，总的看来，是比较协调的。它的高积累，既保证了经济发展的高速度，又保证了人民生活达到高消费的水平。

分别看一下，积累和消费的情况，以及为什么罗马尼亚的高积累不但没有挤掉消费，而且有助于高消费水平的达到。

1. 积累方面

罗马尼亚同志认为，为了高速度发展生产，尽快摆脱发展中国家的地位，达到发达国家的水平，需要高积累。

从罗马尼亚过去几个五年计划执行情况看，随着国民收入的增长，积累率是逐年提高的。

20世纪50年代为16%~17%

20世纪60年代为24%~28%

20世纪70年代为33%~34%

2. 消费方面

罗马尼亚在积累增长的同时，消费水平也不断提高。

（1）消费水平每年增长率：

1961—1965年为5.3%

1966—1970年为7%

1971—1975年为7.5%

从长期看，这个增长幅度是不小的。

（2）全国平均月工资：

1950年为337列伊（按当时汇率约合人民币50元）

1977年为1818列伊（约合人民币270元）

1978年为2060列伊（约合人民币310元）

如考虑物价因素（罗物价约比我国高1/3），则其平均月工资为1977年200元人民币，1978年250元人民币。即1978年比1950年增长四倍多。

（3）工资差别不大，最高工资与最低工资比例一般为3∶1。

刘国光

经济论著全集

第

2

卷

单位	平均工资（列伊）	最高工资（列伊）	最低工资（列伊）	比例
布拉索夫卡车厂	2400	4500	1450	3：1
勃勒伊拉·乌尔需加斯国营农场	2300	4000	1800	2.2：1

（4）工农差别也在缩小。我们参观邓波维察县，几乎每个农户都有工人，找不到纯农民户或纯工人户，所以统计工农差别较难办。我们调查了一家农民。全家四口，夫妇二人和小孩二人，男的是工人，月收入2000列伊，女的是农民，日收入40列伊，一月收入1300列伊。用这一家的男工人和女农民比，农民收入与工人收入的比例为1：1.53。

就罗马尼亚国家计委给我们的全国数字来看，农民收入与工人收入的比例：1965年为1：2.1，1977年为1：1.52。而南斯拉夫工农差别、城乡差别基本是1：1。

（5）市场情况：罗马尼亚商品的花色、品种比我国多，无票证，无排队现象。

（6）给我们印象较深的是罗马尼亚住宅问题解决得比较好。我们经过的城市和乡村，到处都在大动土木，建设新的住宅。布加勒斯特和几个县的首府，大部分是建9~12层楼的住宅。全国从1950年到1977年共建设住宅400万套，约有2/3的居民搬入新的住宅。目前，平均每人居住面积13平方米（南斯拉夫15平方米，西德20~30平方米，我国不足罗的零头）。到1985年，基本上解决住房问题，达到每人一间住房。

国家职工住宅的解决办法如下。

一是国家投资建设，一般是在新建、扩建项目中包括住宅投资。住宅投资划给地方统一规划建设，建成后大部分分配给职工。房租是按工资高低比例交付，一般工资水平的，一套住宅（六七十平方米建筑面积）每月房租一百四五十列伊。

二是国家兴建的房屋，一部分卖给职工。也是根据职工工资高低，预付20%~30%，其余分15~25年付清，年息3%~5%。

三是个人从银行贷款建房，交给城市统建部门统一建设。现在国家的政策是鼓励职工从银行贷款建房，或买房。罗马尼亚法令规定，职工家庭平均每人收入1100列伊以上的，必须自己购买住房。

四是企业自筹建设。这种办法目前还比较少。按新的体制，今后老企业增加职工住宅建设，将主要靠企业从利润中提取的住宅投资基金解决。

至于农民住宅建设，是依靠自己，也可以向银行贷款，国家卖给钢材、木材、水泥等建筑材料。我们参观邓波维察县列奥登尼乡一个农民家庭，就是前面讲到的那家，一家四口人，用贷款10万列伊新建了一座二层小洋楼，有四间住房，陈设华丽，有地毯、壁毯、全套家具、电视机、电冰箱等（没有小汽车，不像南斯拉夫很多家农户都有小汽车），这家夫妻二人每月收入3300列伊，每月由合作社和工厂扣还贷款，用相当于三年的收入就可以建起新房。

总的来说，罗马尼亚实现了高积累、高消费。

（三）为什么能够实现持续的高积累高消费？看起来，罗马尼亚有两条经验

1. 积累是随着生产水平的上升，平均每人国民收入水平的提高，而逐步提高。这样，经济实力大增，就能容受高的积累率同时达到高的消费水平。

如前面说的，1977年，罗马尼亚的平均每人国民收入为1100美元，积累率是33%，则平均每人还可有700多美元的消费基金（包括个人消费和集体消费），在这样较高的国民收入水平下，他们既能承受高积累，又能保证高消费。如果，每人平均国民收入水平只有100美元，而积累率也是30%以上，那就很吃力了，会影响生活、影响积极性。

罗的积累率是逐步提高的，前面已经说了。而我国积累率波动得很厉害。第一个五年计划期间为24%，1958年猛增到30%以上，1959年又猛增到40%以上，提高得太快，就会一方面损害简单再生产的物质基础，一方面挫伤人民的积极性，达不到高积累的目的，人民生活水平也提不高。

高积累，在东欧不是仅有罗马尼亚一国，好几个国家的积累率也很高，如1975年的情况：

保加利亚——32.5%；

匈牙利——30.6%；

波兰——35.1%；

捷克——29.2%。

他们按人口平均国民收入水平较高，所以能实现高积累，但不能过高，不能影响消费，这是一个较敏感的问题，如波兰、匈牙利，过去就曾发生过问题。

2. 积累本身，注意了两个问题。

第一个问题，是积累的分配比例较恰当。就是说，基本建设投资在生产资料生产和消费资料生产，这两大部类（即农、轻、重）之间的分配；在生产领域同非生产领域（即生产部门同服务、住宅建设、文教卫生等部门——骨头和肉的关系）之间的分配，安排得比较合理。使得罗马尼亚在积累率逐步增长的同时，可为后续时期人民消费水平的提高打下物质基础。

处理农、轻、重的关系，比较注意轻工业和农业的安排。如，国民经济总投资中——工业投资占55%；农业投资占10%以上，个别年份接近20%。

工业总投资中——消费资料生产部门投资占17%左右。

处理生产领域同非生产领域的关系，如住宅建设占国民经济总投资的10%左右，也就是说，注意"肉"的安排。

第二个问题，是注意积累效果（投资效果——每百元投资带来多少效果）。1966—1970年每百列伊的积累相应增加的国民收入是26列伊，而1971—1975年每百列伊的积累相应增加的国民收入是33列伊。

我国每百元投资所带来的国民收入是下降的：第一个五年计划期间为35元；第二个五年计划期间为26元；第四个五年计划期间为16元；积累效果逐期下降，挤掉了消费，速度也上不去。

我们在罗马尼亚参观的几个企业，投资效果都很高，建成后几年时间，就全部收回了投资。例如彼得什蒂汽车厂，年产小汽车75 000辆，总投资35亿列伊，1968年建成投产，一年利润十多亿列伊，三年多就可以收回全部投资。雅洛米察养猪场，是世界上比较大的养猪场，年产猪肉16 000吨（100公斤的肥猪16万头），总投资14 000万列伊，1966年建成投产，只用六年半的时间，就收回了全部投资。

由于集中力量打歼灭战，一般建设投产都比较快，半拉子工程很少见。如加拉茨钢铁厂，只用十年多时间，就建成650万吨能力的钢铁厂。又如民用住宅，外装修还没有完，里面就可住人了。早投产，早发生效果，早形成新的生产能力，早为新的消费基金提供基础。

二

现在讲第二部分：罗马尼亚的经济管理。

罗马尼亚的经济能够多年持续高速度发展，原因很多，最主要的是政治上比较安定，没有发生很大的波折；经济上比较注意按客观规律办事。罗在坚持社会主义计划经济的前提下，根据每个时期的具体情况，对经济管理进行了一系列必要的改革，

以适应高速度发展的要求。关于罗的经济管理，分以下三点来
叙述。

（一）过去改革的简况

1967年罗共全国代表会议以来，在经济管理上采取了许多改
革措施，重要的有以下三项。

一是行政建制上的改革。罗原有16个州和两个直辖市，州
以下是区、乡。为了减少不必要的中间环节，加强中央的集中
领导，并发挥地方的积极性，1968年2月撤销了州和区的行政建
制。全国改划为39个县和布加勒斯特直辖市，使县直属中央。现
在的体制是：中央—县—乡。随着行政建制的改革，罗提出合理
布置生产力，对工业布局作了较大的调整，国家对落后的县投放
较大的资金，使各县能均衡发展，要求到1980年每个县的工业产
值都能达到100亿列伊以上。

二是工业管理上的改革。1969年以前，罗工业主要由中央各
工业部通过部属专业局或总局来管理，部、局的机构庞大，权力
过于集中，各个厂矿的原料供应，人员配备，设备购置，生产技
术的改进，以及各厂之间的协作等问题都要到部里才能解决，不
利于发挥企业的积极性，厂矿生产中的许多问题处理不及时。
1967年12月罗共召开了全国代表会议，批判了"过度集中"的现
象，决定在工业部下面，按行业和地区成立类似联合公司的"工
业中心"。这种工业中心于1969年年初开始建立，经过几次调整
改组，现在全国共有一百五十多个工业中心。每个工业部都有几
个到十几个工业中心，撤销了有关的部属专业局，原来由部里处
理的日常生产问题，部分科研设计工作，部分进出口日常业务、
中专和技工学校等均下放到工业中心负责和领导。中央各部集中
精力研究方针、政策、长远规划以及检查督促完成国家生产计划
情况等方面的问题。每个工业中心十几个、二十几个厂矿企业单

位，原来各厂矿企业负责的科研设计、设备大修、人员培训、产品销售、原材料及零配件供应等也统一集中由工业中心管理。厂矿企业主要抓生产及工艺技术改进。工业中心不是像过去部属专业局那样的单纯行政管理机构，而是一个综合性的经济单位，具有生产、科研和设计、供销、财会、人事教育五个方面的职责，有权批准3000万列伊（合人民币450万元）以下的基本建设项目和150万列伊（合人民币22.5万元）以下的零部件和设备的进口，可以和外国公司进行科技合作和按规定签订合同。工业中心的管理机构一般设在所属行业的一个有代表性的工厂里，密切联系生产实际，这种管理形式在组织和领导生产方面发挥了积极作用，便于实现生产的专业化协作，便于用经济的办法管理经济，便于及时发现和解决企业中的问题，指挥比较灵便。

以上所述"中央部—工业中心—企业"三级管理，是就中央部属的工业企业来说的。就工业中心和部属企业同地方（县）的关系来说，县委不直接领导工业中心和部属企业，但工业中心所属企业的计划，必须同时报县，列入县的计划。

工业中心和厂矿企业的党委同受地方党委的领导。县委对全县所有企业从制定计划、新项目投产到供产销，都有协调、检查、督促的任务。

三是企业管理上的改革。罗过去企业管理实行一长制。齐奥塞斯库于1969年8月在罗共第十次代表大会上指出："生活表明，一长制的领导已不再适应我国社会主义生产制度的当前阶段的情况。在生产资料公有制的条件下，作为一种客观需要，要求实现集体领导，使劳动人民直接参加对经济工作的领导。"随着一长制的取消，罗在企业里逐步建立了一套实行集体领导和工人参加管理的制度。企业最高权力机关是劳动人民大会。集体领导机构是劳动人民委员会，一般由15~30人组成。主席是党委书记兼任，第一副主席由厂长兼任。另外几名副主席，一名由工会主席兼任，一名由直接参加生产的人员代表担任，一名由团组织书记担任。其他成员，由副厂长、重要部门领导和工长、技师、工程师担任。全部成员中约一半由工人、工长和技术人员担任。劳动人民委员会的执行机构是执行委员会，一般由5~11人组成。主席由厂长担任，成员有副厂长、总工程师、总会计师及直接参加生产的人员的代表。

企业集体领导机构在企业管理上具有广泛的职能。现在，罗企业里的一切重大问题，都由劳动人民委员会讨论并作出决定，然后交执行委员会和厂行政领导去执行。集体领导机构通过决议，至少要有2/3成员参加，出席者半数以上同意。如某些问题发生分歧，提交上级领导机关解决。劳动人民委员会定期向劳动人民大会报告工作。此外，为发挥劳动群众的监督作用，从企业到中央均设立了工人监察委员会，由技术熟练、经验丰富的工人、工程技术人员和经济专家组成。它的职能是帮助劳动人民委员会监督计划执行情况、生产能力利用情况及遵守生产工艺的情况等。

罗认为，通过取消一长制，实行集体领导和劳动人民参加管理等一系列措施，建立了民主的组织形式。但是，由于经济体制上集中太多，企业财经权限很小，这种民主管理形式的作用受到了限制。1978年3月在罗共中央全会决定在企业收支预算、建立自有基金等方面采取一系列新措施，扩大企业权限，把工人自我管理建立在更加扎实的基础之上。这在后面还要叙述。

（二）现行经济计划管理的一些特点

罗在国民经济计划管理上，实行集中统一的计划领导。计划方法、程序与我国基本相同，但也有自己的特点，主要是：

1. 集中程度比较高些。其表现：一是在企业隶属关系上，罗中央工业部通过工业中心管的企业，占企业总数的95%，地方企业只占5%；而我国绝大多数企业归地方管理。二是在财政体制上，罗基本上实行统收统支，地方的财政收入全部上缴中央，支出由中央拨给，企业折旧基金也全部上缴，地方和企业都没有多少机动财力；而我国则地方每年有一定的机动财力，企业折旧基金，目前有相当大的一部分留给企业和地方支配。三是物资管理上，罗国家计委管300种物资，中央部管1300种，工业中心管500种，三级负责平衡分配的共2100种，远远超过我国家计委和中央各部负责平衡分配的物资总数。罗全国物资库存只有物资部的县基地和企业两级设库，其他环节都不设库；而我国则行行层层设库。四是在物价管理上，罗实行全国统一价格，没有地区差价；而我国则有地区差价，等等。

2. 有比较稳定的长期计划，长短期结合比较好。罗有三类计划：一是经济预测，现已作出到1990年的19个部门、40个地区、28个综合问题的预测。二是长远规划，这种规划与经济预测不同，指标较细，并有较具体的措施。现已作出到2010年的林业资源保护和发展规划；到2000年的水利建设规划；到1990年的能源开发规划、干部培训规划等。三是执行性的计划，包括五年计划和年度计划，五年计划在计划工作中占中心地位，一般在五年计划开始的两三年前就制定出来，规定了分年指标，作为制定年度计划的依据，保证计划的连续性和稳定性。年度计划也抓得早，一般在头年的6~8月就制定出来，而且有分季指标。

3. 计划工作做得比较细。一是计划指标比较细，如制定年度计划中，罗国家计委管的工业产品分品种规格指标为4000~4500种，其产值约占工业总产值的85%。钢铁工业中心要按品种规格搞12万个钢号的平衡。二是有一套比较完整的定额资料，如物资消耗定额，实行分级管理，部长会议管900种，物资部管8000种，工业中心管1万种。物资部对计划定额的执行，每月都要统计验查，对其中30项重要定额，每天都要了解。三是综合平衡比较细。如重视国民收入、积累消费的平衡，使之在计划中起到综合、控制的作用；基本建设新上项目，要由物资技术供应部审核，提出意见，如果建设过程中或建成投产后没有物资保证，就不允许上项目；财力方面，不仅搞国家预算内的收支平衡，而且编制综合财政计划，对预算内和预算外资金进行统一平衡。

4. 比较重视用经济办法管理经济，促进计划任务的完成。罗在报酬制度上，把劳动者收入不但与个人工作业绩联系起来，而且同单位集体总的工作业绩联系起来。企业流动资金，初投产时由国家拨给，以后扩大生产需要追加，国家不再增拨，由银行贷款解决。超过国家规定的物资库存周转期的要罚款，办法是提高贷款利息，正常的贷款利率5%，超过定额，利率就要提高到18%。生产单位未按合同规定时间交货的要罚款，按照延期交货物的价值，在10天以内的每天罚千分之一，10~20天的，罚千分之二，20天以上的罚千分之三。由于延期交货而造成的经济损失，也由供货单位承担。国家对企业的固定资产投资，由企业通过上缴基本折旧基金的方式来偿还，固定资产不管用不用都要上缴折旧基金，督促企业充分利用，或将闲置的设备调拨给别的单位。

5. 在各级党委领导下，经济计划机构比较健全。罗为加强国民经济统一计划领导，设立了"社会经济发展最高委员会"，主席由齐奥塞斯库亲自兼任，副主席由政府副总理、各部部长等兼任，除党和国家机关领导人外，吸收各方面的专家和模范人物、熟练工人参加，共500人，下分16个组，按问题而不是按行业划分。最高委员会的任务是分析研究社会经济发展的大政方针，协助党中央作出决策。国家计委编制的计划草案，在提交党中央全会前，要经最高委员会及其各组审议，最高委员会还设中央经济研究院，协调全国各经济研究机构的研究工作。

国家计委的领导机构是领导委员会，由50~60人组成，除计

罗马尼亚的经济管理

委领导成员外，吸收各方面代表人物参加。其常设机构是执行委员会。计委机关设13个业务局，其中主管综合计划的有6个局，其余是主管专业计划的。国家计委工作人员600人，大都是高等学校毕业，其中45%是各种专业的工程师，其他有各类经济学家等。此外，国家计委有两个附属机构，一是计划和经济预测研究所，一是电子计算中心。罗在经济、计划工作中已经比较广泛地采用了电子计算技术。中央经济各部，全国一半的县、乡，一些工业中心和大企业，都建立了电子计算中心。

罗的物资管理工作过去是由国家计委物资局管理的。随着经济工作的发展，1971年单独成立了物资部，全名为"技术物资和固定资产管理监督部"，它的主要任务是合理分配、供应、管理物资，并对全国固定资产合理使用进行监督。固定资产使用不好或闲置不用的，物资部有权调走。除了监督固定资产的使用外，还监督燃料、动力消耗。

在产品质量检验方面，全国有一个中央产品质量检验局，直属于国务委员会，它在全国各生产单位派驻人员，各县的质量检验机构直属中央质量检验局。每个企业的质量检验机构，一方面接受主管部，工业中心的领导，另一方面接受中央质量检验局的领导。企业质量检验人员是企业人员，但总检验员是中央质量检验局派来的。现在有一个新的决定，在轻工业部和机械工业部，将把企业的质量检验机构直属中央质量检验局管，而与生产部门分开，这样保证质量检验工作的独立性。

（三）当前改进财经体制的主要内容

1978年3月22—23日，罗共中央召开了全会，根据总书记齐奥塞斯库的指示和提议，通过了《罗共中央关于完善财经领导工作和计划工作的决议》。全会确定的改进经济计划管理的新措施，是在全国统一计划取得成绩的基础上提出来的。罗共中央执委、政府第一副总理兼国家计委主任维尔德兹在接见我们时说，"如果说，到目前为止，我们取得了良好的成绩，说明我们使用的方法大部分是好的。"同时，罗的经济计划管理工作中也有缺点。过去虽然作过一些改革，但与东欧一些邻国相比，起步较晚，步子较慢。这里简单讲一下东欧一些国家经济改革的情况。第二次世界大战后，东欧各国全盘接受了苏联在20世纪30年代形成的高度集中统一管理的体制。这种体制在经济发展水平较低、社会经济结构比较简单的条件下，对于高速度发展经济，对于急剧改变社会经济结构，以及对于战后经济的迅速恢复，是起了积极作用的。但是，在经济发展水平大大提高，社会经济结构越来越复杂的情况下，这种高度集权的管理体制，就难以适应经济的进一步发展。50年代初期，南斯拉夫由于政治上经济上的特殊原因，最早摒弃了苏联式的集中统一管理体制，宣布实行工人自治，以后逐步建立了自治市场经济的体制。50年代后期60年代初期，苏联和一些东欧国家的经济发展中，速度减缓，质量、效率下降，技术差距迟迟难以克服的趋势日益显露。这种情况促使经济学家和政治领导人考虑改革经济体制的问题。首先，经济学界在理论上展开了热烈的讨论。

最先开始改革的是东德，于1963年宣布实行新经济体制。苏联由于经济发展缓慢的压力和推行社会帝国主义路线的需要，也于1965年10月宣布实行新体制。接着，经互会其他成员国陆续走上改革的道路。这些国家经济改革的程度不同，步调也不一样。其中捷克的经济改革，曾经一度与政治民主化的运动相配合，步子较大，拟采取与南斯拉夫相近的市场经济和工人自治的体制，1968年8月遭到苏联的残酷镇压而夭折，捷的经济改革重新被纳入苏联容许的轨道。匈牙利的经济改革，在采取市场调节等方面的步子，也是比较大的，但因政治上对苏联谨慎服帖，并因苏联当时忙于镇压捷克，无暇顾及匈的改革，后来，苏联不得不予以认可。经互会其余各国，包括苏联、东德、保、波、罗，改革的步子比较小些。他们在改革中一方面采取了市场经济的某些要素，较多地利用商品货币关系，另一方面又保留了苏联体制中的一些最基本的东西，如集中统一的计划领导等。所以在改革过程中，曾出现时进时退的现象。罗马尼亚在经互会成员国中是抵制一体化计划的主要国家，它比别国更致力于维护自主权利。但罗国内对改革经济管理体制阻力较大，它继续坚持实行苏联式旧经济体制，比苏联在内的经互会其他成员国都为时更久。虽然齐奥塞斯库在1966年就宣布了要改进经济管理，但罗体制改革中最重要的一项措施即建立工业中心的措施，到1969年才开始实施。罗体制改革比较迟缓，有人分析是由于罗的经济发展尚处于早期阶段，传统的集中统一的行政管理方法尚可有效适用。但近年来罗经济迅速增长，越来越感到传统的体制不适应高速度发展经济的需要，有进一步改革之必要。

罗在发展中遇到的主要问题：一是经济管理过分集中，影响更好地调动地方和企业的积极性。齐奥塞斯库在1978年3月全会上指出，现行财经制度是"教条主义的陈旧方法的俘虏"，"在民主的组织形式和过分集中、死板、陈旧而又非常复杂的经济体制之间，出现了某些矛盾"，要求"坚决排除过分的和死板的集中制"。二是在现行体制下，讲究经济效果不够，仍然存在着片面追求数量，对质量、消耗注意不够的倾向。目前罗每1美元产值所消耗的标准燃料高于西方国家水平1倍多，劳动生产率只及法国的1/3。三是现行劳动报酬办法同企业集体总劳动成果的联系还不够紧密，不能进一步地、更充分地调动劳动人民的积极性。这些都在一定程度上影响了生产力的更快发展，影响罗共中央提出要在1985年进入中等发达国家发展阶段这一战略任务的实现。这就是这次改革的背景。

这次改进财经体制的主要精神，是把国家统一计划同企业自治协调地结合起来，在统一计划、统一领导的前提下给企业、工业中心和地方以更多的权力和机动性，使每个经济单位及其集体领导机构拥有必要的经济财政手段，以便在发展生产，提高经济效益，提高职工生活福利等方面承担更大的责任，发挥更大的积极性。

这次改进财经体制的主要措施是：

1. 工业部门，用净产值代替总产值作为基本考核指标，同时作为计算和发放工资基金的基本标准

罗过去有一段时间，国民经济计划的指令性指标越来越多，而且烦琐。为了改变这种情况，1967年在一些工业企业试行把考核指标减少到七个，即产品销售额、工资总额、每个列伊产品销售额的成本费用、劳动生产率、投资额、向国内市场提供的商品额、出口额。从1968年起，其他工业企业也逐步实行七项指标。但七项指标的内容，后来有所变化。较近的一个材料上说，这七项指标是：产品产量、出口量、投资量、能力使用情况、劳动生产率、成本消耗、利润。尽管这样，"总产值"仍然一直作为主要考核指标保留下来。用总产值作为基本考核指标，助长了片面追求总产值、浪费原材料、忽视产品质量等不良倾向。为了消除这些弊病，1974年罗共代表大会就决定采用净产值代替总产值作为考核的基本指标，并在一些企业试行了几年，但一直没有推广。1978年3月罗共中央全会决议再次确定在工业、国营农业、建筑和运输业中，以净产值作为基本指标，在工业中将根据净产值计划完成情况来计算和发放工资基金，除净产值外，计划指标中还要考核各种产品的实物量指标、工时总额、劳动生产率、每千列伊商品值的消耗、产品成本、生产能力利用程度、原材料燃料动力消耗和库存定额标准、人员定额、产品质量和产品更新、每千列伊固定资产所得利润和净产值、出口产品的换汇率和外汇贡献。计划指标中还保留商品产值和表明工作量的总产值。但这

些都不作为主要考核指标。在基本建设方面，为了缩短建设周期，加快工程项目的投产，新措施规定主要考核指标将是投入生产的固定资产和生产能力。

2. 完善计划工作

1978年3月罗共中央全会决议中，在改善计划工作方面，着重讲了两个问题。一是强调在统一计划基础上的上下结合。决议指出："社会经济的发展在全国统一计划的基础上进行"，为了使计划建议纳入国民经济发展的总的平衡，将按不同的组织系统，先根据党的各次代表大会、代表会议的批示和远景规划的规定，从上而下地逐级制定出"计划的指导性和标准性要求"，然后从基层单位开始，从下而上制定计划，以实现党和国家社会经济发展的指示。二是强调在制定计划中加强经济合同的作用。到目前为止，罗的做法是先有计划，后订合同。由于签订合同不及时，往往产销不衔接，造成产品积压。为了改变这种情况，这次会议很强调计划与合同相结合，强调产品在国内外要有可靠的销路，做到以销定产。决议要求"在制定计划文本的同时就签订这些合同。对于国内消费，计划在批准之时就必须实际上完全以有效合同为基础"。对进口和出口也要求以有效合同、原则合同、订货单和确保供销落实的议定书为基础。禁止没有合同或订货单确保其销路的产品投入生产。在产品不能确保销路时，就要把工厂生产能力改为生产其他产品，尤其生产出口产品的单位，更要这样做。

3. 实行企业财政自理，自负盈亏，加强企业的经济责任

过去，企业的利润除留很小一部分作为年终奖金外，基本上全部上交，需要的各种基金由国家拨给，其中用留成利润来抵拨的部分，也由财政部每年决定，没有固定利率。基本折旧也基本全部上交，没有一定的留成比例，每年根据固定资产更新的需要来确定。这种办法，给企业的机动财力很小，不利于发挥企业的

主动性和积极性。为了适当扩大企业财权，保证企业能够实行财务自理，1978年3月全会决议规定每个企业都要制定收支预算，设立以下五种自有基金。

（1）经济发展基金。用于全国统一计划规定的生产投资，它由如下几部分组成：生产用固定资产折旧的一部分；利润提成；本企业其他来源，如从利用报废了的固定资产的材料所获得的收入。经济发展基金主要用于本企业小规模的基建投资和更新改造费用。现有企业较大的扩建和新建大的工厂的投资，仍由国家预算拨款。就冶金企业来说，在10亿列伊以上的投资，由国家预算拨款，10亿列伊以下——由企业自筹，不足的可向银行贷款。其他行业各有划分标准。对于用于新建企业和现有企业较大的扩建的财政拨款，企业必须按期偿还，不计利息，还款来源是企业折旧，计划利润总额的10%，及一部分超计划利润。

（2）周转基金。从利润中提取，抵拨一部分增加的流动资金。部分向银行借款，国家财政不再拨款。自己抵拨多少，银行贷款多少，每年确定一个比例。如1979年商定企业自己抵拨60%，银行贷款40%。

（3）建筑住宅和其他社会性投资基金。由利润、住宅和其他社会性固定资产的折旧、一些社会文化单位的收入来建立。用于建造职工住宅，以及建造和装备工人宿舍、托儿所、幼儿园、食堂和计划规定的其他社会性投资。

（4）社会福利基金。来源于利润、分红基金中5%以内的提成、根据法律规定职工疗养和休息以及送孩子上托儿所、幼儿园所必须承担的费用。这笔基金用于一些社会福利开支。过去这些开支都是由预算拨给，现规定由企业本身解决。

（5）劳动人民分红基金。由利润部分提取，详见后述。

建立以上各项企业自有基金的目的，是贯彻自负盈亏原则，促使企业尽可能用自己的力量来满足各种基金的需要。企业各项基金如有不足，得向银行借款付息，并由企业自行负责偿还。各项基金的机动部分，属企业所有，应有息存入银行，并可转期使用。如企业不能如期偿还贷款，银行得索取高息，以此来制约企业遵守贷款合同。例如国家银行发放流动资金贷款，正常周转部分利率为5%，逾期不还在6个月以内的利率为7%，超过6个月的利率为12%。投资银行发放的基建、技措贷款，正常利率为2%，到期不还利率为4%。不按期投产或贷款挪作他用，利率为8%。如企业在某些条件下不能确保以收抵支，银行可以发放高利息贷款，以利开展生产，帮助企业迅速恢复支付能力。所有这些办法，扩大了企业的权力，也加重了企业的责任，督促它们改善经营管理，提高经济效益，更直接地鼓励它们关心本企业和整个国民经济的发展。我们参观加拉兹造船厂时，该厂党委书记说，在老体制下，企业有钱向上缴，需钱上面拨，我们不操什么心，只管生产。实行新体制后，按规定留给企业几笔钱，不够要向银行借款付息，这就要我们自己操心，精打细算，把各项基金用好管好，否则就会影响企业的发展，影响职工的收入和福利，所以，实行新体制后，我们的担子将更重了。

在企业自负盈亏之后，会出现盈利大小的差别，从而不同企业之间职工收入和福利也会出现差别，这将由征收净产值税来调剂，这次决议规定，根据利润额、盈利率以及自筹基金需要等情况，国家对不同的工业部，不同的工业中心，必要时对不同企业征收税率不等（5%~35%）的净产值税，以保证整个工业的盈利率在14%~15%。为了鼓励企业完成和超额完成纯产值，还规定对超计划的纯产值收取的税额较低。

在中央与地方的财政关系上，罗过去基本上也是实行统收统支，地方的财政收入上交给中央，支出由中央拨给。这次改进财经工作，也提出了扩大地方财权，认为现在给地方党委以必要的财政经济手段，使他们确保本地区社会经济发展，已成为客观必要。罗共中央要求在今后几年之内，每个县、市、乡都要实行财经自治、财务自理。

4. 劳动人民参加企业分红的制度

这里先讲一下原来的报酬制度。罗劳动者的收入不仅取决于个人的劳动成果，而且取决于所在单位集体的劳动成果。报酬形成，除个人计时、计件外，还普遍实行集体定额制或叫总合同制。在工矿企业，工人报酬以车间、工段或班组为单位，按下达的计划为依据，以基本工资为基础实行集体定额。这种报酬制度包括工人、工长、工程技术人员和车间主任在内，按全组的劳动成果和所消耗的工时的比例来计算集体应得报酬。完成计划100%的可以拿到全部工资，超额完成计划的可多得，完不成的少得，但最多不得扣20%以上。职工工资差别，一般每3年提一级，优秀的两年调一次，都要经过考核。劳动报酬要考虑工龄。工龄5~10年、10~15年、15~20年和20年以上的，按基本工资分别增加3%、5%、7%和10%。在农业合作社，种植业是按生产小组（10~20个劳动力）为单位实行集体定额制。对社员付出的劳动，按不同的作物，按产品的数量，用实物和现金，给予不同的报酬。在超过合同规定的产量时，社员按规定的标准，得到无限额的报酬。在集体定额制下，每个人劳动好坏都与集体收入多少有关，这种办法起了互相帮助，互相督促的作用。此外，各级领导干部，上自中央部长，下至厂长、经理，每月只发80%的工资，其余部分视计划完成情况而定。超额完成计划的，不但补满全工资，而且有奖；完不成计划的，要从未发给的20%工资中按比例减发。所有这些付酬办法，不同程度地贯彻了按劳分配原则，对于调动劳动人民的积极性，起了一定的作用。

为了进一步提高企业劳动人民委员会和全体职工有效地经营交付他们管理的财产的责任心，以便提高劳动生产率和经济效益，1978年3月罗共中央全会决定，各经济单位的职工除了报酬之外，还有权参加企业分红。分红基金由每个企业按照上年实际经济成果来计算，每年提取和分配一次。提取的办法是：在计划指标内完成的利润，提取3%。超计划利润中，由于降低物质消耗和其他生产开支而获得的，提取25%；由于超额完成净产值而获得的，提取14%；通过其他途径而获得的，提取8%。还规定，只有在完成净产值计划和合同规定的实物产量的情况下，才全部发放分红基金。如果没有完成这些计划，则每未完成1%，分红基金就扣除1%，但最多不得扣除25%。分红基金的分配办法是：

基金中至少有85%，按每个职工的工资级别和工龄补贴，直接分配给全体职工。对当年工作中有缺点和违反纪律的人，企业劳动人民委员会有权少发或不发。

基金剩余的15%，有三项用途：最多以5%用于奖励在竞赛中获得先进称号的人员和对企业取得超计划利润有特殊贡献的职工；最多以5%支付按分得的外汇组织出国旅游的费用，和奖励对完成和超额完成出口任务作出特殊贡献的人；最多以5%用来补充企业的社会福利基金。

过去，罗曾规定，职工一年内的额外收入不得超过三个月的工资。这次取消了这个限制。用分红形式归个人所得的数额，由劳动人民委员会依法决定，并且没有极限规定。除分红外，企业职工还有权在当年依法获得各种奖金，如杰出劳动成绩奖，总额为企业计划报酬基金的1%；节约材料和劳力奖，限额为节约价值的30%，若节约某些重要的或短缺材料，最高可奖励净节约价值的50%，等等。

5. 这次改革还专门规定了鼓励出口的办法

超额完成出口计划所获得的超计划外汇，最高可有25%留给生产企业，用于为发展出口而必需的进口物资上，用于改进产品质量、采取新工艺和更新设备上。企业还可以从超计划外汇中提取2%，组织职工出国旅游。地方上超额完成出口任务的，也由超计划外汇收入中提取一部分交县里掌握，供组织农业劳动者出国旅游之用。此外，凡超额完成出口计划的企业，还可以从超计划利润中最高提取10%，作为分红基金。

＊　　　　＊　　　　＊

以上是罗马尼亚这次改进经济财政领导和计划工作新措施的一些主要内容。我们访罗时，这次改革的具体实施办法还正在研究拟订中。罗共中央决心很大，在人民群众中广泛进行动员，同时在一批企业中试用净产值指标作为主要考核指标，从1978年7月1日起推广到所有企业，从1979年1月1日起在全国全面实施上述改进措施，从上到下的经济工作人员，对新措施给罗国民经济发展将要带来的积极成果，都寄予很大的期望并表示有充足的信心。

罗马尼亚是一个社会主义国家，它在实行计划经济中所遇到的问题，与我们有不少相似之处。罗只有23万平方公里，2100多万人口，现在也感到在经济管理和计划工作中过分集中不行，需要更好地发挥企业和地方的积极性，更充分地利用价值规律，更多地用经济办法来管理经济。我们这样一个人口众多、土地辽阔、情况复杂的国家，很多省比罗马尼亚还大，就更需要在巩固中央统一领导的前提下，适当扩大企业和地方的权力，以更好地调动各方面的积极性。罗马尼亚经济管理和计划工作中的一些做法，是值得我们研究和参考的。

关于国民经济综合平衡的一些问题[*]

（1979年3月）

　　党的十一届三中全会决定，从1979年起全党工作重点转到社会主义现代化建设上来。为了适应这个历史性的转变，经济计划工作也要进行一系列的变革。其中一项十分紧迫的任务，就是要克服林彪、"四人帮"长期干扰破坏造成的半计划半无政府状态，搞好综合平衡，实现国民经济有计划按比例地发展。

　　国民经济有计划按比例发展是社会主义经济的一个重要特征。马克思指出："时间经济以及有计划地分配劳动时间于不同的生产部门，仍然是以集体为基础的社会首要的经济规律。甚至可以说这是程度极高的规律。"[①]近三十年来我国社会主义建设的经验表明，什么时候我们遵循了这条首要的经济规律，做到了有计划按比例地发展，我们的经济就能以持续的、较高的速度向前发展。反之，什么时候违背了这条规律，使国民经济比例失调，经济发展的速度就不可能快，即使在某一时候某些部门的速度上去了，也是不可能持久的。现在，我们面临着实现四个现代化的宏伟任务，这就更加要求我们在计划工作中切实做好综合平衡，克服多年来一些主要比例失调的状况，保证整个国民经济走上健康发展的轨道。

　　应该看到，前些年，由于林彪、"四人帮"的干扰破坏，我

*　原载《经济研究》1979年第3期。

①　《政治经济学批判大纲》第1分册，人民出版社1975年版，第112页。

们一些同志的头脑中计划平衡的观念淡薄了，甚至没有了。做计划的不研究比例关系，搞生产建设的不讲究综合平衡，视计划缺口习以为常，见比例失调不以为怪，甚至拒听缺口，讳言失调，好像国民经济中太平无事。有的经济管理部门、有的地方、有的同志，在做计划的时候，往往不顾农业负担的限度，不顾燃料、动力、原材料供应的可能，不顾前后左右的配套，不顾"骨头"和"肉"的关系，盲目地乱定任务，乱上项目。生产上层层加码，物资上层层克扣，以致不少场合出现了所谓的"三八制"，即分配的物资只占计划需要量的80%，订到货的物资只占计划分配数的80%，而实际拿到手的又只有订货数的80%。还有相当大的没有列入计划的部分，就更没有保证了。生产是这样，基本建设也是这样。本来计划内安排的建设项目就过多了，在资金上尤其在物资上已经不能平衡了，有的部门和地方还用种种手法，增加建设内容，扩大建设规模，同时还在计划外加上一大块，扩大了国民经济的不平衡。这些情况，近一两年来虽然有所好转，但尚未从根本上得到纠正。如再不彻底改变，非拖四个现代化的后腿不可。所以，把综合平衡问题放到经济计划工作的重要议事日程上，加以研究解决，实在是刻不容缓的了。

正确处理积累与消费的关系

国民经济的比例关系千头万绪，计划的综合平衡，首先应当考虑最主要的战略性的比例关系。按照马克思的再生产理论，贯穿在社会生产、分配、交换、消费全过程中最主要的比例关系，是社会总产品按价值划分的几个组成部分（c、v、m）和按实物划分的几个组成部分（生产资料、消费资料）相互之间的补偿和代置的关系。这些关系，在社会主义国家的经济计划中是通过积累和消费，农业、轻工业和重工业比例关系的安排来实现的。

积累和消费的比例，农、轻、重的比例，这两者是紧密联系、互相制约的。计划经济的实际进程表明，社会再生产速度和比例的改变，往往是从积累规模（从而积累和消费的比例）和投资方向的改变开始的。国民经济中人力、物力、财力使用方向的转移，是随着积累规模和投资方向的改变而发生的。在计划工作中，如果不在事前考虑积累和消费的平衡，就很难妥善安排两大部类之间、农轻重之间的平衡，在处理建设、生产和生活的关系上也很难摆得恰当。

所以，积累和消费的比例，综合地反映了生产和建设、建设和生活、农业、轻工业和重工业，"骨头"和"肉"等一系列比例关系。国民经济的比例失调，首先集中反映在积累和消费的关系不协调。就最近若干年来的情况说，主要表现为积累规模过大、积累率偏高的问题。

对于近若干年来积累规模是否过大，积累率是否偏高，有些同志持有怀疑的看法。他们认为，这些年基本建设投资额并不很大，许多方面的需要还安排不了，不能说积累率高了。他们还举一些外国的例子说，人家的积累率也达30%以上，我国的积累率并不比他们高多少。他们还认为，今后为了实现四个现代化，需要多积累，所以积累率还要提高。

当然，同经济发达国家基本建设的规模相比，特别是同实现四个现代化的需要相比，我国现在积累基金的绝对额并不很大，而是相当地少。但是判断积累率是高是低，不能单看基建投资和积累基金的绝对额，也不能简单地把其他国家积累基金占国民收入的比重拿来同我国对比，而要看国家经济的发展水平，要看国民经济承担积累的能力，要看生产、建设和人民生活是否都能得到妥善的安排。

从历史上看，我国第一个五年计划时期积累和消费的比例关系是比较协调的，这个时期各项生产建设事业发展比较快，城乡人民生活不断改善，大家心情舒畅。再就是1963年至1965年三年调整时期，以积累和消费的关系为中心的各种比例关系，从第二个五年计划时期的严重失调转趋于协调，经济迅速恢复和发展，各方面也都比较满意。这两个时期国民经济发展状况较好，一个重要原因是积累率比较适当，注意到国民经济的承担能力，那时的平均积累率都比现在低很多。经过这以后多年的建设，现在我国经济的物质基础当然比那时较为雄厚了，但是按人口平均国民收入的水平还是很低的。那些积累率比较高的经济发达国家，他们的按人口平均国民收入比我们高几倍十几倍，他们的经济发展水平能够承担比较高的积累率并同时保持较高的生活水平。而我国以现在较低的经济水平来承担那样高的积累率，就感到非常吃力。事实上，由于积累率偏高，加上工农业生产受到破坏，这就造成了三个后果：一是挤了生产维修，材料设备很多拉去搞扩大再生产了，使简单再生产难以正常进行；二是挤了轻工市场，使消费品供应紧张；三是挤了人民生活，使城乡居民平均收入长期增长缓慢，消费水平改善不多。总之，生产、建设和生活各个方面都显得很紧张，究其原因，在相当大的程度上要归之于积累率超过了我国经济水平的负担能力。

为了加快实现四个现代化，我们需要大量的积累基金。但是，是不是积累率越高，速度就一定会越快呢？经验证明并非如此。例如，第二个五年计划时期的头两年，积累率猛增得很快，1959年的积累率比第一个五年计划时期平均积累率提高了将近一倍，显然大大超过了当时国民经济所能承担的程度，以至于一方面损害了扩大再生产乃至简单再生产的物质基础，另一方面挫伤了群众的生产积极性，结果从1960年起，经济发展速度猛烈地降下来，致使整个第二个五年计划时期的平均发展速度不是如预想之快而是很慢。前些年，由于林彪、"四人帮"干扰破坏造成的积累消费比例失调，也使我们的经济发展受到严重障碍。所以，为了今后经济能够持续稳定地增长，如何逐步调整积累率，调整积累和消费的比例关系，是国民经济综合平衡的一个十分重要的问题。

在调整积累和消费比例关系的时候，必须澄清多年来形成的一种重积累、轻消费的观点。这种观点把消费看成是消极的、妨碍积累和妨碍速度的；认为只有强调艰苦的生活、长期地压抑人民消费，才能保证高积累和高速度。这种观点同社会主义生产的目的即满足人民不断增长的需要，显然是不相容的。并且，二十多年来低收入低消费的实践，并没有能够保证持续的高速度，也证明了这种观点是站不住脚的。在这种重积累、轻消费的观点影响下，多年来经济计划工作中曾有这么一种怪现象，即讲基建投资的时候，就拼命强调这也需要，那也需要，很少考虑可能；而一讲改善人民生活的时候，就强调这也不可能，那也办不到，却很少考虑需要。这也是造成积累消费比例失调的一个重要原因。其实，在发展生产的基础上，逐步增加人民收入，提高消费水平，给人民以看得见的物质利益，这样做，当年积累可能少增一些，但是，由于群众生活逐步得到改善和提高，使大家切身感受到发展生产带来的好处，就会更加关心四个现代化，努力提高劳动生产率，生产更多的国民收入，从长期看，积累将不是更少而是更多，速度将不是更低而是更高。当然，也要看到，我国经济目前还很落后，生活改善的步子一时不可能很大。总之，我们要自觉运用生产决定消费、消费反过来又对生产起促进作用这一原理，掌握消费与积累的辩证关系，改变长期以来计划安排中重积累轻消费、先积累后消费的倾向，把消费摆在一个适当的位置上，处理好积累和消费的比例。1959年毛泽东同志说过，要先安排好市场，再安排基建；要先把衣、食、住、用、行五个字安排好，这是关系全国人民安定的问题；这五个字安排好了，大家高兴，国家也可以多积累，多建设。如果我们切实按照这个精神去做，我们就能够在逐步解决人民期待已久的提高生活水平的同时，积累更多的资金，加快现代化建设的速度。

当前，调整积累和消费的比例，调整积累率，除了适当缩小工农业产品价格的剪刀差、调整工资、增加集体福利开支等，逐步增加城乡居民的消费水平外，最主要的是控制基本建设规模、缩短基本建设战线和提高投资效果。提高投资效果以及整个积累的效果，对于国民经济综合平衡和经济发展速度，有着十分重要的意义。大家知道，扩大再生产的速度，不仅取决于积累率，而且取决于积累效果。前些年，积累率上去了，经济发展速度反而慢下来，其原因就在于积累效果下降。积累效果可以粗略地用每一单位积累额相应增加的国民收入额来衡量。进入20世纪70年代以来，这个指标平均只及第一个五年计划时期的1/2到1/3。这里的潜力实在惊人！只要我们从各方面挖掘潜力，减少生产、建设、流通过程的浪费，大大提高每一单位积累基金相应增加的国民收入，那就不但可以把调整积累率直接对速度的影响完全弥补过来，而且可以大大加快生产发展的速度。所以，提高积累效果，应该看成是调整积累消费比例的不可分割的一环，在国民经济的综合平衡中，必须把这一环抓紧抓好。

正确处理农、轻、重的关系

要处理好积累和消费的比例，就必须正确处理农业、轻工业和重工业的关系。当前在农、轻、重三者的关系中，主要是农业落后，轻工业也落后，不能适应国民经济发展和改善人民生活的需要。农、轻、重比例的失调，同积累消费比例失调是分不开的。由于国民收入中积累率偏高，投资规模相对过大了，而积累和投资所需要的物资主要是生产资料，为了适应高积累的需要，必然要扩大生产资料的生产，把基本建设投资中越来越大的部分用于重工业，劳动力也随之更多地集中到重工业和基建部门去，这样农业和轻工业的投资和劳动力就要相对地削弱。计划平衡工作中重积累轻消费，以及在积累的分配中实际上以重、轻、农为序，而没有很好地贯彻农、轻、重为序的方针，这就是造成若干年来农、轻、重比例失调的重要原因之一。

但是，对于当前农、轻、重关系的主要问题是不是就在于农业、轻工业落后于重工业，有些同志还持有另一种看法。他们认为当前的主要问题并不在于农业、轻工业落后于重工业，而是农业、轻工业和重工业都落后；并且，农业、轻工业的落后，又主要是由于钢材、水泥、木材、化工原料、燃料、动力、农业机械和轻工设备等供应不足。所以他们强调首先要加快重工业的发展，来加强对农业、轻工业的支援。

目前，我国工农业生产水平，总的来说都比较低，重工业的发展同实现四个现代化的要求距离很远。尽管这样，尽管重工业内部也是长短不齐，但和当前的农业、轻工业相比，重工业还是比较长的。特别是农业这个国民经济的基础，这些年来受到严重的破坏，重工业和整个国民经济的发展，更加显得超过了农业负担的可能。这种情况，反过来又使农业再生产的能力受到削弱。若干年来，粮食生产增长缓慢，全国按人口平均的粮食产量没有多少提高，棉花、油料等经济作物长期上不去，林牧副渔发展较差，与各方面需要很不适应。轻工业生产的增长也落后于市场需要，这几年的市场平衡，都有一个不小的差额。总之，农业、轻工业的落后，对于人民生活，对于物价的稳定，对于资金的积累，都产生了很不利的影响，从而影响了重工业和整个国民经济的更快发展。回顾第一个五年计划时期，农、轻、重关系比较协调，当时我们的底子虽然比现在薄，但还能够出口粮食、棉花、食油；农业、轻工业积累的资金，支援了以"156项"为中心的重工业建设，人民生活也有改善。而近些年来，粮、棉、油、糖等主要农产品都有一部分要靠进口，花了不少外汇资金。所以，农业落后的状况如不从根本上加以改变，重工业建设就上不去，四个现代化就要成为一句空话。

当然，为了加快农业、轻工业的发展，需要加强重工业对农业、轻工业的支援。但是，在计划平衡中，决不能把重工业放到首位，把优先发展重工业强调到不适当的地步。在这方面，第二个五年计划时期我们也有过深刻的教训。当时由于对形势估计过于乐观，在重工业特别是钢铁工业的发展上搞高指标，生产和建设的任务都定得过大，脱离了实际可能，而农业又遇到严重的自然灾害，加上高征购、瞎指挥、刮"共产风"，破坏了农业简单再生产的条件，致使农、轻、重比例关系严重失调，生产大幅度下降。这种失误，在我们开始迈步搞四个现代化的时候，必须注意不要再犯。从当前的实际情况出发，重工业已经比较重了，如果仍然片面地强调以钢为纲，过多地搞重工业，使它越来越脱离农业这个基础，那就必然会使农、轻、重比例关系更加不协调，使重工业内部燃料、动力、原材料及运输的紧张更加不易解决，到头来还是要影响重工业本身和整个国民经济的发展。

多年以前，毛泽东同志就提出，要把农业放在第一位，按照农、轻、重次序安排国民经济计划，用多发展一点农业、轻工业的办法来发展重工业，这样，看起来重工业的发展可能慢些，实际上，农业、轻工业发展了，就可以为重工业建设积累更多的资金，换取更多的外汇，提供更多的商品粮和劳动力，开辟更多的市场，重工业和整个国民经济的发展将不是慢而是更快。这样一条按农、轻、重次序安排计划的方针，现在是到了必须认真地贯彻的时候了。

党的十一届三中全会决定，全党目前必须集中主要精力把农业尽快搞上去。要使农业有较快的发展，当前最关键的是调动亿万农民的社会主义积极性，为此，全会提出了一系列政策措施和经济措施。落实这些政策措施和经济措施，是当前调整农、轻、重关系首先要解决的问题。同时，在国家计划的安排上，还要采取一些重大措施，主要的：一是提高农业投资和轻工业投资在国民经济总投资中的比重，提高支援农业的支出占国家财政总支出的比重，并大力提高农业资金的使用效果；二是正确处理重工业为武装自身和武装农业、武装轻工业的比例关系，提高重工业中为农业、轻工业服务的比例，逐步提高轻工业中以工业品为原料的比重；三是为了减轻农业负担，发展工业要更多地依靠挖掘内部潜力、提高劳动生产率的办法，较少地依靠增资增人的办法。应该看到，前些年重工业对于农业的压力，在相当大的程度上是由于：随着技术经济指标的恶化，重工业的增长主要是依靠增人增资的办法，以致职工人数、工资总额和商品粮的销售额一再突破农业、轻工业和市场所能容受的限度。目前，相当一部分企业的技术经济指标特别是劳动生产率还未恢复到历史上的最好水平，而我国历史上最高的劳动生产率又大大落后于外国的相应指标，说明这方面的潜力也是很大的。只要我们从技术上和管理上采取有效措施，提高工农业劳动生产率，改善各项技术经济指标，在计划的安排上注意多搞一些收效快、效果大的事业，少搞一些占用资金和人力过多又长期不能发挥效果的事业，我们就可以在不增加或减轻农业负担的情况下，在现有人力物力的基础上，使工农业生产都得到更大的增长，使农、轻、重关系协调起来，从而促进整个国民经济的发展。

除了积累消费和农、轻、重这两个最综合的比例关系外，还有燃料、动力、原材料工业与加工工业的比例关系，地区的比例关系等，也是至关紧要的，要在国民经济综合平衡中认真研究，妥善安排。国民经济中几个主要比例关系处理好了，逐步趋于协调了，其他一些具体的比例关系也就比较好安排了。

加强综合平衡观念　努力搞好综合平衡工作

要调整好国民经济的比例关系，克服多年来存在的半计划半无政府状态，我们所有的经济计划工作人员，都要加强综合平衡观念，搞好综合平衡工作。为了提高我们对搞好综合平衡的自觉性，必须对不讲综合平衡或者综合平衡搞不好会带来什么危害，有一个足够的认识。

首先，综合平衡搞不好，国民经济比例失调的状况就调整不了，经济生活中的无政府半无政府的状态就克服不了。国民经济中一些重大比例失调，不是短期形成的，要调整这些比例，显然不可能在一两年内完成。但是，使积累消费之间、农轻重之间、燃料动力原材料工业和加工工业之间的关系有显著的改善，使各种计划指标之间互相衔接，以求得社会需要和社会生产之间的相对平衡，并且留有余地，以逐步偿还历年欠账，这是应该而且可以做到的。如果我们再像前些年那样不讲综合平衡，在计划中继续留有缺口，甚至很大的缺口，那就会旧账未还，又欠新账，进一步加剧国民经济比例失调，使经济生活中的一些混乱现象难以纠正，使计划工作的整顿难以进行。

其次，综合平衡搞不好，人、财、物的浪费就少不了，经济效果就好不了。计划的浪费是最大的浪费，而这往往是不讲平衡的结果。这些年，不少企业由于缺电、缺煤、缺原材料，停三开四，或者停四开三，人、机闲着，不能充分利用。不少建设项目，由于资金、物资和施工力量没有保证，建设工期拖长，半拉子工程增多。物资不足促使各方面乱抓物资，造成大量积压，积压又扩大了缺口，加剧了紧张，形成恶性循环。市场供应的紧张，增加了人民生活的不便和困难，对人们的生产情绪和劳动生产率都会产生不良的影响。

最后，综合平衡搞不好，旧的经济管理制度就改不了，新的管理制度就建立不起来。当前，国民经济管理体制面临一场大的改革。要从那种小生产的、官僚主义的，甚至封建衙门式的落后的管理方法，转到符合社会化大生产要求的科学管理的轨道上来。要建立和健全经济核算制、合同制、责任制、考核制、奖惩制。但是，如果各种计划指标是不衔接的，产供销是不平衡的，人财物是留有缺口的，那么，企业的经济技术指标就必然不可能全面完成，企业之间的经济合同就必然不可能按质按量按期实现。在这种情况下，所谓考核优劣、追究责任、赏罚严明等，岂不都成了空话！经济管理体制改革，岂不要成为泡影！

所以，搞好综合平衡，是调整比例关系、提高经济效果和改革经济管理的一个重要前提。

综合平衡是这么的重要，为什么那么多年连搞计划工作的同志都不大讲综合平衡了呢？粉碎"四人帮"以后重新开始讲综合平衡了，但为什么做起来又那么不容易呢？

毫无疑问，多年来国民经济综合平衡之被破坏，罪魁祸首是林彪、"四人帮"。他们胡说"什么计划不计划，我说的就是计划"，"什么比例不比例，需要就是比例"。他们的罪恶目的，是要从根本上搞掉社会主义计划经济。同时，计划平衡工作削弱，既有我们同志思想认识上的问题，又有经济管理制度上的原因。

从思想认识上说，多年以来，对于社会主义经济发展中的平衡与不平衡的关系问题，对于什么是积极平衡什么是消极平衡的问题，存在着一系列混乱的看法。有些同志不正确地理解毛泽东同志关于平衡与不平衡关系的论述，他们认为既然经济发展中不平衡是绝对的、经常的，平衡是相对的、暂时的，那就没有必要去组织计划的平衡。有的同志甚至说，计划平衡是讲讲，实际上做不到；似乎对经济中的不平衡可以听之任之，似乎在计划中人为地制造不平衡也有道理。谁要是强调计划平衡，就说谁是"机械平衡"。这些同志应该重温一下毛泽东同志有关计划平衡问题的论述。毛泽东同志在讲到社会主义经济发展中由平衡到不平衡、由不平衡到平衡的客观规律时，就明确说过："在客观上将会长期存在的社会生产和社会需要之间的矛盾，就需要人们时常经过国家计划去调节。我国每年作一次经济计划，安排积累和消费的适当比例，求得生产和需要之间的平衡"，"这就是我们计划经济的优越性"。他还说："有时因为主观安排不符合客观情况，发生矛盾，破坏平衡，这就叫做犯错误。"[1]把国民经济中的平衡看成是绝对的、静止的、不变的，这才是机械平衡。通过国家计划去组织相对的平衡，以保证国民经济的协调发展，这不是什么"机械平衡"，而正是社会主义计划经济优越性的表现。所以，否定计划平衡的可能性，否定计划工作中组织相对平衡的必要性，实际上就是否定社会主义计划经济的优越性，同时也掩盖了计划工作中主观不符合客观所发生的错误。这种否定计划平衡的观点如不彻底纠正，就根本谈不上搞好国民经济的综合平衡。

有些同志不否认组织相对平衡的必要性，但是在怎样进行平衡，按什么标准进行平衡的问题上，他们以后会以向先进看齐为理由，主张在任何情况下都要按长线环节进行平衡，按最先进的定额进行平衡，认为只有这样做才叫积极平衡，否则就是消极平衡，或者讥为"短线平衡"。他们认为，按照长线进行平衡，把需要安排得大一些，计划上留有缺口，给各方面加些压力，就可以鼓起干劲，补上缺口，加快速度。

当然，加强薄弱环节，使之适应高速度发展的需要，这是计划平衡工作的一项重要任务。但是，后进环节向先进环节看齐，

关于国民经济综合平衡的一些问题

---

① 《毛泽东选集》第5卷，人民出版社1977年版，第375页。

实际上也就是调整比例关系，总是需要一个过程的。在计划期间采取了一切可能的挖潜措施，短线环节一时还不能拉到与长线相齐的水平，在这样的情况下如果仍按长线进行平衡，或者超过短线环节的实际可能来安排需要，这样造成的计划缺口，在计划期内是弥补不了的，只能引起前述的种种恶果，这已经是多年来的经验教训充分证明了的。经过努力能够办到的事，不努力去办，这才是消极平衡。确实办不到的事，勉强去办，这并不是真正的积极平衡。真正积极平衡的计划，必须是既积极又可靠、按客观经济规律办事的计划。当我们千方百计，采取了增产、节约、代用、利库、进口等一切挖潜措施以后，尽可能拉长短线所达到的水平，以及尽一切努力达到的平均先进定额，应当是我们进行计划平衡的标准。按照这样的标准进行平衡，实在办不到的事情，该压缩的压缩，该下马的下马，不留缺口，并留有余地，这样就能够切实地保证国民经济协调地、稳定地、迅速地发展，避免大起大落带来的重大损失。这样的平衡才是真正积极可靠的平衡，而绝不是什么消极平衡。

上述关于经济计划要不要讲平衡、要不要留缺口的问题，提出来已经二十多年了。那种认为不平衡比平衡好，留缺口比不留缺口好的论调，一直顽强地在经济计划战线上流行着，以至于到现在我们还要重新争辩这个问题。这种论调，实际上是20世纪50年代后期以来社会上流行的"'左'比右好论"在计划平衡问题上的反映。在这种理论下，脚踏实地、实事求是，讲平衡的，就要被看成右倾保守；而搞高指标，铺大摊子，留缺口的，却被看成有革命干劲。多少年来，我们的经济建设吃够了这种"'左'比右好论"的苦头，现在是到了同它彻底决裂的时候了。在经济计划工作中，我们既要防止那种真正的机械平衡、消极平衡的右的倾向，目前更要纠正那种宁留缺口、不要平衡的"左"的倾向。只有这样，我们的计划平衡工作才能走上正确的轨道。

改革经济管理体制与搞好综合平衡的关系

综合平衡是社会主义经济管理体制中重要的一环。综合平衡搞得好不好，同经济管理体制有着密切的关系。上节讲过，综合平衡搞不好，我们面临的经济管理制度的改革就要落空，责任制、考核制、奖惩制等就不可能有效地建立起来。从另一方面说，综合平衡之所以搞不好，现行经济管理制度中存在的问题和缺点也是一个很重要的原因。本来，要搞好综合平衡，就要通过增产节约等措施，增加资源，控制需要。但是现行的经济管理制度，却一方面鼓励膨胀需要，一方面又阻碍增加资源。这样的体制，当然不利于搞好综合平衡。

例如，财政上的统收统支、物资上的统购包销、分配上的供给制等制度，助长了企业的等、靠、要思想。每年制定计划时，主要精力不放在研究如何挖潜、革新、改造、增产、节约上，而放在争投资、争物资、争外汇上，反正争到手之后可以不负什么经济责任。这样，越争、战线越长，缺口越大，怎么能够搞好综合平衡？

又如，生产计划，按上级行政领导下达指令性的指标来安排，以产定销，这种办法，促使企业片面追求产值产量，忽视产品质量，忽视按需生产，出现货不对路、产销脱节现象。消费者不需要的东西大量积压，需要的东西就会更加不足，因而加重了平衡的困难。

再如，按行政系统管理经济，大而全、小而全，万事不求人的自然经济的管理方法，妨碍了专业化协作和综合利用的开展，分散了国家有限的财力、物力、人力，造成资源的大量浪费，使产需之间的不平衡更为扩大。

在现行体制下，企业生产的产品不管质量是否合格，品种是否对路，均由商业部门、物资部门、外贸部门收购下来。这样，企业取得了收入，支付了工资和物耗等费用，上缴了利税，通过财政等渠道，最后形成各种有支付能力的需求。但产品积压在仓库里，销不出去，实现不了使用价值。从国民经济范围看，有钱买不到东西，造成价值平衡和实物平衡的脱节。

目前的经济管理体制中，既有过分分散的现象，但更主要的，是权力过分集中。经济管理过于分散，各唱各的调，各吹各的号，就不利于搞好综合平衡，不利于调整好比例关系，因此任何时候都要坚持必要的集中，这是比较容易理解的。但是经济管理权力过于集中，同样不利于搞好综合平衡，不利于调整比例关系，这一方面，却往往为人们所忽视。权力太集中，束缚了地方和企业的手脚，它们无权自己动手解决问题，只得向着中央等、靠、要，加重中央综合平衡的负担。还要看到，所谓中央集中统一的管理体制，一般总是以中央各部为主进行的管理体制。中央各部对于农业、对于轻工市场、对于人民生活以及对于其他的地方需要，一般不如地方感受得深，对经济情况和企业潜力，也不如地方了解得细。因此，安排计划时，往往偏于重工业、偏于铺新摊子，布局上偏于铁路沿线、大中城市，结果使农轻重、骨肉关系、地区布局不协调不合理的状况，长期得不到解决，使挖潜革新改造的方针，长期得不到贯彻，经济效果和投资效果长期得不到提高。同时，各部几十只手插到地方，各安排各的，往往互不衔接，有些安排明显不合理，地方也无权进行调整，无法进行综合平衡。地区的综合平衡搞不好，全国的综合平衡也就没有可靠的基础和保证。所以，克服权力过于集中，把经济管理的自主权下放，这不仅关系到经济民主能不能实现，而且也是关系综合平衡能不能搞好的大问题。

本文不打算讨论经济管理体制如何改革的问题。以上的分析仅仅从加强国民经济综合平衡的角度，来看改革经济管理体制的必要性和迫切性。搞好综合平衡和改革管理体制，这两者是互为条件、相辅相成的。孤立地只抓一头，必然收效不大。在全党把工作重点转到社会主义现代化建设上来的时候，在经济战线上，我们必须把综合平衡和体制改革这两件大事同时抓好，以促进四个现代化的早日实现。

论社会主义经济中计划与市场的关系*

（1979年5月）

当前，全党工作的着重点正在转移到社会主义现代化建设上来。为了适应这样一个转变，保证我国国民经济稳步发展，我们必须总结将近30年来经济建设的经验和教训，对经济管理体制和经营管理方法进行认真的改革。怎样完成我们面临的这项改革任务，有许多重大的理论和实际问题迫切需要我们去研究和解决。其中一个对社会主义的经济管理带有全局性的问题，就是如何处理好计划和市场的关系问题。①这篇文章拟对这个问题作一初步探索。

社会主义经济中计划和市场相结合的必然性

长期以来，在社会主义政治经济学中存在这样一种看法，即认为，既然社会主义经济是计划经济，资本主义经济是市场经济，因此社会主义经济与市场是不相容的，把社会主义计划经济理解为对市场的一种简单的和绝对的否定。尽管后来逐渐承认了

---

*　本文的不同摘要曾载于《经济研究》1979年第5期等处。这里发表的是全文，与赵人伟合写。

①　这篇文章所讲的计划，不是指作为意识形态的计划，而是指人们自觉地调节和控制社会经济发展的客观过程，这一客观过程过去经济学文献中曾用"计划化"一词来概括。另外，这篇文章所讲的计划，凡未注明是企业计划的，都是指国家计划或社会计划。

社会主义经济中商品生产和价值规律的存在，但仍然把商品生产、价值规律、市场机制的作用同计划的作用置于绝对排斥的地位，似乎计划起作用的地方，市场机制就不起作用，或者反过来说，计划作用到不了的地方，市场机制才起作用。按照这种观点，社会主义的优越性不能表现在对市场的利用上，而只能表现在对市场的限制或排斥上，仿佛计划的作用越大，市场的作用越小，社会主义的优越性才能显示出来。这样一种把市场视为同社会主义经济的本性不相容的观点，给我们经济生活的实践带来了一系列消极后果。例如：

生产与需要脱节。由于片面强调计划和忽视市场，企业生产什么和生产多少，主要按照从上而下的指令性计划指标，而不能很好地按照社会的实际需要来安排。照道理说，按计划生产与按需要生产应当是一致的。但是，在社会主义条件下，离开了市场机制，一个统一的计划中心事实上无法精确地反映对千百万种产品的千变万化的需要。这样，按上面布置下来的计划生产出来的东西，往往货不对路，造成积压，而社会上需要的东西又供应不足。再加上企业生产的产品大部分是由国家统购包销的，企业所需生产资料大部分又是由国家统一分配计划调拨的，生产企业同消费者之间缺乏横的联系，不能直接见面，以致生产者不了解消费者的需要，消费者也不能对生产施加影响，计划指标不符合实际需要的缺陷不能通过市场机制灵活地反映出来，并得到及时的纠正，使产供销脱节的问题长期难以解决。

计划价格脱离实际。由于在制定价格时忽视价值规律的客观要求，使得许多产品的计划价格长期地、大幅度地同价值相背离。在这样的价格条件下，企业在产值、利润等指标上表现出来的经营成果不能反映企业本身经营状况的好坏；由不合理的价格因素而引起的亏本和盈利，也无法据以辨别企业经营的优劣。计划价格很少考虑供求的变化，长期固定不变。当出现商品不足、供不应求的时候，往往不采用调整价格的办法来促使增加供给和控制需求，而是采用票证来限额供应，使票证起了补充货币的作用，造成价值尺度的多元化。①人们还把凭票限额供应叫作"计划供应"，似乎它就是社会主义计划经济本质的一种体现。殊不知，这是任何一个被围困的城防司令都会想出来的办法，同社会主义计划经济毫无本质联系。当然，社会主义计划经济不是不可以在一定时期和一定条件下利用这种限额限价的供应办法。但是，由于这种办法不能从经济上鼓励增加这些供应不足的商品的生产，而且往往会固定和加深这些商品的生产者的不利地位而使生产和供给减少，所以，它不但不能从根本上解决供需矛盾，而且往往进一步加剧这个矛盾。

资金分配上的供给制。我们不但在产品的生产和交换上，而且在资金的筹措和分配上，也忽视了市场的作用，突出的表现是财政上统收统支。过去，我们企业的收入，包括企业的纯收入和基本折旧基金，全部或大部上缴；企业发展生产、改进福利等开支，则都伸手向上面要。国家对企业无偿供给全部固定资产和大部分流动资金，企业对资金的使用效果可以不负任何经济责任，不管经营好坏、盈利亏本，工资基金不少拿，企业是吃"大锅饭"，职工是靠"铁饭碗"。由于物质利益与经营成果脱节，企业的经济核算不能不流于形式，单纯为记账而核算，而不是利用职工集体的物质利益来促进生产效果的提高。在这种情况下，尽管发出许多行政命令和政治号召，企业和职工对于节约生产消耗、改进产品质量、增加品种以适应市场消费者的需要，也难以有持久的内部动力，各方面的拖拉浪费，就长期难以

---

① 马克思指出："价值尺度的二重化是同价值尺度的职能相矛盾的"，"凡有两种商品依法充当价值尺度的地方，事实上总是只有一种商品保持着这种地位"（《马克思恩格斯全集》第23卷，第114—115页）。我们的许多无价票证，不是事实上也变成了有价票证吗？

克服。

企业结构上的自给自足倾向。社会主义经济是建立在社会化大生产基础上的，企业之间、地区之间、部门之间都存在着广泛的专业分工和协作的关系。特别是随着科学技术的进步，生产专业化和协作也将进一步发展。但是，由于忽视市场关系，用小生产的经营方式来对待社会主义的大生产，使得我们许多企业不是向专业化和协作的方向发展，而是向万事不求人、自给自足的方向发展。因此，我国的工业企业普遍存在着"小而全""大而全"的情况，许多企业不仅办成了"全能厂"，而且办成了一个社会。当然，这种情况，并不是完全由企业内部的原因所造成的。供产销的不平衡，协作单位不遵守合同，协作件得不到保证等原因，往往也迫使企业向"全能厂"方向发展。但从全社会来看，这些都是与排斥市场关系有关的。

上述种种情况表明，忽视商品生产、价值规律和市场机制的作用，实际上并不利于社会主义计划经济的发展。社会主义计划经济的一个重要特征就是要正确地安排和保持国民经济的适当比例，求得生产和需要的平衡。列宁说："经常地、自觉地保持平衡，实际上就是计划性。"[①]但是，在社会主义经济中，如果排斥市场机制，就往往会带来供产销的脱节，而难以求得生产和需要之间的平衡；如果各类产品计划价格长期违背价值规律的要求，各类产品的比价关系安排得不合理，那就往往使这些产品的生产不能按照客观要求的比例协调地发展。社会主义计划经济的另一个重要特征就是节约活劳动和物化劳动的消耗。当然，节约劳动时间和按比例地分配劳动时间是相互联系的。正如马克思所指出的："时间经济以及有计划地分配劳动时间于不同的生产部门，仍然是以集体为基础的社会首要的经济规律。甚至可以说这

① 《列宁全集》第3卷，第566页。

是程度极高的规律。"[1]但是，在社会主义条件下，如果否认商品货币关系，拒绝利用价值规律，不讲经济核算，就必然导致高消耗、低质量和低效率，不能实现用最小限度的劳动消耗取得最大限度的效果这一社会主义计划经济的本质要求。

从实践看，是否承认市场的存在并积极利用它来为计划经济服务，对于社会主义经济的发展关系极大。近三十年来，在我国社会主义建设过程中，有两次经济发展比较快，一次是第一个五年计划时期，一次是三年调整时期。这两个时期都比较注意利用价值规律，利用市场，其结果城乡协作较好，农轻重的关系比较协调，各方面也比较重视经济核算和经济效果。但是，在我国国民经济的发展中，有两次受到比较大的挫折，一次是第二个五年计划时期，一次是在20世纪60年代中期至70年代中期。这两次大的挫折，在政治上是同林彪、陈伯达和"四人帮"等人的破坏分不开的；在理论上则往往同他们在商品、货币、价值规律问题上制造混乱，抹杀市场的作用有关。应该指出，那种否认社会主义社会中商品货币关系的积极作用，把计划和市场看作互不相容的观点，不但在实践上造成了很大的危害，而且在理论上也是站不住脚的。

以生产资料公有制为基础的社会主义经济是有计划发展的经济。经济的有计划发展并不是同市场经济关系相对立的，而是同自发的或生产的无政府状态相对立的，后者是一切以私有制为基础的社会经济的一个基本特征。而市场经济关系却不是私有制的社会经济所特有的。同市场经济关系相对立的是自然经济而不是计划经济。自然经济中不存在商品货币关系，只存在实物分配关系，这是一切自给自足和闭关自守的社会经济的一个基本特征。而市场经济关系却是建立在社会分工和协作的基础上的。市场经

---

[1] 《政治经济学批判大纲》第1分册，人民出版社1975年版，第112页。

济关系并不一定都是自发性的和无政府状态的，这要看它存在于什么样的所有制条件之下。在社会主义公有制的条件下，市场经济关系是可以由人们自觉地加以控制，为社会主义计划经济服务的。市场经济关系既然是以社会分工和生产的社会化为物质前提的，从这一点来说，它与建立在社会化大生产基础上的社会主义计划经济非但不是互相排斥，毋宁有共通之处。社会主义的计划经济是存在商品货币关系条件下的计划经济，它只能同自发的市场经济以及自然经济相对立，而不能同人们自觉地加以控制的市场经济关系相对立。

　　长期以来，人们之所以片面强调计划而忽视市场，主要是因为有这样两个传统观念在作祟：一个是把市场同自发性等同起来，特别是同资本主义市场经济的无政府状态等同起来；另一个是把计划经济同自然经济混为一谈。前一个传统观念，往往成为一些人反对利用市场的武器，谁要一谈利用市场，他们就说谁是在搞资本主义。后一个传统观念，则往往成为一些人用自然经济来冒充社会主义计划经济的理论依据。在这两个相互联系的传统观念的保护伞下，在貌似坚持社会主义计划经济和反对资本主义市场经济的口号下，许多不符合社会主义经济发展利益的东西得到了繁育滋长：单纯的行政办法管理经济代替了经济办法管理经济；按"长官意志"办事代替了按客观经济规律办事；宗法家长式的统治代替了人民群众当家做主；适合于自然经济的封建衙门式的管理代替了适合于社会化大生产的科学管理；等等。在我们这样一个原来商品经济很不发达、目前依然有80%的人口是半自给农民的国家里，上述一些传统观念和做法是有其深厚的社会基础的。我们现在面临着的历史任务是实事求是地按照客观经济规律，发展商品经济来为实现社会主义的四个现代化服务。我们要在社会主义建设中利用商品货币关系，正确处理计划和市场的关系，改革种种不符合社会主义客观经济规律的管理制度，就必须打破上述那些根深蒂固的传统观念。

为了彻底打破这些传统观念，把计划和市场很好地结合起来，还必须进一步探索社会主义条件下商品货币关系和市场存在的原因问题。对于这个问题，相当多的经济学者一直是用生产资料的两种形式的社会主义所有制即集体所有制同全民所有制的并存来解释的。我们认为，在现阶段，两种形式的社会主义所有制之间的商品货币关系对于社会主义的经济发展是很重要的。特别是在我国现在农业人口比重还很大，集体所有制在农业生产中占有举足轻重地位的情况下，更要重视两种公有制之间的商品关系，尊重集体所有制单位作为商品生产者的自主权。但是，单纯地用两种公有制的并存来解释社会主义制度下之所以存在商品货币关系和市场，则是不够本质的。因为，这种看法实际上仍然认为商品和市场关系同社会主义公有制最重要的部分即全民所有制的性质是不相容的，它只能从来自全民所有制外部的影响，而不能从全民所有制内部本身来说明为什么必然存在着商品和市场关系。经济学界历来流行的一些观点，诸如全民所有制内部调拨的生产资料实质上已不是商品而仅仅留有商品的外壳（"外壳论"）；价值规律对生产不起调节作用，它已被国民经济有计划按比例发展规律所代替（"代替论"）；价值规律以及有关的价格、利润、成本、利息等价值范畴不被看作客观的经济机制，而只当作可用可不用的核算工具（"工具论"）；等等，实际上都是从上述"外因论"的基本观点所派生出来的。应当指出，所有这些被称为概括了社会主义各国经验的种种观点，并不符合所有社会主义国家的实际经验；而继续坚持这些观点给实践带来的危害，则是越来越清楚了。

我们认为，社会主义全民所有制内部之所以还存在着商品和市场关系，是由社会主义阶段所特有的物质利益关系所决定的。在生产资料公有制的条件下，虽然人与人之间剥削与被剥削的关系即物质利益上的对抗已经消灭了，但是，由于在社会主义阶段，劳动还不是像在共产主义阶段那样是生活的第一需要，而仅仅是谋生的手段，人们劳动能力和贡献又不相同，因此人们物质利益上的差别还存在。而且人们之间物质利益上的这种差别，不仅表现在个人与个人之间，还表现在全民所有制内部不同企业之间。不同企业凡不是由于客观因素而由于自身经营所造成的生产成果上的差别，要给不同企业及其职工带来物质利益上的差别，否则就不利于生产的发展。因此，全民所有制内部各个企业（相对独立的经济核算单位）之间的经济关系，必须采取等价补偿和等价交换的原则。不遵守这种原则，就意味着否认人们物质利益上的差别，从而就会打乱人们之间的物质利益关系。社会主义条件下所特有的这种物质利益关系，正是社会主义条件下商品和市场关系存在的直接原因（当然，分工、生产的社会化是物质前提）。这样一种商品关系或市场关系，其根源深藏于人们的物质利益的差别之中，反映这种关系的有关的经济范畴，绝不是可用可不用的工具，也不是徒具形式的外壳，而是一种客观存在的、有实际内容的经济机制。这里还要看到，所谓社会主义公有制条件下人们的劳动是直接的社会劳动，是仅就个别劳动同社会劳动的联系摆脱了私有制基础上的自发市场的阻隔而言的。实际上，在社会主义阶段，由于个别劳动者只把自己的劳动当作谋生手段才能同社会所有的生产资料相结合，劳动者与劳动者之间、企业与企业之间还不能不实行等量劳动相交换即等价交换的原则，所以劳动的直接社会性，还不能不通过有计划的市场来表现。也就是说，人们有计划地分配社会劳动和节约社会劳动，还不能不通过反映社会主义阶段所特有的物质利益关系的市场机制来实现。

由此可见，社会主义经济中计划和市场的关系，既不是相互排斥，也不是由外在的原因所产生的一种形式上的凑合，而是由社会主义经济的本质所决定的一种内在的有机的结合。如果说，生产资料的社会主义公有制带来的人们之间的物质利益上的根本一致是社会主义经济能够实行计划的客观依据的话，那么，人们之间物质利益上的上述差别，则是社会主义经济中还存在着市场的直接原因。社会主义经济中人们之间物质利益上的这种一致与不一致，正是社会主义经济中计划与市场在矛盾中实现统一的客观基础。实践证明，如果片面地强调计划，忽视市场，就容易只看到人们之间根本利益的一致而忽视他们在利益上的差别，容易只看到全局的利益而忽视局部的和个人的利益，从而不利于调动企业和职工群众的积极性；如果片面地强调市场，忽视计划，则往往会产生相反的倾向，使基层和群众的积极性流于盲目和无政府的混乱境地。因此，要正确处理社会主义经济中各方面的物质利益关系，调动一切积极因素来加速社会主义建设，就必须从理论上和实践上解决计划和市场相结合的问题。

关于社会主义计划经济条件下如何利用市场的问题

由以上的分析可知，在社会主义制度下计划同市场非但不是互不相容的，而且一定要相互结合，才能充分发挥社会主义的优越性。在考察社会主义经济中计划与市场的问题时，既不能离开计划孤立地来谈市场，也不能离开市场来谈计划。由于迄今为止我们在这个问题上的主要偏向，是片面地重视计划而轻视市场，当前为了纠正这一偏向，首先要着重解决如何在社会主义经济条件下发展商品经济、利用市场机制的问题。

商品经济的发展和市场机制的作用，离不开市场舞台上出现的各个商品生产者的活动。社会主义市场的主体，除了集体所有制的企业单位外，主要是全民所有制（有的国家是社会所有制）的企业单位。这些企业单位既向市场提供各种消费品和生产资料，又向市场购买各种生产资料。要发挥市场的作用，全民所有制企业单位不具有一定的经济自主权力，不能够作为相对独立的商品生产者相互对待，是不行的。如果全民所有制的企业单位老是处在束手束脚、无权无责的地位，所谓利用市场就不过是一句空话。所以，我们当前这个问题是同扩大企业权限的问题密切联系在一起的。

同时，在计划经济条件下利用市场，又离不开发挥同价值范畴有关的经济杠杆和经济机制（诸如供求、价格、成本、利润、信贷、利息、税收等）的作用，把各个生产单位的经营成果同生产者的物质利益联系起来。这正是用经济办法管理经济的实质所在。如果不重视利用这些经济杠杆和经济机制的作用，不注意企业和个人的经济利益，而单纯地用行政办法来管理经济，那也根本谈不上什么利用市场。所以，我们当前这个问题又是同用经济办法管理经济的问题密切联系在一起的。

总之，在计划经济条件下利用市场，既同管理权限上扩大企业权力有关，又同管理方法上充分运用经济办法和经济手段有关。所有这些，都是为了使社会拥有的物力、财力、人力资源，按照社会的需要，得到合理的分配和使用。那么，在物力、财力、人力资源的安排和使用上，应当怎样紧密地联系管理权力的下放和经济办法的运用，更好地发挥市场机制的作用呢？

物力资源的安排和使用。这主要是指商品的产供销问题。在这方面，要加强市场机制的作用，就要以销定产、按产定供，做到产需结合。

企业生产什么，生产多少，根据什么来确定？企业生产的产品，按照什么方式来销售？企业进行生产所需的生产资料，按照什么方式取得供应？上节我们讲过，现在实行的基本上是按照从上而下的指令性计划指标进行生产，按照统购包销的方式进行产品的销售，和按照统一分配、计划调拨的方式进行生产资料的供应，所有这些组织产供销的办法，往往造成社会生产和社会需要的脱节，使社会主义生产的目的不能得到很好的实现。大家知道，社会主义生产的目的是满足社会的需要，根据社会的需要来决定生产什么和生产多少，这是社会主义经济的一个根本原则。按国家计划来安排生产和按社会需要来安排生产，从根本上来说是一致的，但实际上却存在着矛盾。因为，国家计划主要考虑国家的需要，只能从总体上反映社会的需要，而不可能具体地、灵活地反映社会经济生活各个方面千变万化的需要，也不可能考虑到每个企业单位的具体生产技术条件。要解决这个矛盾，做到产需对路，使社会生产在产品数量、品种、质量上都符合社会需要，企业生产计划就不能一一由上面下来的指令性指标定死，而要在国家计划的指导下，根据市场的具体需要和企业本身的具体情况来确定。与此相应，无论是消费资料的流通还是生产资料的流通，都要改变那种不管有无销路，都由国营企业或物资机构统购包销的做法。除极少数短缺而在短期内不可能保证充分供应的物资要由国家组织供需部门协商分配外，其他物资都通过市场买卖。消费资料的流通要逐步实行商业选购和工业自销相结合的办法，以适应消费者的需要，做到以销定产；生产资料的流通也要逐步商业化，实行产销双方直接挂钩，或者通过中间批发商业企业来进行，以适应生产者的需要，做到按产定供。供应不足的物资，企业可以联合或单独投资发展生产，满足需要。这些在产供销问题上加强利用市场机制的办法，对于消除货不对路、商品积压和短缺并存的现象，对于促进不断提高产品质量、降低产品成本、改善花色品种，对于增进生产者的利益，以及对于保障消费者的权利①，都是十分必要的。

为了实现按需生产，产需结合，一个十分重要的问题是加强

① 参见《经济管理》1979年第2期黄范章"消费者权力刍议"一文。

合同制。合同一般是产需双方直接签订的。他们对各自的经济利益考虑得比较周到，提出的要求和措施比较切合实际，合同中规定的产品品种、规格、数量、质量，既考虑了需方的要求，又考虑了供方的可能。它是解决产供销平衡的一个很好的工具，又是制定计划的一个可靠的依据。企业要保证合同的完成，完不成的要承担经济责任。企业完成了合同规定的任务，既满足了市场的需要，同时也实现了计划的要求。

当然，我们强调生产要更多地反映市场的需要，供销要更多地采取市场的方式，并不意味着要取消国家统一计划的指导。因为，个别消费者的抉择和个别企业的抉择，由于种种原因，并不一定符合全社会的利益。而且消费者需要本身并不是一成不变的东西，生产并不是消极地反映消费的需要，往往能够创造出新的需要。社会可以通过对生产和分配的调节来影响需要的改变。这些情况以及别的一些原因，决定了产供销的市场调节，必须在国家统一计划的指导下去进行。上面所说的产销合同和购销合同，在反映了市场的需要的同时，也不能离开计划的指导。通过这样的合同所联结起来的供产销之间的市场平衡关系，是有计划的社会主义再生产过程得以顺利进行的必要条件。

财力资源的安排和使用，即财务管理和资金管理的问题。在这方面要加强市场机制的作用，就要实行企业的财务自理和自负盈亏，实行资金的有偿占用和按经济效果投放资金的原则。

迄今为止我们在财务管理上基本上实行的是统收统支办法，在基本建设投资和部分流动资金的分配上是实行财政无偿拨款的供给制办法，使企业经营成果同企业集体和职工个人利益脱节，使企业对合理地有效使用国家资金没有任何物质上的兴趣和责任，助长了企业在制定计划时讨价还价，争投资、争物资、争外汇的倾向。财政资金管理上的这种单纯行政办法，不利于提高投资效果和促进企业精打细算。要纠正这种状况，在这个方面也要在国家统一计划的指导下加强利用市场机制，主要的是改变统收统支为企业财务自理和自负盈亏，并加强银行信贷的作用。企业自负盈亏的比较彻底的方式，是在合理调整价格和税收的前提下，企业除按国家规定缴纳各项税收、费用和贷款本息外，不再上缴利润，剩余收入全部由企业按国家的统一法令政策，自主地决定用于扩大再生产的投资，提高职工收入和集体福利。作为过渡的办法，目前可以实行在企业保证国家规定的上缴税收和利润等经济任务下，从企业利润中提取一定比例的企业基金，用于职工的物质鼓励和集体福利，并与基本折旧基金留成和大修理基金一道，用于企业的挖潜、革新、改造等发展生产方面的需要。

改变资金的无偿占用为有偿占用，首先是对那些用国家财政拨款建立的固定资产由国家按照资金的一定比率征收资金占用税。这种占用税或付款的办法同企业利润留成制结合在一起，就能使那些资金利用和经营效果比较好的企业能够从实现的较多的利润中得到较多的留成，从而得到较多的物质利益。而那些资金利用和经营效果不好的企业，就只能得到较少的利益或得不到利益。因此，实行有偿使用资金的制度，有利于促进企业和职工挖掘一切潜力，努力节约使用资金，充分发挥占用资金的效果。

在实行比较完全的企业财务自理的情况下，应该考虑逐步废弃全部基本建设投资和一部分流动资金由国家财政拨款的办法。除了企业从纯收入或利润留成中提取生产发展基金，自筹解决一部分外，基本建设投资基本上应改由银行贷款来解决，流动资金改行全额信贷。银行在发放基建投资和流动资金贷款时，要接受国家计划的指导，同时要考虑各个部门和各个项目的投资效果，实行有选择地发放贷款的制度。

在自负盈亏、财务自理的条件下，企业以自留的收入和必须还本付息的银行贷款来发展生产，自然不会再像在资金无偿供给时那样不负责任、满不在乎，而非要兢兢业业、精打细算不可。

在这里，我们还要注意银行利息的杠杆作用，利用它来动员社会暂时闲置的货币资金，控制信贷资金的投放，促进企业加强经济核算，加速资金周转，讲究资金的使用效果。为此，我们要从调节资金供需以有利于发展商品生产和商品流通出发，采取差别的利率政策，适时调整银行利率，改变过去那种长期固定不变或只降不升的利率政策。

劳动力资源的安排和使用。在这方面要加强市场机制的作用，就要实行择优录用，容许一定程度的自由择业，用经济办法来调节劳动力的供需。

过去，在人财物资源的安排分配上，单纯地、完全地用行政的手段，离开市场机制最远的，要算是劳动力资源的分配了。通过劳动部门按计划指标分配劳动力的办法，虽然花了不少力量，在一定程度上保证了一些部门对劳动力的需要，解决了一些人员的就业，但这种单纯的行政分配方式带来不少问题。从企业来说，往往不能按照自身的需要来招收工人和裁减不需要的工人；从个人来说，往往不能按照自己的所长和兴趣选择职业，做什么样的工作完全取决于上级的分配，在实际工作中难免出现乔太守乱点鸳鸯谱的现象。这种状况显然不利于合理地使用劳动力，调动人的积极性；不利于贯彻经济核算制，提高经济活动的效果。在劳动就业领域存在的专业不对口、长期两地分居以及还存在一定数量的待业人口等问题，固然在相当大的程度上是林彪、"四人帮"极"左"思潮的干扰和破坏所造成的，但同劳动力资源分配上的缺乏市场机制也有密切的关系。在劳动力的调配和使用上存在的走后门、裙带关系等怪现象，不但同社会主义经济制度的本性不相容，而且是一种在资本主义的商品经济中也难以见到的，比资本主义更落后的封建性的东西。

要扫除劳动力分配和使用上种种不合理不经济的现象，做到人尽其才，我们认为，在劳动力安排上应当实行择优录用的原则，实行计划分配和自由择业相结合的原则。企业在国家计划的指导下和国家法律规定的范围内，有权根据生产技术的需要和择优录用的原则，通过劳动部门，招收合乎需要的职工。也有权裁减多余人员，交劳动部门调剂给需要的单位，或组织培训，适当安排。职工待业期间的生活费从社会保险基金中支付。个人在服从社会总的需要的前提下，应有一定程度的选择工作岗位的自由。应当看到，择业的自由，是每个人的自由发展的一个重要组成部分。而每个人的自由发展，诚如科学的共产主义理论奠基人所指出的，乃是一切自由发展的条件。[①]在社会主义阶段，特别是在我国现在这样生产力水平比较低的情况下，要实行共产主义阶段那样充分自由地选择工作岗位是不可能的。但是，社会主义还默认每个个人的劳动能力是他的天赋特权，而且在实行按劳分配原则的情况下，劳动力简单再生产乃至扩大再生产（包括抚育、培养、进修等）的费用，在不同程度上还是由劳动者个人和家庭来负担的。因此，我们不能不承认每个劳动者对自己的劳动力有一定程度的个人所有权，从而允许人们在一定程度上有选择工作岗位的自由。这对于更好地实现各尽所能、按劳分配原则，对于个人才能的发挥和整个社会的发展，都是有利的。

当然，个人择业的一定程度的自由，并不意味着容许劳动力无控制地在企业之间、部门之间、城乡之间和地区之间自由流动。对于劳动力流动的控制，主要的不应该采取行政和法律的手段，而应该采取经济办法。例如，可以采用连续工龄津贴的办法，以鼓励职工长期留在一定企业单位工作；可以按照实际情况调整地区工资差别和采取改善生活条件的措施，以稳定职工在边远地区工作；等等。此外，还可以根据国内外市场需要，利用我国劳动力丰富、工资成本低的条件，采取各种灵活方式，广开就

---

① 《马克思恩格斯选集》第1卷，第273页。

业门路，如广泛发展服务事业，发展各种形式的劳务出口事业，等等，这既有利于解决待业人口的就业问题，又有利于改善市场供应，增加外汇收入和提高生产技术水平。

以上，我们从商品的产供销、从人财物的安排和分配上论述了在社会主义计划经济条件下如何利用市场机制的问题。应当指出，在市场机制的利用中，有两个综合性的问题需要特别提出，即价格问题和竞争问题。这里，我们就这两个问题作一概略的探讨。

价格问题。长期以来，由于否认价值规律对社会主义生产的调节作用，把同价值规律有关的经济范畴仅仅看作是一种计算的工具或形式，以便于核算等为理由，主张价格要长期固定不变，把计划价格相对稳定的方针变为长期冻结的方针。但是，由于经济生活在不断变化，影响各类产品价格的各种客观因素也在不断变化，价格也不可能是固定不变的。人为地冻结物价，就会使价格愈来愈脱离客观实际，违背客观规律的要求。例如，劳动生产率的变化从而产品价值的变化，是决定价格变动的一个根本性因素。大家知道，各部门之间劳动生产率的变化是不一致的，就我国现阶段的情况来说，工业部门的劳动生产率要比农业部门增长得快一些。但是价格的长期固定不变，就使得各类产品的比价关系不能反映这些产品的劳动生产率从而价值的变化情况。目前我国存在的农业产品价格的剪刀差，实际上并不完全是由历史的因素所造成的。工农业产品之间的交换比价，本来就是一种相对关系，在工业劳动生产率的提高快于农业的情况下，保持原来的比价关系不变就意味着剪刀差的扩大。又如，供求关系是影响价格的一个重要因素。但是，不容波动的固定价格却不能反映供求关系的变化。许多产品长期供求失衡，也无法通过价格的变动来调整供需。对于一些因价格过于偏低而亏损的产品，用财政补贴来维持它们的价格固定不变，固然在一定时期内对于保证生产的进行和人民生活的稳定有积极作用，但这种办法从根本上来说不利于促进经营管理的改善和生产的发展，它毕竟是一种治标的办法。只有通过发展生产、增加供给的治本办法，才能从根本上解决供不应求的矛盾。过去，我们为了保持价格的固定不变付出了极大的代价，大量的票证和排队所换来的是低标准的平均分配，而不是生产和供给的迅速增长。而且往往造成一种恶性循环：什么东西实行了限额限价的供应，什么东西的生产就由于缺乏必要的刺激而上不去，从而这种东西的供应紧张也就愈难解决。尽管三令五申地下达计划指标也无济于事。大量事实证明，价格如不合理，计划的目标也难以实现。我国目前许多产品价格与价值背离越来越远，它已影响到某些部门特别是农业和原材料燃料工业的发展，影响到农轻重关系的协调。

为了改变这种状况，除了按照三中全会关于缩小工农产品交换差价的精神，继续调整国民经济各主要部门的产品比价关系外，还要允许企业对产品的计划价格有一定程度的浮动之权。这实际上是承不承认价格是一种市场机制的问题。允许价格在一定幅度内的浮动，有利于调节供求关系和促进生产的发展，这正是在计划的指导下利用市场机制的一个表现。当然，允许价格的这种浮动并不意味着不要任何价格控制。价格浮动幅度的规定和变动，实际上是离不开计划指导的。对于少数同广大群众生活有密切关系的主要消费品和对生产成本影响面大的重要生产资料，在一定时期内由国家统一定价实行价格控制，是更有必要的。

此外，为了衡量各部门的经济效果，还涉及价格形成的基础问题。这里不可能详细地讨论这个问题。我们赞成用资金利润率作为评价一个企业和一个部门生产经营状况的标准，为此必须有一个可资比较的价格前提，这就是以生产价格为基础制定的价格。只有这样，才能对物质技术装备不一样、资金占用不一样的部门和企业，按照一个统一的尺度进行衡量，使不同部门和企业生产经营状况的优劣，通过它们实际资金利润率的高低综合地反映出来。也只有这样，才能给我们以客观的根据来确定资金的投放方向和社会劳动的合理分配，为发展社会主义经济创造更为有利的条件。

竞争问题。只要存在商品经济，就意味着有竞争。一定程度的竞争，和上面所说的一定程度的价格浮动，是互相联系、互为条件的，它们都是市场机制的有机组成部分。没有价格的浮动和差别，就没有竞争；反过来，没有竞争，价格的浮动和差别也不能真正实现，市场的供求规律就不能正常运行，价值规律也难以得到贯彻。[1]在社会主义计划经济条件下，在物力、财力、人力资源的分配上利用市场机制，就不能不容许有一定程度的竞争。上面所说的按照市场需要进行生产和组织供销，按照投资效果来决定资金的投放，按照择优录用的原则进行人员的安排，以及按照市场供求情况容许价格有一定的浮动等，实际上都离不开竞争。

一讲起竞争，人们就容易把竞争简单地同资本主义连在一起，特别是同资本主义所带来的消极后果连在一起。其实，竞争并不是资本主义所特有的经济范畴，而是商品经济的范畴。早在奴隶社会和封建社会，竞争就随着商品生产和商品交换的发展而出现了。封建社会的手工业行会制度，就有限制竞争的作用，如果没有竞争，也就谈不上对竞争的限制。随着资本主义的发展，行会也就逐步消失了。可见，资本主义只不过是随着商品关系的普遍化而把竞争也推向普遍化罢了。而且，从历史的观点来看问题，即使资本主义商品经济条件下的竞争，也并非只有消极的作用，而无积极的作用，它曾经促进了资本主义生产力的巨大发

论社会主义经济中计划与市场的关系

---

[1] 恩格斯说："只有通过竞争的波动从而通过商品价格的波动，商品生产的价值规律才能得到贯彻，社会必要劳动时间决定商品价值这一点才能成为现实。"（《马克思恩格斯全集》第21卷，第215页）

展。社会主义制度下客观上既然存在着商品生产和商品交换的必要性，如果我们否认竞争，实际上就是否认商品经济的客观存在，否认价值规律的作用。社会主义社会中各个企业是以商品生产者的身份在市场上出现并相互对待的，它们生产的商品的质量和花色品种是否为市场为消费者所欢迎，它们在生产商品中个别劳动消耗是高于还是低于社会必要劳动消耗，以及高多少低多少，都要影响企业及其职工的物质利益。各个企业间进行的竞争，对于改进生产技术、改善经营管理、降低各种消耗、提高劳动生产率、提高产品质量、改进花色品种，都起着积极的作用。这种竞争使企业的经营成果得到市场的检验，使消费者对价廉物美品种多样的商品的需求得到满足，并促进整个社会生产力的向前发展。如果说，争取更多的物质利益是企业生产发展的一种内在动力的话，那么，企业彼此之间的竞争是企业生产发展的一种外在的压力。如果我们不容许竞争，做什么生意办什么事情都是只此一家别无分号，一切都统得死死的，那只能使商品的花色品种越来越少，质量越来越差，生产和流通中的浪费越来越大。总之，竞争促进进步，垄断造成停滞和倒退，这在一定意义上对社会主义也是适用的。不仅全民所有制的企业之间要容许一定程度的竞争，更要容许集体所有制单位之间及其与全民所有制企业之间的一定范围的竞争，还要容许集市贸易在国家法律规定范围内的竞争。这种竞争，不仅对增加市场上价廉物美的商品的供应，增加农民的收入有好处，而且对督促全民所有制企业单位改善经营管理和服务质量也大有好处。

当然，社会主义市场的竞争同资本主义市场的竞争存在着原则的区别，最根本的一条就是社会主义公有制条件下的竞争是建立在根本利益一致基础上的竞争，而资本主义私有制条件下的竞争是建立在根本利益相对抗的基础上的你死我活的竞争。社会主义的竞争不但不排斥合作，而且以合作为基础，同合作相结合，因此它必须受社会主义法律的约束，在国家计划的指导下进行。只有这样，社会主义的竞争才能在促使后进赶先进、先进更先进的同时，避免无政府的混乱、贫富的两极分化和劳动者的失业等资本主义竞争所造成的种种恶果。

社会主义制度下的竞争，同我们历来讲的社会主义竞赛，既有共同点，也有区别。社会主义的竞赛和竞争，都是促使后进赶先进、先进更先进的手段。但是，社会主义竞赛不一定同参加竞赛者的物质利益相联系，也不发生淘汰落后的问题。而社会主义的竞争则必然同竞争者的物质利益紧密相连，并且有淘汰落后的问题。那些在竞争中证明不能适应市场需要，不是由于客观原因长期不能维持简单再生产的亏损企业，就必须为维护全社会的整体利益而加以淘汰，或关或停或并或转，并且追究有关的失职人员的物质责任。这种被淘汰的企业的职工通过国家劳动部门另行安排工作，不会像资本主义社会企业倒闭时那样发生失业。但在调整转移过程中，他们的收入当然不能同经营正常的企业职工相比，他们的物质利益不能不受到企业关停并转的影响，这也是促使企业全体职工关心企业命运的一种有力的经济手段。当然，要使全体职工对企业的经营后果担当经济责任，就必须给他们以管理企业的真正充分的而不是形式上的民主权利。

总之，社会主义计划经济下市场因素可以发挥积极作用的领域是相当广泛的。在商品的产供销上，在资金的管理上和劳动力的安排上，都可以充分利用市场机制来为社会主义建设服务。在这当中，一定限度内的价格浮动和一定程度上的竞争，是必要的。运用得当，就能使市场有利于计划目标的实现，使各种社会资源得到合理的、有效的利用，使各种社会需要得到应有的满足。

关于在利用市场机制的条件下加强经济发展的计划性的问题

在我国社会主义经济建设的过程中，由于受到极"左"思潮的干扰，忽视市场、否认利用市场机制来为社会主义计划经济服务的倾向，曾经是长时期内的主要错误倾向；不反对这种倾向，就不能发挥市场的积极作用，就不能把社会主义经济中的计划同市场很好地结合起来。但是，为了正确地解决计划和市场的关系问题，我们还必须防止和反对另一种倾向，即片面夸大市场的作用，忽视乃至否定计划的作用的倾向。应该指出，在讨论这个问题的时候，国内外都曾出现这类倾向。例如，有人笼统地把计划经济称作官僚主义的经济，认为人们只能在市场和官僚主义之间进行选择；有的人把计划管理同用单纯的行政手段管理等同起来等，都是把计划经济看成某种有贬义的东西。

这样看来，把社会主义经济计划中计划和市场视为互不相容的东西，否认两者相互结合的可能性，可以来自两个不同的方向，立足于两个不同的极端：一个是立足于计划来排斥市场，认为只有一切都听从于上面下来的计划才算是社会主义经济；另一个是立足于市场来排斥计划，认为只有市场的需要才能反映社会的需要，计划则是阻碍市场需要的满足官僚主义的东西。这后一种看法显然也是错误的。我们认为，必须强调社会主义经济的计划性，尤其是在我们重新认识社会主义经济中市场的意义的时候，更加不能忽视国家计划或社会计划的指导作用。在利用市场机制条件下的计划指导，是同官僚主义的管理风马牛不相及的。只有单纯地按行政命令、"长官意志"办事的所谓"计划管理"，才是官僚主义。而我们这里讲的计划管理既然是通过市场的作用来实现、来校正的计划管理，这种计划管理当然是不能与官僚主义混为一谈的。

为什么在利用市场的同时要加强国家计划的指导作用呢？因为，社会主义公有制条件下的市场同资本主义私有制条件下的市场是根本不同的。资本主义的市场是在生产无政府状态下盲目地起作用的。马克思指出："资产阶级社会的症结正是在于，对生产自始就不存在有意识的社会调节。合理的东西和自然必需的东西都只是作为盲目起作用的平均数而实现。"[①]社会主义经济中尽管还存在着市场，但社会主义经济的本质特征，不是无政府状态，而是对再生产过程的有意识的社会调节即有计划的调节。正如恩格斯所指出的："当人们按照今天的生产力终于被认识了的本性来对待这种生产力的时候，社会的生产无政府状态就让位于按照全社会和每个成员的需要对生产进行的社会的有计划的调节。"[②]这种社会的有计划的调节，从社会主义发展的实践来看，对于社会主义制度下存在的市场因素也是适用的。所以，社会主义经济中的市场，是不能离开国家计划的指导和调节而自发地运行的。尽管我们需要大力发展社会主义的商品生产，加强利用市场因素来为社会主义建设服务，但我们毕竟不是自由放任主义者，我们不能让亚当·斯密所说的"看不见的手"来左右我们的经济发展，因为那只手的作用是以资产阶级利己主义为出发点的；而社会主义经济中的物质利益关系却是以个人利益、局部利益同整体利益相结合，个人利益、局部利益服从整体利益为特征的，这只有经过国家计划或社会计划的调节才能得到正确的处理。因此，社会主义经济的发展单凭市场的调节而没有计划的指导是不行的。

例如，如前所述，作为市场主体的一个个消费者根据自己的消费偏好所作的选择，一个个生产者单位根据自己的利益所作的

① 《马克思恩格斯选集》第4卷，第369页。
② 《马克思恩格斯选集》第3卷，第319页。

抉择，不一定都符合社会的总体利益。由于这些市场主体自由决策的结果，社会的人、财、物资源的分配利用，不一定都是经济合理的，不一定都符合社会发展的要求。在加速实现社会主义工业化和现代化的过程中，往往要求社会产业结构和生产力布局在短期内有一个较大的改变，而如果任由一个个市场主体自由决策和行事，往往不能适应这种迅速改变产业结构和生产力布局的要求。诸如此类社会主义经济发展中带有全局性的问题，单凭市场机制是解决不了的，而必须依靠国家或社会计划来进行调节，实现这种转变。可以设想，如果没有国家计划的协调，任由市场去调节，要实现生产力布局的合理化，特别是发展边远落后地区的经济，那将是非常缓慢和非常困难的。

又如，在社会主义经济中，还存在着不同的生产单位因客观条件（如自然条件、市场销售条件、装备程度等）的不同所带来的收入上的差别，这种级差收入如果任凭市场去调节和分配，国家计划不加干预，就会不合理地扩大不同单位之间物质利益上的差别，违背社会主义的分配原则。如果从更宽的角度来看，社会主义应该既反对收入差距上的过分悬殊，又反对平均主义，而且为了反对平均主义的倾向，在一定时期还要实行差别发展，使一部分人先富裕起来，然后带动大家共同富裕，造成一种大家都往前赶的局面，而不是都往后拖的局面。像这种对于利益差距有时要扩大有时要缩小（从整个社会主义历史时期的长期趋势来看是要逐步缩小的）的控制和调节，完全交给市场而不要计划，显然是做不到的。

还有一些从局部来看是有利的但从整体来看是不利的，或从局部来看是不利的但从整体来看是有利的经济行为，也必须由社会进行有计划的调节。像保护环境、解决公害的问题，就个别生产单位来说，会增加开支、减少收入，放任市场去管，就难以妥善解决。又如产品的标准化，对于促进生产的专业化、提高劳动

刘国光
经济论著全集

第
2
卷

生产率、合理地利用资源，无疑是有利的，但在容许市场竞争的情况下，某些生产单位为了取得技术上的有利地位，就有可能产生一种逃避标准化的倾向。没有社会统一控制的、工团主义式的合作社企业之间的竞争，虽然处于生产资料公有制的条件下，也不能避免无政府的混乱以及由此产生的其他恶果。因此，在利用竞争的积极作用的同时，为了防止竞争可能带来的消极作用，也不能不要社会统一计划的调节。

　　总之，为了确保经济发展的社会主义方向，为了确保国民经济各部门、各地区的协调发展，为了维护整个社会的公共利益和正确处理各方面的物质利益关系，都必须在利用市场机制的同时，加强国家计划的调节。有人对计划和市场的关系作了这样一个形象的比喻：计划的决策好像是站在山顶上看问题，市场的决策好像是站在山谷里看问题。前者看不清细节，但能综观全貌；后者看不到全貌，但对自己、对近处却看得很仔细。从一定意义上看，这一比喻是有道理的；社会的经济计划领导机关所作的决策往往侧重于考虑整体的全局的利益，而市场上一个个商品生产者和消费者的抉择则侧重于考虑个人和局部的利益。社会主义社会处理国家、集体和个人三者利益关系的原则是统筹兼顾、适当安排，而不能只顾一头。因此，在三者利益的协调中，既需要市场机制的调节，又需要统一计划的指导，不能只取一方；在计划与市场的结合中，计划的指导作用是绝对不能忽视的。

　　那么，应该怎样加强国民经济的计划管理，发挥统一计划的指导作用呢？这个问题的回答，同人们对于什么是计划经济的理解，有着密切的关系。前面说过，过去长期流行着一种观点，即认为只有国家从上而下下达指令性计划指标，才算是社会主义计划经济，有时还认为指令性计划包括的范围越广，指标越多，就表明了计划性越强。在对计划经济的这种理解下，一讲加强统一计划和集中领导时，往往就想到要把企业的管理权力收到上面来，把财权、物权、人权收到上面来。这样，国民经济领导机关就把该由地方和企业去管的事情越俎代庖地揽上来，把基层和企业的手脚捆得死死的，这显然不利于社会主义经济的发展。党的十一届三中全会决议中批评的管理权力过于集中，就是指的这种情况。对于计划经济的这种传统的理解，是与排斥利用市场机制的观念相表里的。那么，在承认市场与计划相结合的必要性并积极利用市场机制来为社会主义建设服务的情况下，究竟应该如何加强计划指导呢？

我们认为，在利用市场机制的条件下，加强国家统一计划的指导，首先要把计划工作的重点放在研究和拟订长远规划特别是五年计划上来，解决国民经济发展的战略性问题，主要是确定国民经济发展的主要目标和重大比例关系，如国民收入中的积累和消费的比例，基本建设规模、投资分配方向和重点建设项目，重要工农业产品的发展水平和人民生活水平提高的程度。五年计划要列出分年指标，年度计划在此基础上略作调整，重点放在研究制定实现计划的政策措施上。国家计划应当加强对国民经济发展的科学预测与提供信息，加强对企业和地方经济活动的计划指导。各个企业根据国家计划的要求，参照市场情况，在充分挖掘内部潜力的基础上自主地制定自己的计划。在这里，我们不要看轻了国家计划的指导意义，因为一个个企业对国民经济发展的全貌和方向，是不清楚的，他们所据以拟订自己的计划的市场情况的变化，却是同国民经济发展的全局和方向息息相关的。企业要尽可能准确地对市场情况作出判断，也离开不了国家计划提供的情报。国家计划拟订得愈是科学，愈是符合实际，就愈能对企业的经济决策和行动给以可靠的引导，而企业就愈是要考虑使自己的决策和行动符合国家计划的要求，从而国家计划的威信也就愈高。反之，那些主观主义的、凭"长官意志"拍脑袋拍出来的计划，明眼人都看出来是不可能完成的，这种计划即使具有百分之百的"指令性"和"严肃性",却是没有任何真正的威信的。在这方面,我们过去的经验教训难道还不够辛辣吗?所以,研究和拟订能够给企业的经济活动以可靠指导的、尽可能符合科学要求的国民经济计划,对于经济计划领导机构来讲,任务和责任不是减轻了而是真正地加重了。

为了提高国家计划的真正权威,使国家计划同基层企业计划很好地结合起来,国家计划还要在企业自主计划的基础上经过层层协调来制定。计划协调工作要自下而上、上下结合,逐级平衡。凡是企业之间、公司之间经过横的市场联系,通过经济协议能够解决的产销平衡问题、资金合作和劳动协作问题,就不必拿到上一级去解决。只有那些下面解决不了的问题,才逐级由国家去平衡解决。这样,既可使基层企业摆脱从上面来的无谓的行政干扰,又可以使国家经济领导机构摆脱烦琐的行政事务,致力于研究和制定方针政策,致力于协调一些关系国民经济全局的重大的发展任务。

为了保证社会生产的协调发展,使国家计划规定的目标能够实现,一个十分重要的问题是发挥各项经济政策措施对经济活动的指导作用。这些政策措施主要有:价格政策、税收政策、关税政策、信贷政策、投资政策、收入分配政策、外贸外汇政策等。国家通过这些经济政策,鼓励那些社会需要发展的生产建设事业,限制那些社会不需要发展的事业,使企业的经济活动有利于国家计划的完成,达到计划预定的目标。例如,为了克服我国目前原材料、燃料工业落后于加工工业的状况,加速原材料、燃料工业部门的发展,国家必须在各种经济政策上对这些部门开绿灯,诸如给予优惠贷款、调整价格和减免税金等,使其有利可图。相反,为了限制普通机床工业的发展,国家则可以采取限制贷款数额、实行高息、课以高税、降低产品价格等办法。这样,通过经济政策的调节,促使企业从自身经济利益考虑,也必须沿着国家计划所规定的方向来安排自己的各项经济活动。由此可见，通过经济政策来指导经济的发展，运用经济手段来实现国家计划的目标，这是同利用市场机制分不开的，从一定的意义上也可说，经济政策乃是使国家计划与市场机制沟通起来的一个结合点。

有些同志往往担心，社会主义社会中实行利用市场机制的经济体制，对于市场上千千万万的商品生产者和消费者分散作出的抉择和行动，究竟能否加以约束控制，使其不离开社会主义轨道和不破坏国民经济的协调发展？从我们刚才所讲的计划指导、计划协调、政策指导，以及我们在前面论述利用市场机制的时候所讲的一些限制，这种担心是可以解除的了。在实行以上体制的同时，国家还要通过健全法制，特别是严格经济立法，广泛建立各种形式的群众监督和社会监督的制度，来协调市场关系和指导整个国民经济的发展。关于这方面的问题，本文不打算详论了。这里只提一下作为计划管理的一个十分重要的工具的银行簿记监督的问题。关于簿记监督和银行对于社会主义计划管理的极其重要的意义，马克思和列宁曾经作过多次指示。马克思说："在资本主义生产方式消灭以后，在社会生产依然存在的情况下，价值决定仍会在下述意义上起支配作用：劳动时间的调节和社会劳动在各类不同生产之间的分配，最后，与此有关的簿记，将比以前任何时候都更重要。"[1]列宁说："统一而规模巨大无比的国家银行，连同它在各乡、各工厂中的办事处——这已经十分之九是社会主义的机关了。这是全国性的簿记机关，全国性的产品的生产和分配的统计机关，这可以说是社会主义社会的一种骨干。"[2]在存在着商品经济的条件下，如何使一个个相对独立的商品生产者的分散活动及时为社会所掌握和控制，并采取措施使之不离开

---

[1] 《马克思恩格斯全集》第25卷，第963页。

[2] 《列宁全集》第26卷，第87—88页。

社会主义的方向和国家计划的轨道，就更加需要既严密又灵敏的银行簿记体系的监督。我们要遵照马克思的指示，按照我国的具体情况，在今后的经济管理体制的全面改革中，建立相应的簿记监督体系，以促使我国社会主义建设中的市场因素与计划因素得到更好的结合。

社会主义经济中的计划与市场的关系问题，虽然不能概括社会主义经济管理体制的全部问题，但确实是一个带有全局性的问题，牵涉社会主义经济管理的各个方面，也涉及政治经济学社会主义部分中的许多根本理论问题。目前经济学界接触的问题，首先是弄清一些有关的概念和阐明计划与市场结合的必要性。说明这些问题无疑是很重要的。但是，我们的研究和讨论还远远赶不上实践的需要，党的工作着重点的转移和我们面临的经济改革的重大任务，迫切要求我们从理论与实践的结合上进一步深入探索如何按照社会主义的方向正确地解决计划与市场的关系问题。由于这个问题牵涉面甚广，十分复杂，它的解决不可能是一蹴而就的，而需要一定的条件，要通过一定的步骤。当前，我们首先要搞好整个经济的调整和整顿，逐步安排好一些主要的比例关系。我们要在前进中调整，在调整中前进，在调整和整顿的过程中探索改革的具体途径，为今后的全面改革做好准备。计划与市场关系的正确处理，也只有通过这一调整、整顿和改革的过程才能逐步实现。

略论经济调整与经济改革的关系*

（1979年7月）

党的十一届三中全会决定，把全国工作的着重点转移到社会主义现代化建设上来，这是一个伟大的历史性转变。为了实行这个转变，更好地实现"四化"，党中央、国务院决定从1979年起，集中三年的时间，认真搞好国民经济的调整、改革、整顿、提高。这是我们实现四个现代化的第一个战役，这一仗打好了，我们的新长征就有了一个良好的开端。

新的八字方针——调整、改革、整顿、提高——是在全面分析我国经济建设的现状的基础上提出来的。粉碎"四人帮"后两年多来，我国经济的恢复和发展，取得了比我们的预料要好得多的收获。但是，在充分估计两年多来国民经济恢复和发展的成绩的同时，还应该看到，林彪、"四人帮"十年破坏的严重后果，是不可能在短时间内消除干净的。国民经济中一些重大比例失调情况还没有完全改变过来，生产、建设、流通、分配中的一些混乱现象也没有完全消除，城乡人民生活中多年积累的一系列问题还有待于进一步妥善地解决。我国经济的管理体制和企业管理体制也存在着许多问题，妨碍着各个方面积极性的发挥，妨碍着人力、物力、财力的有效利用。如果我们不采取有效措施逐步解决这些问题，就不可能为今后经济的迅速发展奠定坚实的基础。所以，从1979年起花几年时间集中力量进行国民经济的调整、改

　　* 原载《中国经济问题》1979年第4期。

革、整顿、提高，是完全必要的。

国民经济的调整、改革、整顿、提高的八字方针，规定了四个方面的任务，其中调整是中心。四个方面的任务是互相联系、互相促进、互相渗透的。从国民经济全局来说，调整是搞好其他几项工作的关键，而其他几项工作搞得好不好，对调整也会带来有利或不利的影响。下面我们着重讲讲调整与改革的相互关系。

所谓调整，就是要针对林彪、"四人帮"长期干扰破坏所造成的比例严重失调的情况，自觉地调整比例关系。国民经济中一些重大的比例失调，不是短期内形成的，要把比例关系完全调整好，显然不可能在短期内完成。但是，使积累和消费之间、农轻重之间、燃料动力原材料工业和加工工业之间的关系逐年有显著改善，使各种计划指标之间互相衔接，以求得社会需要和社会生产之间的相对平衡，并且留有余地，这是应该而且可以做到的。如果我们做不到这一点，不把严重失调的比例关系逐步调整过来，搞好综合平衡，我们就不能克服经济生活中的无政府、半无政府状态。在这种情况下，经济管理体制的改革也就无从着手。

例如，经济管理体制的改革，要求使工业、农业、交通运输业和商业等企业单位拥有必要的自主权，建立和健全经济核算制、合同制、考核制、奖惩制，实行物质利益原则，使企业对自己的经营成果负有经济责任。但是，在国民经济比例失调，各个部门七长八短，各个企业之间的产供销难以很好地衔接的情况下，许多企业生产所需的原材料、燃料、电力供应不足，或者供应的东西不符合要求，以致不能正常生产，有时甚至不得不停工停产，许多企业不能按时按质按量完成产销合同。这种由于外部原因造成的不能完成生产计划、经济效果下降、减少盈利乃至发生亏损，显然是不能叫企业自己来承担这个责任的。由此而使企业和职工的物质利益蒙受损失，甚至受到经济法律的制裁，显然也是不公正的。所以，不调整比例关系，不搞好产供销的平衡，不解决原材料、燃料、电力等的供应问题，我们就很难对企业的经营成果进行考核，并根据它的生产成绩、盈利多少实行物质奖励。在这种情况下，所谓考核优劣、追究责任、严明赏罚等，都要成为空话。并且，比例失调，产供销不平衡的问题不解决，简单地把权力下放给企业，只能使企业增加自己难以克服的困难。这样，经济管理体制的改革，则不能收到预期的成效。

又如，经济管理体制改革的一个重要方面，是实行计划调节与市场调节的结合，在国家计划的指导下，充分发挥市场的作用。这就要求在流通领域，不论是消费资料的流通还是生产资料的流通，逐步改变那种统购包销、限价限额的收购和供应的办法，逐步实行商业化的以销定产、按产定供的办法，逐步实行有限制的浮动价格、协议价格的办法。但是，在国民经济比例关系严重失调，粮食、棉布、食油等主要消费品和许多原材料、燃料、电力等生产资料的供应十分紧张的情况下，国家是不可能取消统购、派购和定量供应的制度，不可能取消统一分配和计划调拨的制度，也不可能放松对一些主要消费品和生产资料价格的统一的计划控制的。否则就要增加经济生活的紧张和混乱，调整和改革都要遇到障碍。所以，流通领域的体制，包括物资体制、商业体制、物价体制等，只能随着经济的调整和生产的发展而逐步进行改革。

总之，经济的调整对于体制改革来说，是一个必要的前提条件。那么，是不是只有等到调整任务完成，综合平衡工作走上了轨道、比例关系完全协调之后，才能够着手进行经济管理体制的改革呢？不是的。因为，当前国民经济比例关系失调，综合平衡工作没有搞好，除了林彪、"四人帮"的干扰破坏外，从我们的工作上说，也有管理体制上的原因。本来，要搞好综合平衡，安排好比例关系，就要通过增产节约等措施，增加资源，控制需要。但是我们现在的经济管理体制，却一方面鼓励膨胀需要，另一方面又妨碍增加资源，而且不利于按农、轻、重次序安排计划。这样的经济管理体制如果不进行适当的改革，那是不利于搞好综合平衡，不利于比例关系的调整的。

例如，财政上的统收统支、物资上的统购包销、分配上的供给制等，这种以吃"大锅饭"为特征的经济管理体制如果不改，战线长、缺口大的问题就难以解决，失调的比例关系就难以顺利地调整过来。

又如，单一的指令性计划体制如果不作适当的改革，只能扩大产需矛盾，加重调整的困难。

又如，在产品价格的制定上，那种脱离实际的价格体系如不加以改革，既不利于企业的经济核算，又不利于调整农、轻、重比例，调整原材料、燃料工业等加工工业的比例，而只能使比例失调的现象更趋严重。

目前的经济管理体制中，虽有过分分散的现象，但主要是权力过分集中，管得过死。当然，经济管理过于分散，让计划外的东西到处冲击计划内的任务，是不利于经济调整工作进行的。所以在调整过程中，我们要经常强调中央对经济的适当的集中统一管理。这是非常必要的，也是比较容易理解的。但是，有的同志认为，在调整中只应该强调集中，只要能够恢复到过去那一套集中管理的体制就行了，不必讲什么权力下放、体制改革。这种看法是不对的。应该看到，片面强调集中统一的计划管理这一方面，把什么都收上来，管得死死的，而不注意通过管理权力的下放和利用市场机制来调动各方面的积极性，同样是不利于搞好综合平衡，不利于调整比例关系的。这一方面，却往往为人们所忽视。实际上，管理权力如果太集中，会束缚地方和企业的手脚，使他们无权自己动手解决问题，只得向着中央等、靠、要，从而加重了中央综合平衡的负担。还要看到，所谓中央集中统一的管理体制，在相当大的程度上是以中央各部为主进行的管理体制，而他们对农业、对轻工市场、对人民生活，以及对其他的地方需要，一般不如地方和企业感受得深；对于具体的经济情况和增产节约的潜力，也不如地方和企业了解得细。因此，只有克服过于分散，又克服权力过于集中的状况，把经营管理的自主权大胆下放，使地方和工农业企业在国家统一计划的指导下有更多的经济管理的自主权，才利于充分发扬经济民主，有利于调整好国民经济比例关系。

　　总之，在当前实行新的八字方针的过程中，我们不能简单地恢复到过去的那套管理体制。当然，经济管理体制的大改或全面改革，是需要一个比较协调的经济环境的，因此不是当前所能即办的事，而是要通过八字方针的贯彻、具备了必要的条件之后才能全面实行的。但是，为了顺利地实现调整的任务，为了摸索将来实行大改或全面改革的方向，我们必须在当前的调整中进行一些必要的和可能的改革的试验。经济理论工作者和经济业务部门的同志，应当在这方面做出贡献。

刘国光

经济论著全集

第
2
卷

对经济体制改革中几个重要问题的看法[*]

（1979年7月31日）

关于经济体制改革，有几个根本性问题，讲点个人的看法。

关于经济体制模式的选择

在我国的经济管理体制改革中，有三个相互联系的关系问题需要解决：一是集权与分权的关系；二是计划与市场的关系；三是行政办法与经济办法的关系。我觉得，这三个关系是体制改革中的关键性问题。

大家知道，我国的经济管理体制，基本上是20世纪50年代初期从苏联学来的高度中央集权的管理体制。这套体制在新中国成立初期的条件下，对于集中全国力量进行重点建设，起了一定的作用。但是，由于不重视地方的自主权，更不重视企业的自主权，国家计划管得过细过死，主要用行政办法而不是用经济办法来管理，等等，这套体制不利于调动各方面建设社会主义的积极性，不能适应经济进一步发展的需要。这不仅是我国经济管理体制中存在的问题，也是所有采用过苏联过去那种高度集权型管理体制的国家都碰到的问题。在这些国家原来的经济体制中，都存

---

* 本文系作者1979年7月31日在国务院财政经济委员会经济体制改革研究小组召集的一次座谈会上的发言稿，原载《经济管理》1979年第11期。

在过分权不够，发挥市场作用不够，利用经济方法不够的问题。改革经济体制，就是要在集权和分权关系上，扩大必要的分权的范围；在计划和市场的关系上，更多地发挥市场的作用；在行政方法和经济方法的关系上，更多地利用经济方法来管理经济。虽然这些国家体制改革的程度、方式、步骤、速度都不相同，有的国家在改革上进进退退，但上述总的趋势几乎是相同的。

现在要研究的是，分权分到什么程度，而不致影响到必要的集权；市场机制的作用发挥到什么程度，而不致影响到必要的计划调节；经济方法如何利用，方能同行政方法较好地结合。这就涉及我们在体制改革中选择什么样的模式的问题。我觉得，模式的选择是大改的前提，是确定大改的方向的问题。大改的方案、步骤以及当前的小改，都是应当服从这个方向的。

现在，有各式各样的社会主义经济体制的模式。我们原有的经济体制，或者苏联在20世纪50年代以前实行的体制，也是一种模式。过去我们的思想闭塞，以为社会主义经济体制只能有这么一种模式，背离了它就是修正主义、资本主义，或者别的什么异端。近两年来，我们的眼界开阔了一点，看到了除了列宁、斯大林领导下的苏联的经济模式外，还有南斯拉夫的模式、匈牙利的模式、罗马尼亚的模式等。这些模式在集权与分权，计划与市场，行政方法与经济方法的关系的处理上，各有千秋。大体说来，有两大类模式：一类仍偏于集权，偏于集中的计划和行政的管理方法；另一类则偏于分权，偏于分散的市场体制和用经济办法管理经济。历史上还有苏联军事共产主义时期更纯粹的集中式的经济模式。总之，无非这么几种模式，细节上可能有出入，但可供选择的模式，跳不出这个范围。在选择模式的时候，我认为也要解放思想，按照实践是检验真理的唯一标准来决定我们的取舍。不管什么模式，只要坚持社会主义公有制，坚持消灭剥削，也就是说，不允许劳动人民创造的剩余产品被少数人占有，只要

刘国光
经济论著全集
第
2
卷

有利于经济的发展和人民生活水平的提高，都是可以采取的，没有戴什么政治帽子的问题，只有适不适合一个国家各个时期的具体历史条件和经济发展条件的问题，也就是适不适合一国国情的问题。我们的国家现在处在什么样的历史条件？什么样的经济发展条件？从而应当选择什么样的经济模式？我认为，这是在提出具体的改革方案前首先要研究解决的问题。这个问题不弄清楚，方向不明，就匆忙提出具体的改革方案，可能会走弯路，这是我们要力求避免的。

集权与分权关系问题的症结在哪里

我国现行的经济计划管理制度，不是一下子形成的，也不是一成不变的，而是经历了几次较大的变化，主要是两"收"两"放"。简单说来，1954年以前，实行在中央统一领导下以各大行政区为主进行管理的体制。1954年起，撤销各大行政区，将各项经济管理权力上收到中央，形成一套中央集权的管理体制。这是一"收"。1958年对经济体制进行了一次改革，改革的中心是扩大地方权力，绝大部分中央直属企业下放地方管理。这是一"放"。1960年至1963年，中央重新强调集中统一，收回下放给地方的权力。这又是一"收"。从1964年起，又陆续下放给地方一些权限，1970年又把绝大部分中央直属企业下放给省、直辖市、自治区管理。这又是一"放"。粉碎"四人帮"以后，一部分企业和物资的管理权又开始上收。经过几次改革，虽然取得了一些成绩，积累了一些经验，但并没有解决根本问题。经济管理体制中的许多弊病依然严重地妨碍着社会主义优越性的发挥。为什么呢？

过去研究体制改革时，在集权分权的问题上，我们往往只注意到中央与地方权力的划分，而中央的管理权，又是通过各部即

"条条"来实行的。中央与地方的关系，就表现为条条与块块的关系。我们过去讨论来讨论去，改来改去，无非是条条管多少，块块管多少；是条条多管一点，还是块块多管一点。但是，不论条条管，还是块块管，都是按行政系统、行政层次，用行政办法来管，而不是按照客观经济的内在联系，用经济办法来管。让条条管，就容易割断各个行业之间的联系；让块块管，就容易割断地区之间的联系。这样在条条块块权限划分上兜圈子，不能从根本上解决体制问题。因为不管是条条管还是块块管，都是国家机关来管，就是不让企业自己管，更不让企业里直接参加劳动的职工群众管，这样怎么能调动企业和群众的积极性呢？过去在体制改革中集权分权的关系老是得不到妥善解决，原因就在于局限于上层建筑内部的权力划分，局限于国家政权机构内部权力的划分，而忽视了直接经济过程本身管理权责的划分，忽视了国家与企业、劳动者个人之间的权责关系问题。

当然，我国是一个大国，一个省的面积几乎等于欧洲一个国家甚至几个国家，中央与地方权限的划分必须处理妥当，才有利于发挥各省、市发展本地区经济的积极性。同时，正是由于我们国家大、人口多，无论中央和地方，都难以把全部经济活动管起来。并且，当前讨论的问题是经济过程本身的管理体制问题，而经济过程本身，也就是社会财富的生产、交换、分配和消费过程本身，又主要不是通过国家机构的活动，而是通过千百万企业和亿万劳动者的经济活动进行的。因此，对这个经济过程进行管理当中的集权与分权的问题，就不能局限在而且主要不是在于国家政权机构内部权力的划分，而是在于各种经济活动的决策权如何在国家和企业、劳动者个人之间划分的问题，首先要解决国家与企业的权责关系问题。目前我国经济管理体制的最大弊病和集权分权关系问题的症结，正是在于没有把国家与企业的关系处理好，国家把本来应该由企业管的事情包揽起来，既管不好，又管不了，陷于烦琐的行政事务之中，不能把主要精力放在应该由国家管的统一计划、综合平衡以及重大经济战略问题的研究和决策上；而作为社会生产基本单位的企业，在产供销、人财物等应由企业自主管理的问题上，又无权根据实际情况作出处理，严重地束缚了生产力的发展。这是我国国民经济长时期发展缓慢的一个重要原因。所以，这次经济体制的改革，在处理好中央与地方的关系的同时，应当着重研究和解决国家（包括中央与地方）与企业的关系问题。

关于划分集权型经济与分权型经济的一个理论问题

在集权与分权的关系问题中，还有一个如何划分集权型体制和分权型体制的问题。在这方面，一位波兰经济学者①提出的一个理论是值得注意的。他把一切经济活动的决策分为三种：第一种是宏观经济活动的决策，即有关整个国民经济的发展方向、增长速度、产业结构的变化、国民收入在积累与消费之间的分配、投资总额、重要投资项目、价格形成准则、主要产品价格等；第二种是企业经常性经济活动的决策，如生产什么、生产多少、选择什么原材料和从哪里取得原材料、产品销售出路、大修理和小型投资、工资支付形式和职工构成等；第三种是个人经济活动的决策，主要是指职业和就业场地的选择，消费品和服务购买的选择。这位经济学者认为，在社会主义条件下，不论在中央集权型的经济体制下，还是在分权型的体制下，第一种经济活动的决策权只能由中央作出；第三种经济活动的决策权，除了军事共产主义时期等特殊情况外，只应由个人作出；只有第二种经济活动即

---

① W.Brus,*The Economics and Politics of Socialism*,London,Routledge & Kegan Paul,1973年版，第6—8页。

企业经常性的经济活动的决策权，可以采用两种不同的掌握方式，一种是由国家机关掌握，一种是交企业自己掌握。他认为这是把一国经济体制划分为集权型体制或分权型体制的关键。企业经常性经济活动的决策权由国家来掌握的，就叫集权型的体制；企业经常性经济活动决策权（产供销、人财物等）由企业自己掌握的，叫作分权型的体制。所以集权型分权型、体制的关键，在于企业中间这层经济活动的决策权由谁来掌握，而不是在两头。

把企业经常性经济活动决策权的归属作为划分集权型体制和分权型体制的关键，这同我们最近在讨论体制问题时把调整国家与企业的关系、扩大企业自主权作为体制改革的中心环节，精神上是一致的。当然，以扩大企业自主权为核心的分权型体制，并不意味着取消国家各级管理机关对企业的领导，问题在于领导的方式，用什么方式来领导。在集权型体制下，中央或者它所属的中间机关主要是用行政命令方式，对生产单位进行直接的干预，把中央计划加以具体化作为指令下达。而在分权型体制下，国家机关对企业经济活动的领导主要是靠间接的经济方法，由国家规定生产单位活动的基准、规范、范围，并运用这些规定来引导生产单位向着国家计划所指定的目标前进。

参考上述关于划分集权型体制和分权型体制的分析，在体制改革中除了要解决国家与企业的关系、扩大企业的自主权问题外，我觉得我们这里还有一个个人经济活动的决策权的归属问题也要解决。我国消费品的配给制、票证制实行了将近30年，至今没有取消的可能。另外，我们的劳动力分配制度至今管得很死，企业和个人都没有什么选择余地；企业需要的不给，不需要的硬塞给你；个人想干的不让干，不愿干的硬分配你去干，这样怎么能够真正贯彻按劳分配原则，调动大家的积极性，做到人尽其才呢？所以，这次体制改革，除了解决企业经济活动的自主权问题外，我认为还要逐步创造条件来解决劳动人民个人经济活动的自主权问题。

企业自主权的界限问题

现在，扩大企业的自主权，是上下一致的呼声。在社会主义制度下，企业自主权的界限究竟在哪里？大家的理解，各国的实践都不一样。对这个问题，孙冶方同志提出了一个主张[①]，就是把资金价值量的简单再生产作为划分企业和国家经济管理权的理论界限；资金价值量简单再生产范围内的事，让企业管；资金价值量扩大再生产范围内的事，由国家管。过去，在苏联和我国集权型管理体制下，企业的确不仅没有扩大再生产的权力，而且连维持简单再生产的权力也没有，因为基本折旧基金全部或者大部上缴嘛！虽然大修理基金留在企业，有时也留一定的利润留成，但限制很死，企业自己办不了多少事。按照孙冶方同志的主张，基本折旧基金全部下放给企业，企业在保持国家交给它的资金价值量范围内，可以自主地搞技术革新，进行实物量的扩大再生产，在此范围内的产供销，完全由企业自主地相互签订合同来解决，国家不加干预，国家计划由下而上，在企业产供销合同和企业计划的基础上制定。但是，资金价值量的扩大再生产之权，也就是新的投资权则由国家来管。这种主张，在理论上有它的简明性，实行起来好像也比较便当，特别是孙冶方同志提出的企业所管范围内的产供销，国家不要插手，让企业自己相互订合同来解决，计划由下而上制定等主张，我觉得是有道理的。但是，能不能用资金价值量简单再生产作为划分企业和国家权限的杠子呢？孙冶方同志独立地提出这个主张时，他自己也没有来得及注

①　孙冶方：《社会主义经济的若干理论问题》，人民出版社1979年版，第239—245页。

意到，简单再生产这个杠子，实际上南斯拉夫在20世纪50年代就实行过了。南斯拉夫那时在企业自主权上，也限于把基本折旧基金下放给企业，让企业自己管简单再生产范围内的产供销，而扩大再生产的投资权则仍保留在国家手中。但是20世纪60年代南斯拉夫进一步改革体制，进一步扩大企业权限，把大部分扩大再生产的投资权也下放给企业和银行来管，国家只管最关键的重点项目，到后来连重点项目的建设也交给下面的经济组织去协商，由它们集资来解决，国家一般不再投资。我们再看匈牙利的经济改革，它不像南斯拉夫走得那么远，最重要的新投资项目虽然资金由银行来投放，决策权仍掌握在国家手中。但企业从利润中提取生产发展基金，加上银行贷款，在扩大再生产的投资上拥有相当大的自主权。罗马尼亚也有经济发展基金的设置，企业（工业中心等）有权决定一定限额以下的扩大再生产的投资。看来，把企业自主权局限于资金量的简单再生产，限于基本折旧基金的下放，不给点扩大再生产的权力，是不利于企业在技术革新改造和适应市场需要变化方面采取自主行动的。所以要给企业一定程度的扩大再生产的权限，不能完全用资金价值量简单再生产来限制企业的自主权。那么，企业自主权的界限究竟放在哪里呢？不少同志提出自负盈亏、财务自理，但什么是自负盈亏、财务自理，大家的理解还很不一致。不管怎样这毕竟只是从财政资金的角度来谈的，还不是一个全面的杠子。我考虑，是否可以从宏观经济活动与微观经济活动的区别得到启发，借用它来作为划分国家经济权限与企业经济权限的界限。涉及整个国民经济发展的方向、速度、结构变化等重大问题，由国家来管；只与企业以及同企业周围局部有关的经济活动由企业自己来管。当然，这种宏观、微观经济活动的划分，有的清楚，有的也不大清楚。清楚的如积累与消费的比例、总的投资规模、总的物价、工资水平等应由国家管，而企业的产供销的衔接等，则由企业自己来管。不清楚的如重大投资和一般投资的杠杠划在哪里？实行价格控制的主要产品和一般产品的杠杠划在哪里？等等。这些具体问题要随着当时具体的经济情况来决定，不能说死。

关于发挥市场机制作用的问题

市场机制是实行分权的管理体制的一个重要手段，它对纠正集权型体制的一些弊病，是非常必要的。我以为集权型体制有两条要害的弊病，一是经济生活中横向联系很弱，它从属于纵向联系。本来企业与企业之间很容易直接解决的事情，在我们这里，不先由上面决定了再层层下达，或者不先层层请示审批，就办不成，因而拖延时日，影响效率，造成损失。集权型体制第二个要害的弊病是，以实物联系代替价值联系，商品货币关系只起从属的、被动的作用。在集权型体制下面实行的统购派购、统购包销、统一分配、计划调拨、计划供应等办法，都是由上面规定实物限量的自然经济的联系办法。这当中虽然也利用货币来计算和支付，但这里货币、价格等价值范畴只起被动的计算和反映的作用，生产单位和个人不能按自己拥有的货币量和自己的意愿取得生产消费和个人消费所需的商品；分配到实物限额的生产单位和个人也可能因缺乏货币而不能实现其实物分配权利；企业也不能够按照价格高低挑选合理的投入（各种进料等）和产出（各种产品）的构成，因为什么都是基本上由上面定死了的。这样当然谈不到人财物资源的合理有效利用。要改变这种情况，就要：第一，发展生产单位之间的横向联系以逐步代替或减少行政领导的纵向联系；第二，发展生产单位之间真正的商品货币关系以逐步代替从上面下来的实物限额指标所建立的联系，发挥货币、价格等价值范畴的主动作用。所有这些，只有充分利用市场机制，才能办到。而要做到这一点，首先要克服理论上的一系列障碍，打破一系列传统迷信。例如，把社会主义计划经济看成是自然经济，把市场机制和市场调节看成是与资本主义等同的东西，否认全民所有制的内部经济联系的商品性，否认价值规律的调节作用，把限额限价的收购供应看成是计划经济本质和优越性的表现，等等。不打破这些传统迷信，是不可能在利用市场机制，实行市场调节与计划调节相结合的道路上，迈开改革的步子的。

至于如何发挥市场机制和市场调节的作用，至少有三个条件：第一，企业要以相对独立的商品生产者的身份，自主地参加市场活动；第二，要有一定的价格浮动；第三，要有一定的竞争。没有这三个条件，就谈不上利用市场机制，谈不上发挥市场调节的作用。

有关计划调节的一个问题——自下而上和自上而下的结合问题

现在大家都在谈论市场调节，强调计划要以合同为基础。与此相联系，在讲到计划体制的改革时，大家比较强调制定计划要自下而上。针对过去集权型体制中光有自上而下的指令性计划的毛病，在计划体制改革中，强调自下而上是必要的。但我认为，光提自下而上，不提自上而下，不好，因为这样就取消了国家计划的指导作用，把国家计划变成企业计划的单纯的汇总、加总的东西，所以我认为还是提自下而上，上下结合，不排除必要的自上而下为好。计划工作的上下结合，同整个经济体制中集中与分散的结合、计划与市场的结合，道理上是相通的。有人打比方说，集中计划的决策，好比站在山顶上看风景，能看到全局，但看不到细处，所以集中计划的决策不能因地制宜；而分散的市场上一个个商品生产者、购买者的决策，好比在山谷里看景致，对近处，对自己看得细，但看不到全局，所以市场上一个个商品生产者、消费者的决策，往往不一定符合全局的利益。为了搞好全局利益与局部利益的结合，在经济调节体系上就要搞好计划与市场的结合，在计划体制上就要搞好自下而上和自上而下的结合。光有自下而上，各个商品生产者和消费者的局部利益是照顾到了，但可能破坏整体利益，反过来，局部利益也实现不了。光有自上而下，硬性地把上面的任务贯下去，即使上面的计划是从整体利益出发的，但由于不能因地制宜，损害了局部的利益，到头来全局目标和整体利益也实现不了。所以，不能光讲自上而下。自上而下的计划包括两个方面：一是宏观经济目标的设定，以作为下边拟订计划的指导；二是有关全局利益的重大生产建设任务的提出，通过协商方式来逐层落实。自下而上的计划，也不是机械加总，需要根据较大范围乃至全国的共同利益来进行协调，逐级平衡，最后才能定下来。自上而下的和自下而上的计划协调，都需要同时配合以各项经济政策的调整，才能促使企业按照国家计划的目标来调整自己的行动。所以，计划协调和政策调整应当是计划调节的两个基本手段。当然必要时还要辅以行政命令的手段，但这不应当是主要的手段，而只能是辅助的手段。

关于用经济办法管理经济

这里有两个问题：一是能不能用这个提法？二是如果能用这个提法，那么，它的含义是什么？

关于能不能用"经济办法"，有的同志反对用这个提法，而主张用"按客观经济规律办事"的提法。我觉得这两个提法并不矛盾，前一提法是后一提法在管理方法上的具体化。就整个经济领导工作来说，按客观经济规律办事是个根本性的问题，但是具体到经济管理工作，这个提法就比较概括、笼统。例如，按照国民经济有计划按比例发展规律办事，这个客观规律的要求，就可以用不同方法来实现。可以用行政命令的办法，规定各部门的计划指标，作为指令，层层下达；也可以用经济办法，如用调整价格以及其他经济政策的办法来达到；还可以两种办法并用。所以，在讲到具体的管理方法时，光讲"按客观经济规律办事"就不够了，还要具体讲用什么办法来实现客观经济规律的要求。有的同志说，"经济办法"和"行政办法"这两个概念并提，事实上是贬低行政办法，而行政办法在任何社会的经济管理中都是不可缺少的。当然，把经济办法同行政办法对立起来是不对的，片面地强调经济办法而否定行政办法更是不对的。我们不能笼统地反对行政办法，也不能笼统地反对"长官意志"。我们反对的是片面的行政办法和违反客观经济规律的"长官意志"。同经济办法相结合的行政办法，符合客观经济规律和客观实际的"长官意志"，则是我们的经济管理工作所需要的。所以，"经济办法"和"行政办法"这一对概念，在它们相互结合的意义上，不是不可以使用的。我认为，我们在体制改革中需要建立的，正是经济办法和行政办法相结合而以经济办法为主的经济管理体制。这同按客观经济规律办事的提法并不矛盾，而是更为具体的提法。

所以，我一直不同意有的同志把"经济办法"这一概念否定掉的主张。事实上，早在1962年党的八届十中全会《关于进一步巩固人民公社集体经济、发展农业生产的决定》中，就已明确提出，我们应该主要地通过经济办法，而不是主要地通过行政办法，来取得农产品。目前，经济办法这个概念在我们经济生活中，在经济理论和政策文献中正在得到越来越广泛的使用。但它的确切含义是什么还要进一步弄清楚。有的同志认为，所谓经济办法就是照顾各方面经济利益关系的办法。但是，照顾各方面的经济利益，可以用行政命令的办法，给你一点好处，给他一点好处；也可以用非行政命令也就是经济办法，即利用价格、利润、工资、信贷、利息、税收等价值范畴作为杠杆或者工具，来调节各方面的经济利益关系，调动企业集体和劳动者个人的生产积极性。我以为经济办法的实质、特征就在于利用与商品生产的价值规律和按劳分配原则有关的经济杠杆这一点上。在生产和流通领域忽视商品生产的价值规律，在分配领域不能很好地体现按劳分配原则，这是目前我们的经济管理体制的要害问题。这个要害问题在管理方法上表现为忽视对各种价值范畴和经济杠杆的利用，也就是忽视用经济办法来管理经济。当然，对"经济办法"的这个理解是有争论的。有些同志把用经济办法管理经济理解为打破行政区划、行政部门、行政层次，按客观经济联系建立跨地区、跨行业的托拉斯之类的专业化联合化的经济组织以代替行政组织的办法来管理经济。这个理解也是有一定道理的。所以，所谓"用经济办法管理经济"，看来至少包含这两层意思：一层意思是按客观经济联系建立经济组织以代替行政组织来管理经济；另一层意思是广泛利用价值范畴作为经济杠杆来调整各方面的经济利益关系，以调动各方面的积极性。我以为用经济办法管理经济的这两个内容，正是当前体制改革中要解决的两大问题。

关于经济改革的条件

如前所说，苏联和东欧几个国家改革体制的总的趋势，是从中央集权计划的模式过渡到计划与市场相结合的分权型模式。但是，经济模式或者经济类型的改变，不是可以任意挑选的，而要受到一系列主客观因素的制约，要有一定的条件。综合各国体制改革的经验和各国经济学者的研究，经济模式或类型的选择，是采取以中央集权计划为主的模式，还是采取计划与市场相结合的分权型模式，要受以下一些因素的约束：

一是生产力发展水平和社会生产结构的复杂化程度。在生产力水平较低、社会生产结构较简单时，集权型的体制是适宜的；水平提高、结构复杂化以后，分权型体制则较合适。

二是经济发展的途径主要是外延的还是内涵的。所谓外延的，就是靠增加投资和增加劳动力而不是靠提高资金效率和劳动生产率来发展经济，并且发展的目标以数量为主，在这种情况下集权型的经济体制是适宜的。但在以内涵的办法为主即主要不是靠增人增资而是靠提高效率来发展经济，并且发展的目标是质量和数量并重或者以质量为主时，分权型的体制就比较适宜。

三是工业化道路如果是重、轻、农的道路，不大注意改善人民生活，这时集权型体制是合适的。但如果真正走农、轻、重的道路，把改善人民生活放在比较重要的地位，那就以采取分权型体制为宜。

四是外贸占国民经济的比重和外贸构成。外贸在国民经济中地位越高，出口构成中加工制品、高级制品比重越高、品类越多，集权型体制就越是需要过渡到分权型体制。

就我国的情况来说，我国现在生产力水平比20世纪50年代已大为提高，随着新部门的不断出现和分化、企业数量的大大增长，我国目前的经济结构也远比过去复杂。过去的发展主要靠增人增资增投料，而效率反而有所下降；今后虽然不排除外延的发展，但主要应靠提高效率。过去长时期实际上实行了重、轻、农的方针，不大注意人民生活的改善。现在要转到真正的农、轻、重次序的轨道上来，把改善人民生活摆到应有的地位。还有对外经济联系的大发展，等等。所有这些，都为我国经济管理体制的改革提供了需要和可能。

但以上都是从经济本身的条件来说的。体制改革，单有经济条件是不够的，还必须有相应的政治社会条件。即使经济上的需要程度相当强烈，如果政治社会条件不具备，实行上述的过渡也是困难的。例如20世纪60年代中、后期的捷克斯洛伐克，以著名经济学者奥塔·锡克[1]为代表提出来的计划与市场相结合的新体制，就当时捷克斯洛伐克经济发展的需要与可能来说，是具备了逐步实行的条件的。然而因外国的政治干涉和军事镇压而未能成功。相反，即使经济上的需要程度比较小，如果政治上的需要程度大，也可能向计划与市场相结合的体制过渡。南斯拉夫20世纪50年代初期的情况就是这样。当时南斯拉夫经济发展水平并不高，但是为了动员群众对付从1948年以来强加给它的外来压力，再加上南斯拉夫在过去解决战争时期就有自治的传统，所以能够比较早地实现经济体制向分权型过渡。1968年的匈牙利，既具备了经济上的条件，当时的政治社会条件也比较有利，所以能够比较顺利地实行新的体制。

我们国家现在不但经济上具备了改革的条件，粉碎"四人帮"后，政治上也逐渐具备了改革的条件。我们的党中央已经下了改革经济体制的决心。同时我们要看到，经济体制的改革必须与政治体制的改革相辅而行，否则不可能收到成效。这里，从下到上的政治民主化是很重要的一条。如果下面没有民主化，那么扩大企业、地方权限，就会产生相反的作用。如果上面没有民主化，那么改革措施将会因为触及上面某些官僚机构或某些当权人物的既得权益而被否决、被抵制，或者改头换面地把旧集权体制保存下来。这是某些国家经济改革的经验所证明了的。所以，我们的经济体制的改革，必须和政治体制、干部体制的改革相辅而行、相互配合，才能收到有效的成果。现在，我们党正是从这些方面同时着手进行改革的，所以我们的体制改革的前景是光明的。

对经济体制改革中几个重要问题的看法

---

① Ota sik, *Plan and Marketet under Socialism*，捷克斯洛伐克科学院出版社1967年版。

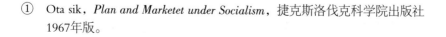

社会主义经济管理体制的比较研究*

（1980年1月）

社会主义经济体制有没有不同的模式

我国的经济管理体制，现在面临着重大的改革。党的三中全会、五届人大二次会议都提出了经济改革的任务。经济改革不但势在必行，而且事实上已经开始做了。不少省市在扩大企业自主权、改组工业管理等方面，进行了一些试点。但现在还是一些局部的试验性的小改。通过这些，我们要为今后的大改准备条件。同时，要注意使目前的小改服从于大改的方向。大改，到底要朝着一个什么方向来改？达到什么目标？大改的方案、步骤，以及当前的小改，都是应该服从这个大的方向的。如果方向不明，那就会走弯路，这是我们要努力避免的。

研究经济管理体制改革的方向，涉及许多重要的理论和实践问题。其中一个重要问题是经济体制类型（或叫模式、模型）的选择的问题。社会主义经济体制有没有不同的类型或模式？这个问题在我们国家也是一个新问题。在粉碎"四人帮"以前，提出这个问题是不可想象的，因为那个时候，在"四人帮"的夜郎自大的锁国主义的极"左"思潮影响下，往往以为只有我国实行

* 本文原载《学术研究》1980年第1期，收入《论经济改革与经济调整》
（江苏人民出版社1983年版）时略有改动，小标题为编者所加。

的这一种类型的经济体制才是社会主义的经济体制。而我国实行的这一套体制基本上是苏联在20世纪30年代到50年代初期实行过的高度集中的计划管理体制。过去我们总认为，社会主义经济体制不能有别的模式，只有这种高度集中的计划管理体制才是社会主义经济的模式，背离了这种计划管理模式就是背离了社会主义，就是修正主义或者资本主义。现在看来，这种观点是不妥当的。

粉碎"四人帮"以来，我们的眼界逐渐开阔了，看到了世界上有各式各样的自称为社会主义的经济体制。当然，我们要把非马克思主义的所谓社会主义经济模式排除出去。就马克思主义的社会主义经济模式来说，除了过去列宁、斯大林领导下的苏联经济模式外，也还有各式各样的社会主义经济模式，如南斯拉夫式的、罗马尼亚式的，等等。这些国家在经济管理中的集权与分权的关系上、计划调节与市场调节的关系上、用经济办法管理与用行政办法管理的关系上，处理的方式和结合的程度都不一样，因而显示出类型上的差别来。尽管这些经济管理体制的类型不同，但是如果它坚持了社会主义的公有制，坚持了消灭剥削，并且又有利于经济的迅速发展和人民生活水平的提高，那我们就没有理由说它不是社会主义的。所以，社会主义经济管理体制是可以采取各式各样的模式或类型的。当然，在选择经济类型的时候，一定要从本国的实际出发，一定要适合于本国社会经济发展的特点。因此，在研究体制改革时，总结本国经验是首要的，同时也要借鉴各国经验。对各国经济体制进行比较研究，对于我们在体制改革中正确选择经济体制的类型，有十分重要的参考意义。本着这个精神，我们对南斯拉夫和罗马尼亚在经济改革以后的管理体制，就若干方面，进行一些对比研究；在此基础上，看看社会主义经济管理体制到底有哪几种类型，以及选择类型的条件问题。

南斯拉夫和罗马尼亚经济体制的比较

南斯拉夫和东欧各国在第二次世界大战后的一段时期，起初都实行了苏联在20世纪30年代形成的一套高度集中计划的管理体制。这种体制在经济发展水平较低、社会经济结构比较简单、经济发展的目标主要是数量的情况下，对于战后经济的迅速恢复和发展，对于较快地改变社会经济结构，曾起了一定的作用。但是，随着经济发展水平提高，社会经济结构趋于复杂化，经济发展的目标更为重视质量与效果的情况下，这种管理体制的缺点就日益显露出来。它的主要缺点，一是国家集权过多，地方和企业的自主权很少；二是计划管得过多过死，对发挥市场机制的作用很少注意；三是主要用行政办法而不是用经济办法管理经济。这些缺陷，妨碍了各个方面积极性的发挥，不能因地、因时制宜地灵活地管理经济，从而不利于经济的进一步发展。因此，或早或迟，这些国家都提出了并或多或少地实行了经济管理体制的改革。

南斯拉夫由于政治上、经济上的特殊原因，经济改革起步较早，从20世纪50年代初期就开始逐步推行市场与计划相结合的经济体制。罗马尼亚自60年代中期至70年代期间陆续进行了一些改革。改革的方向，一般地说，都是扩大企业的自主权，注意利用价值规律和市场机制的作用，更多地利用经济办法来管理经济。但是，由于各国情况不同，他们的经济改革的步调、程度均不相同。在扩大企业自主权、利用市场机制和经济办法等方面，仍以南斯拉夫走得最远，罗马尼亚则步子较缓。南斯拉夫早在50年代初期就否定了国有制形式，并以社会所有制代替国有制，实行工人自治，企业具有最大的自主权。罗马尼亚一直坚持社会主义全民所有制采取国有制的形式，这个国家经济改革后，企业自主权有所扩大，但不及南斯拉夫。

在计划管理上

南联邦的社会计划是自下而上、上下结合、层层协调后制定出来的。社会计划不具有指令性，不向企业下达计划指标。企业参照国家确定的国民经济主要比例，根据市场需求和本身利益，自己制定自治计划，规定自己的生产建设任务，组织产供销。国家主要通过经济政策和计划协调来加强对企业活动和市场经济的指导和调节。

罗马尼亚自1967年以来，为了减少计划的过分集中，采取了减少下达给企业的指令性指标的措施；与此同时，继续强调国家批准下达的计划是法律，下达的指标是指令性的，必须执行。目前罗马尼亚计划管理的权限仍比较集中。1978年罗共中央3月全会通过的新改革措施中，规定了除以净产值指标代替总产值指标作为下达给企业的主要考核指标外，下达的考核指标还有：各种产品的实物量、工时总额、劳动生产率、每千列伊（罗币）商品值的消耗、产品成本、生产能力利用程度、原材料、燃料、动力消耗和库存定额标准、人员定额、产品质量和产品更新、每千列伊固定资产所得利润和净产值、出口产品的换汇率和外汇贡献。为了适当扩大企业的自主权和使计划更好地符合市场需求，1978年3月罗共中央全会决议中，强调计划的制定，要从基层单位开始，由下而上逐级平衡，纳入国民经济总体和各部门制定的"指导性要求"和"标准性要求"，以实现党和国家关于社会经济发展的指标。还规定企业制定计划时，要切实研究国内外市场需求，及时签订合同，使企业经济活动为各项具体需要服务，特别强调计划与合同相结合，强调产品在国内外要有可靠的销路，做到以销定产。要求"在制定计划文本的同时，就签订这些合同"。禁止没有合同或订货单确保其销路的产品投入生产。

在财务资金的管理上

首先，在固定资产折旧基金和企业纯收入的提取和留成上，南斯拉夫企业由于实行完全的自治和自负盈亏，固定资产的基本折旧基金完全由企业自己支配；企业的纯收入除向国家依法缴纳流通税和其他捐税，以及向本基层组织缴纳各种费用外，其余全部由自己支配，用于扩大再生产和提高职工的报酬福利。

在罗马尼亚，原来对企业采取统收统支的办法，即：企业实现的利润和基本折旧费全部上缴，需要的各种资金由国家拨给。新的财政经济改革后，企业实行财务自理，独立核算，根据自己的特点制定收支预算，从利润中建立五种基金：（1）经济发展基金，用于更新改造技术措施和基本建设；（2）周转基金，用于补充流动资金；（3）建造住宅和其他社会性投资基金，用于兴建职工住宅和俱乐部、体育场等；（4）社会福利基金，用于幼儿园、食堂和职工医疗费用等；（5）劳动人民分红基金。罗马尼亚还通过征收税率不等的净产值税、商品流通税等，调剂各行业和各企业的利润水平。

其次，在基本建设投资方面，目前，南斯拉夫基本建设投资，一般由企业用自筹资金和银行贷款自己安排，南联邦政府只对落后地区有少量拨款。

在罗马尼亚，现有企业，较大的扩建和新建大的工厂的投资，仍由国家预算（通过投资银行）拨款。例如就冶金企业来说，在10亿列伊以上的投资，由国家预算拨款，10亿列伊以下的由企业自筹，不足的可向银行贷款。其他行业各有划分标准。对于用于新建企业和现有企业较大的扩建的财政拨款，企业必须按期偿还，不计利息。还款来源是企业折旧、计划利润总额的

10%，及一部分超计划利润。此项还款交给工业中心（相当于联合公司）作为投资基金继续使用，不上缴国家预算收入。

最后，在流动资金方面，目前，南斯拉夫企业完全自主地筹划流动资金，并利用银行贷款。在罗马尼亚，新体制规定，老企业增加流动资金，一部分由利润抵拨（使用周转基金），一部分由银行贷款，国家预算不再增拨。自己抵拨多少，银行贷款多少，每年确定一个比例，比如1979年商定企业自己抵拨60%，银行贷款40%。新建企业需要的流动资金，仍全部由国家预算拨给，然后，企业从实现的利润中分10年还清。

在物资管理上

如前所述，南斯拉夫不存在物资的统一分配和计划调拨制度，各基层组织所需要的生产设备和原材料供应、产品销售，都是通过市场进行。

在罗马尼亚，主要生产资料仍由国家计划平衡统一调拨。1978年，国家计委和物资部管的物资有300种、中央部管1300种、工业中心管500种，这三级负责平衡分配的物资，共达2100种。物资供应体制是，大额物资由工业中心或企业直接订货，直达供应。小额的通用物资由物资部设立供应基地组织供应。专用物资由工业部门的专用物资基地供应。农业生产建设需要的物资，由农业、食品工业部设在各县的基地供应。人民生活消费需要的生产资料（如汽车配件）由商业部通过网点供应。石油产品由矿业石油部的石油销售公司供应。为了加强物资集中管理，于1973年开始，物资部在首都和39个县建立了物资供应基地，实现了基地和企业两级设库，改变了层层设库的状况。

在价格管理上

在南斯拉夫，价格主要是由市场确定的，企业制定价格的自主权很大，国家仅仅保留一定的监督职能，通过财政、信贷、货币等政策对价格进行调节。联邦共和国有一定的物资储备，用以调节市场价格。

在罗马尼亚，工业产品的价格是由国家统一制定的，一般没有地区差价。但也利用价格和税收作为调剂各部门盈利率的杠杆，近几年来，通过对税收和价格的调整，力求使各部门的盈利率大体保持在14%~15%。

此外，在工业管理的组织上，在企业的民主管理上，在外贸体制下放的程度和方式上，南斯拉夫和罗马尼亚也各有不同的特点。

三种类型的经济管理体制的比较

以上我们从几个主要方面对南斯拉夫、罗马尼亚的经济管理体制作了一些比较。这两个国家，实际上代表着社会主义经济管理体制的两种类型。如果我们再把从20世纪30年代到50年代苏联曾经实行的传统体制也作为一种类型，那么，就有以下三种类型的经济管理体制。

第一种类型是传统苏联式的高度中央集权的体制。在这种体制下，国家计划管得很广很细，既管产品品种，又管完成生产任务的手段，如投资、工资基金总额、物资技术供应等。在这里，市场完全是消极的，它仅仅有时被用来作为实现计划的工具，计划外的市场交易很少。

第二种类型是中央集权与经济组织的一定程度的自主权相

刘国光

经济论著全集

第 2 卷

结合。在这种体制下，国家计划的指令性指标有所减少，不再下达给下级单位详细具体的生产任务，品种指标只涉及最重要的产品，价值指标的意义扩大了。在这里，合同的意义增强了，但所有经济活动基本上是由计划规定的，合同具有加强计划的性质，因此市场是计划的补充。罗马尼亚改革后的经济体制，接近这种类型。

第三种类型是中央计划与经济组织的最大限度的自主权相结合。在这种体制下，国家计划没有指令性，只有参考性。市场和计划共同地起调节作用，有时市场起着主导作用。价格形成中的自主权很大。国家仅仅保留一定的监督职能，通过财政信贷手段实行某些控制。南斯拉夫的经济体制就属于这种类型。

综观社会主义各国经济管理体制改革的总的趋势，大体上是从中央集权计划的类型过渡到逐步扩大企业自主权，实行计划与市场相结合的类型。但是，经济类型或经济模式的改变，不是任意的，而要受到以下一些条件的约束：

第一是生产力发展的水平和社会生产结构复杂化的程度。在生产力发展水平比较低，社会生产结构比较简单，部门也简单，企业的数量也很少，企业与企业之间专业化协作的水平不高的情况下，高度集权型的管理体制是比较适宜的，如我国在第一个五年计划时期，经济发展水平较低，总共建设也不过是156个重点项目，生产分配也较简单。在经济发展水平提高以后，经济的结构复杂化，企业的数量多了，建设的项目多了，需求也复杂化了，产品的品种复杂化了，而且在不断地变化，在这种情况之下，过分集中管理就不行了，而计划与市场相结合以计划调节为主的体制就比较合适。

第二是经济发展的途径，即以外延的方式发展，还是以内涵的方式发展。所谓内涵方式，就是靠发挥内部潜力来发展经济。所谓外延方式，就是靠增加投资，增加劳动力，增加投料，而不是靠提高效率，提高资金利用率，提高劳动生产率来发展经济；并且这种发展的主要目标是数量上的，主要是追求速度、数量、产值，忽视品种、质量、效率。在这种情况下，高度集中的计划管理还是可以的。但以内涵办法为主时，就是经济发展主要不是靠增人、增资金、增投料，主要靠提高效率，提高资金的效率，提高劳动生产率，而发展的目标主要是质量、品种，或者在发展上质量与数量并重，在提高质量的基础上来丰富多彩，来提高效率。在这种情况下，具体生产单位，劳动组织的自主权、积极性就显得更重要，那种高度集权的管理就不能适应，计划与市场结合的类型的经济体制在这种情况下就十分必要了。

第三是工业化的道路。工业化的道路有两条：一条是重、轻、农的道路；另一条是农、轻、重的道路。如果是重、轻、农的道路，首先发展重工业，以钢为纲，对农业、轻工业比较忽视，在这种情况下，主要就是把农业、轻工业的资金拿过来、集中过来发展重工业，发展钢铁，搞基本建设投资，从消费与积累的关系上提高积累，把人民生活限制在一定水平上，集中资金来搞重工业，那么，集中型的体制是比较合适的。如果真正要走农、轻、重的道路，不是搞重、轻、农，不是片面地把农业、轻工业的资金拿过来发展重工业，而是首先使农业、轻工业发展起来，有了资金，有了市场，然后再来发展重工业，这就要发挥地方和企业的积极性。从地方、企业和中央的关系来说，中央一层比较接近于重工业，地方和企业一层跟农业、跟人民生活、跟市场就更接近一点。所以要真正走农、轻、重的道路，把人民生活放在比较重要的地位上，采取市场与计划相结合以计划调节为主的体制，会更合适一些。

第四是外贸占国民经济的比重和外贸的构成。如果外贸在国民经济中占的比重很低很小，出口的构成也很简单，都是初级的农产品、矿产品，在这种情况下，有一个中央外贸部就行了。外贸在国民经济中的地位越高，出口的构成中，加工的制品、高级的制品比重越来越高，而且品类越来越多，在这种情况下，就要发挥更多的企业和地方的积极性，外贸部一家独管就不行了，集权型的体制就越是要过渡到集权与分权相结合型的体制。

以上都是从经济本身的条件来说的。体制改革，单有经济条件是不够的，必须有相应的政治社会条件。经济体制的改革必须与政治体制的改革相辅而行，否则不可能收到成效。这里，从下到上的政治民主化是很重要的一条。如果下面没有民主化，那么下放权力不过是给某些人以更大的瞎指挥的权力；如果上面没有民主化，那么，改革措施将因为触及上面某些机构的权力或某些当权人的既得利益而遇到阻力，得不到贯彻。这是有的国家经济改革的经验所证明了的。所以，我们的经济体制的改革，必须和政治体制、干部体制的改革相辅而行、相互配合，才能收到有效的成果。我们一定要在马克思列宁主义、毛泽东思想的指导下，总结我国30年来正反两方面经验，并借鉴各国经验，在今后的经济管理体制改革中，在计划与市场的关系上，找出一条适合于我国情况的道路，使四个现代化的宏伟任务早日胜利实现。

中国的经济体制改革问题*

——在香港80年代中国经济研讨会上的讲演
（1980年3月）

经济体制包括的范围很宽，有计划体制、财政体制、劳动体制、物资体制、商业体制、外贸体制等。我听说，香港工商界的朋友们特别关心中国内地的外贸和其他一些涉外的体制如何改革。大家对中国经济体制中的一些官僚主义、效率低、不按客观规律办事的东西，感到头痛，因为这些东西妨碍同中国谈生意、谈经济合作。的确是这样。中国将要进行的经济体制改革，就是要从经济管理中清除那些使我们大家头痛的东西，扫除那些妨碍我们实现四个现代化的种种弊病。当然，由于中国那样大，事情那样复杂，体制改革不是一下子能够办成的，需要调查研究，探索方向，摸索经验。现在，也还没有一套成熟的完整的改革方案。有的只是各个方面在研究讨论中的一些意见、设想和一些局部性的试验性的小改小革。我今天也只能在这个基础上，从总体上讲一讲中国经济体制改革的一些情况和问题。至于具体到外贸和其他涉外体制怎么改的问题，按照我们代表团的分工，将由其他同事去讲。不过，我想，在具体研讨中国的涉外体制以前，对中国国内经济体制的全貌，包括它的历史演变、主要弊病所在以及总的改革方向等，有一个轮廓的了解，也许不是多余的吧！

---

* 原载《经济改革与经济调整》，江苏人民出版社1983年版。

经济体制的演变概况

新中国自成立以来，经济管理体制经历了几次比较大的变化。

第一个五年计划时期，逐步形成了以行政管理为主的中央集权的经济体制。国民经济计划基本上采取指令性形式层层下达，国家预算内基本建设投资绝大部分由中央各部安排，大型国营企业收归中央部管，企业的人事、财政、物资和生产、供应、销售都由上级部门决定。在当时情况下，这种体制对于集中全国的财力物力和技术力量，保证重点建设，建立工业化的初步基础，起了积极的作用。但随着经济的发展，集中的行政管理办法的弊病开始显露出来，特别是在工业、交通和基本建设方面，管理过多过死，束缚了地方和企业的积极性。

第二个五年计划时期的前三年（1958—1960年），绝大部分中央直属企业下放给地方管，国家预算内的基本建设投资有一半交给地方安排，地方机动财力增加。这些措施促进了地方工业的迅速发展。但由于经济权力下放过急过猛，同时加上整个经济工作中犯了高指标、瞎指挥和"共产风"的错误，冲垮了合理的管理制度，放松了综合平衡，造成国民经济严重的比例失调，经济秩序紊乱，生产大幅度下降。

国民经济调整时期（1961—1965年），为了适应调整国民经济、加强综合平衡的需要，重新强调集中统一，收回前一时期下放给地方的企业和投资等权力。但随着经济形势的好转，集中的行政管理的老毛病，就是管得过多、管得过死的问题，又暴露出来。

"文化大革命"时期，陆续采取了下放给地方一些权限的措施。1970年，把大部分中央大型骨干企业包括大庆油田、鞍钢在内，都下放给省、直辖市、自治区管理。但是由于林彪、"四人帮"的干扰破坏,合理的规章制度被当作条条框框砸烂,使整个经济管理陷于混乱。同时,由于下放过头,一些下放的大型骨干企业,地方管不了,只得仍由中央部代管,这样形成对企业的多头领导,企业很不好办。这一时期,全国的统一计划,生产建设的合理布局,主要产品的供销平衡都失去了控制,国民经济到了崩溃的边缘。

1976年打倒"四人帮"以后,为了克服经济生活中的混乱,适应经济恢复和调整的需要,适当加强了中央的集中统一,并将整个经济管理体制的改革,提上议事日程。

二十多年来,我国经济体制尽管作了几次改革,取得了一些成绩和经验,但是没有从根本上解决问题。有一句话描述了二十多年来管理体制的变化,就是:"一统就死,一死就叫,一叫就放,一放就乱,一乱就统。"为什么会发生这种"团团转"的现象?就体制改革工作本身来说,原因在于:几次改革多是在中央与地方的关系上兜圈子,没有把重点放在研究和处理国家与企业的关系上;多是在行政管理办法上兜圈子,没有认真研究按经济的内在联系组织经济,用经济办法管理经济。无论是统是放,是中央管还是地方管,都存在国家统得太多、企业权力过小,主要用行政办法和"长官意志"来管理经济等种种弊病。经济生活既死且乱的问题,一直没有解决。

现行经济体制的主要问题

要治病,先要把人体中的毛病诊断清楚。要改革,也先要把经济体制中的主要问题搞清楚。对于现行经济管理体制中存在的主要问题,有各种剖析。大体说来,有两类看法:

第一类看法认为,现行经济管理体制的主要问题,仍然是中央集权和地方分权的关系没有处理好。这里面又有两种意见。一种意见认为当前的主要问题是中央集权不够，地方的财权物权过大，使用分散。另一种意见则相反，认为当前的主要问题仍是中央集权过多，地方权力太小，事事都要跑首都解决，地方的积极性仍然受到束缚。

第二类看法认为，现行体制的主要问题，是国家（包括中央和地方）同企业的关系没有得到正确的解决。不仅国营企业，而且在相当大的程度上，集体所有制企业都成为国家行政机构的附属物，不能作为一个独立的经济单位发生作用，严重地束缚了生产力的发展。

我个人认为，现行体制在中央与地方的关系上的确存在不少问题。一方面，有些该由中央集中管的事，如国家的统一计划、全国的综合平衡、生产力的合理布局等，现在中央还没有很好地管起来；另一方面，有些该由地方管的事，如农业、市场、城市建设、地方各项事业的发展和事业费的安排等，中央部门插手太多，没有放手让地方去管。这些问题都要解决。但是，我国经济体制的最主要的问题还是在于没有把国家与企业的关系处理好，在于用行政管理代替了用经济办法管理经济。主要的表现是：

首先，企业的人权、财权、物权都集中在国家手里，财政上实行统收统支、无偿供给；物资上实行统购包销、统一分配；劳动上采取职工由国家包下来，工资由国家统一规定的办法。在这种大包大揽、吃"大锅饭"的制度下，各部门、各企业经营好坏与自身的经济利益不相联系，也不承担经济责任，干好干坏一个样。大家不是把主要精力放在挖掘潜力、增产节约、提高质量与效率上，而是放在"推"与"争"上：推生产任务、推财政上交任务、推物资调出任务；争投资、争物资、争劳动指标、争外汇。这样，供需矛盾越来越大，基本建设战线越来越长，经济效果越来越差。

其次，企业生产什么、生产多少，主要按照从上而下的指令性计划指标，而不能很好地按照社会的实际需要来安排。国民经济错综复杂，在我国，仅工业企业就有三十多万个，产品品种规格不计其数，社会需求和生产技术条件又在不断变化。光靠国家下达指令性计划，事实上不可能把全国所有企业的产供销衔接起来，企业也不可能对各种不断变化的情况迅速作出反应。这样，产供销往往长期脱节，造成社会劳动的巨大浪费。由于供销脱节，企业得不到所需物资，不得不靠人事关系或以物易物等不正常办法，到全国各地去找，造成采购人员满天飞。云南省有个天然气化工厂，为了买个小零件，开汽车到湖南岳阳和河北沧州去购买，仅汽油费就超过零件价值许多倍。

最后，按行政系统、行政区划、用行政手段来管理经济，切断了企业与企业之间、部门与部门之间、地区与地区之间的横向的内在经济联系，阻滞了它们之间必要的商品货币关系。许多事情，本来企业之间直接见面，问题就能很快解决；但在现行体制下，不先由上面决定之后层层下达，或者不向上面一级一级请示报批，就办不成。多少道关口，一道关口通不过，也办不成。而从下向上报，再从上向下批，一个圈子兜过来，即使道道关口都通过了，也把时间耽误了。经济生活中横向联系被切断的结果，必然形成各个部门、各个地方力求自成体系；企业也是"大而全""小而全"；不搞综合利用，不实行专业化协作，重复建设，重复生产；严重阻碍了技术进步和劳动生产率的提高。据1976年统计，第一机械工业部系统县以上全民所有制企业六千多家，"全能厂"占了80%左右。汽车工业全国现有一百多个厂，分散在26个省、直辖市，厂数世界第一，而产量只有十几万辆，质量很次。前几年各地上了不少手表厂，近年又纷纷上电视机厂，盲目性也很大。

上述问题之所以长期存在，与我们对社会主义经济的认识有关。过去我们曾把社会主义经济简单地看成是一个大企业或一架大机器，认为只有从一个中心下达一个无所不包的指令性计划，把这部机器运转起来，才叫社会主义的计划经济；认为全民所有制企业之间不存在利益上的差别，从而不能进行商品交换，只能进行计划调拨、统一分配，等等。对这些问题的重新认识，与经济体制改革有着密切的关系。

全面改革的一些设想

刚才，我分析了中国现行经济体制的一些主要弊病。对于这样一种不适应现代化生产和交换的经济体制，究竟应该怎样改？看来，头痛医头、脚痛医脚是不行的。需要的是系统的全面改革。这就首先要明确改革的方向。由于对现行经济体制存在的主要问题看法不同，因此全面改革怎么进行，朝着什么方向去改，意见也不一样。大体有三种设想：

第一种设想是恢复第一个五年计划期间采用过的中央集权的管理体制，以中央各部为主进行管理，同时适当扩大地方和企业的权限，并在一定范围内采取一些经济办法。

这种设想的好处是有利于集中人力、物力、财力进行重点建设，有利于在行业内部统筹安排，有利于支援落后地区。但是，现行经济管理体制存在的问题，不能从根本上解决，企业不能摆脱行政系统的束缚，放开手脚发展生产力。

第二种设想是实行地方分权的管理体制。在中央统一领导下，以省、直辖市、自治区为主分散管理。中央除管铁路、民航等跨省区的企业事业外，企业都交地方，计划以省为主，财政确定固定上交任务，物资固定调出调入任务，一定若干年。

这个设想的好处是有利于地方统筹安排，各省、市可以各显神通，有利于加强省、市的经济责任。但是，这种体制仍然没有解决企业的主动权问题，不过把中央集权中的问题转到省、市的

中国的经济体制改革问题

149

头上，而按行政系统和用行政手段管理经济所带来的弊病并没有消失，并且把全国经济划成29块，限制了地区之间的经济协作和经济交流，地区差别将进一步扩大。

鉴于上述两种设想都不能从根本上解决现行经济体制，特别是行政管理的诸种弊病，现在，不少人士倾向于第三种设想，即：以扩大企业自主权为核心，按照社会化大生产的要求组织经济活动，主要采取经济办法，通过经济组织来管理经济，实行计划调节与市场调节相结合。以此为前提，根据各项事业的特点来划分中央和地方的职权。

按照这种设想，改革的主要内容：一是把企业从行政机构的附属物，改为相对独立的商品生产者，企业在国家统一计划指导下，自己管理人事、财政、物资、生产、供应、销售，实行独立经济核算和自负盈亏，在完成上缴税金、费用，按期偿还贷款本息后，所得利润全部由企业根据国家规定支配使用，建立生产发展基金、福利基金、奖励基金和后备基金，使企业经营成果同企业自身的发展和职工的物质利益联系起来。二是把单纯的行政管理经济的办法，改为经济办法与行政办法相结合，以经济办法为主。打破地区之间、部门之间的行政界限，按照经济的内在联系把企业组织成为各种形式的专业公司、联合公司。国家对公司和企业主要运用价格、税收、信贷等经济手段，来引导它们在国家计划指导下进行活动，并充分发挥银行的作用；同时保留必要的行政手段来控制、协调公司和企业的经济活动。三是把单一的计划调节改为计划调节与市场调节相结合，以计划调节为主，注意发挥市场调节的作用。国家计划的重点放在中长期计划上；年度计划在国家控制数字的指导下，以企业计划为基础自下而上地制定；国家要掌握好基本建设规模和投资分配比例；生产资料和消费品实行计划流通和自由流通相结合；产品价格实行国家统一定价、一定幅度内的协议定价和自由定价三种价格制度。四是从有利于发展社会化大生产的要求出发，划分中央与地方的经济管理权区，中央主要负责全国计划、地区布局、重大建设工程、中央直属科教事业的发展、支援落后地区等。地方主要负责地区经济发展的计划、城市建设、农村水利建设、地方文教卫生事业和必要的地方工业等。

我是赞成上述第三种设想的。因为，这种改革设想可以解决现行体制中存在的主要问题，特别是经济生活管得过死和吃"大锅饭"的问题。它有助于充分调动企业和经济组织的积极性，使各级经济组织负起经济责任，促进社会分工，推动技术进步，提高经济效率。它还有助于消除官僚主义，大大精简行政机构，使中央决策机构从烦琐的事务中解脱出来，致力于重大方针政策的研究，搞好综合平衡，加强计划管理。

根据某些社会主义国家的经验，让企业有更多的经营自主权，让市场起更大的调节作用，有可能在生产建设中产生一定程度的盲目性、物价的波动、企业片面追求利润的倾向、收入差别的过分悬殊等问题。我认为，这是可以而且应当在改革的方案中和实施中注意防止的。另外，这种改革牵动面大，缺乏经验，管理水平可能一时跟不上，实行起来要有若干过渡阶段，可能会遇到很多阻力。现在这个改革设想还不完整，其中许多提法可能还不准确。所有这些，都要求我们继续努力，把这个设想的有关理论搞清楚，把许多细节搞清楚。只要我们从中国实际出发，借鉴国外的经验，我们是一定能够摸索出一条改革的路子来，在20世纪80年代完成中国经济体制改革的大业的。

当前局部小改的一些情况

刚才讲的全面体制改革设想，目前还没有实行的条件。当前，国民经济中主要比例关系严重失调的状况还没有调整过来，如果现在就匆忙进行全面大改，不仅改革本身不可能顺利进行下去，还可能打乱调整的部署，给国民经济带来不应有的损失。所以当前实行"调整、改革、整顿、提高"的八字方针，要以调整为中心。但是，为了调动各方面的积极性，为了搞好调整和整顿，对于经济管理体制中必须而又可以改革的部分，还是应该积极地进行改革。

近一年多来，已经逐步开始进行一些局部性的试验性的小改小革。

例如，1978年中共中央下达《关于加快工业发展若干问题的决定》后，不少部门和地区开始着手改组工业。一年多来，北京、上海、天津、辽宁等省市，按行业分门别类，实行归口管理，组建了几百个专业公司和总厂，还试办了35个企业性公司（总厂）（其中11个全国性公司，24个地区性公司）。这些公司（总厂）从组建以来，在搞好行业规划、调整产品分工、组织专业化协作、进行技术改造等方面，都发挥了积极作用。如北京缝纫机行业，调整改组前，八个生产厂（不包括协作厂）分属六个区、县领导，生产能力发挥不出来。成立缝纫机总厂后，按照工艺实行专业化分工，产量由1977年改组前的23万架增加到1979年的37万架；质量评分1977年为83.5分，1979年提高到91.5分；利润1977年为405万元，1979年达到642万元。但是，现有的大多数公司不是独立核算的经济组织，没有多少自主权，不能充分发挥公司应有的作用。必须积极创造条件，使它们向企业性的经济组织发展，进一步搞好企业性公司的试点。全国性的企业性公司，1980年还考虑组建丝绸等分公司。各部门各地方将在1980年内提出企业调整改组的规划，有步骤地进行。

又如，扩大国营企业自主权的试点，最早是1978年10月四川省选择六个企业开始试行。1979年7月，国务院颁发了关于国营工业企业管理体制改革的文件后，目前各省市正在进行扩大企业自主权试点的工厂有三千多个，占全民所有制工业企业总数的7%，工业总产值的30%以上，工业利润的40%左右。试点效果较好，普遍增产增收。四川省试点的84个地方工业企业，1979年产值比上年增长16.17%，利润增长23.3%，大大超过全省平均增长率。在增长的利润中，国家所得占64%，企业所得占36%，职工平均每人得奖相当于两个月的标准工资，体现了国家多收、企业多留、职工多得的要求。目前试点的内容，一般只是搞企业利润留成，由于国家财力、物力的限制，留成的比例也是很有限的。1980年，要在进一步搞好利润留成的试点的同时，在计划、产销、物资、劳动等方面，提出具体的试点办法，扩大企业自主权试点的内容；并且要作出系统的总结，以便1981年加以推广。

又如，随着企业管理体制改革试点工作的开展，在商品物资流通领域，许多部门、企业、地区打破工业产品由国家统购包销的框框，对商业、物资和外贸部门不收购的产品和企业试制的新产品，采取自设门市部、厂店挂钩、举办展销会、来料加工等办法，搞活经济，搞活生产。据统计，江苏省通过市场调节创造条件实现的工业产值占总产值的40%，四川省为20%。

又如，在基本建设管理体制方面，试行基本建设投资从国家财政无偿拨款的办法改由中国建设银行贷款的办法，近两年先在轻工、纺织、旅游和北京、上海、广东三省市中选择投资少、见效快、利润高、建设条件较好的项目以及交通、铁道、旅游部门购买车船方面的投资进行试点。这对于加强基本建设管理，缩短基建战线，提高投资效果，都将起积极作用。

又如，在财政体制上，从1980年起实行"分级包干、分灶吃饭"的新体制，首先对四川等14个省按照经济管理的隶属关系，明确划分中央和地方的收支范围，以1979年收支为基数计算，确定上交比例或补助数额，五年不变；地方多收可以多支，少收也要少支。这种办法对于改变过去财政上吃"大锅饭"的弊病，明确各级财政的权利和责任，充分调动中央和地方两个积极性，都具有一定意义。

在外贸体制方面，也在分别不同情况，采取对广东、福建两省，北京、天津、上海三市下放一些外贸权等措施，以逐步改变进出口业务集中过多、口岸分工不尽合理、产销不能很好结合、"婆婆太多"互相扯皮、效率很低等弊病。这方面的情况将由其他同事介绍，我就不多说了。

以上各项局部性的改革，既是为当前国民经济的调整和整顿所必需，又是将来全面改革的准备和起步。体制改革如何起步也是一个很重要的问题。改革的起步必须符合总的改革方向，不能与总的改革方向相背离。目前正在进行的一些试验性改革，如扩大企业自主权等，同我在前面讲的全面改革设想的总方向是大体相符的。但也不是完全没有问题。例如，现在实行的中央与地方"分级包干"的两级财政体制，要求划清企业隶属关系，实行两级管理，这就同总的改革方向，即打破行政系统和行政区划来组织公司、组织经济活动的方向有矛盾。这类问题和其他问题，还要进一步研究解决。中国国内经济体制改革问题解决得越好，就越有利于同外国进行经济合作，越有利于促进四个现代化的实现。

关于速度问题和积累问题的一点看法*

（1980年4月）

讲两个问题，一是速度问题，二是积累问题，讲一点个人的粗浅看法。

一、关于速度问题

（一）对30年来我国经济发展速度怎样评价

根据这次会议发的统计材料，从1950年到1979年，工农业总产值平均每年递增9.4%，其中农业总产值平均每年递增4.5%，工业总产值平均每年递增13.5%。如果撇开基数低的恢复时期，从1953年算起，则工农业总产值平均每年增长8.2%，农业是3.4%，工业是11.1%。这个速度不仅大大高于旧中国的经济发展速度，就是同外国比，也是不低的。例如1950—1957年期间，日本工业总产值平均每年增长速度是12.4%，农业是2.7%；联邦德国工业平均每年增长速度是6.9%，农业是1.8%；美国工业平均每年增长速度是4.5%，农业是1.9%；苏联工业平均速度是9.7%，农业是3.3%。从数字上看，只有日本的工业增长速度高于我国，其他国家的增长速度都不及我国。

但是，我们不能为速度的统计数值所陶醉。因为统计的速

---

* 本文是作者1980年4月在一次座谈会上的发言提纲，原载《刘国光选集》，山西人民出版社1986年版。

度，包含着虚假的因素：一是总产值指标中的重复计算，产业分工越细，重复越多，产值增长中的虚假成分越大；二是总产值指标助长企业生产那些多耗费原材料和成本高的产品；三是这个指标还鼓励片面追求产量，忽视品种和质量，以致生产出来的东西货不对路，形不成实际的使用价值，但却有"统计价值"。前年，我同国家计委几位同志去石家庄调查，一些厂子反映，总产值有15%~20%的虚数。所以，对于速度的统计数值，恐怕要打一点折扣。不过，现在我们还是要利用现有的统计数值，来观察速度问题。

（二）30年来我国经济发展速度有些什么特点

第一个特点是起伏不正常，稳定增长的年份不多。只有恢复时期、"一五"时期、三年调整时期，工农业生产是比较稳定持续增长的。其他时期都是起伏不正常。起伏最大的是第二个五年计划时期，工农业总产值年增长速度最高的达到32.2%（1958年），最低的降到-30.9%（1961年）。其中，工业生产的起伏幅度大于农业，重工业的起伏幅度大于轻工业。拿重工业来说，"二五"期间的年增长速度最高达到78.8%（1958年），最低降到-46.6%（1961年）。这里讲的起伏，已经不单纯是速度的百分比上的大起大落，而且包含着绝对水平的大起大落。30年来，全国生产绝对水平下降的，农业有五年（1959年、1960年、1961年、1968年、1972年）；轻工业也有五年（1960年、1961年、1962年、1967年、1968年）；重工业也有五年（1961年、1962年、1967年、1968年、1972年），其中下降幅度在20%以上的有三年（1961年、1962年、1968年）。"二五"期间，重工业产值曾由1960年的1100亿元的高峰降到1962年的455亿元，绝对水平下降了一半以上！这是社会主义计划经济中极其罕见的现象。

值得注意的是，我国经济发展中大起大落的原因和性质，虽然完全不同于资本主义周期性的经济危机，但是，就我们生产起落的幅度看，则并不小于资本主义的经济危机。以美国为例，战后，美国农业生产降低幅度最大的是1957年，下降了3.6%，而我国农业1959年则下降了13.6%。美国工业生产的年增长指数，1954年危机前后的变化是：1953年为+8.2%，1954年为−7.5%，1955年为+12.2%，速度的升降幅度不过15~19个百分点。1974—1975年危机前后的变化是：危机前的高峰速度，1972年为+8.8%，危机中的1975年为−9.8%，危机后的1976年又升到+10.1%，速度的变化幅度不过18~20个百分点。而我国工业生产的年增长速度，"二五"期间最高为1958年的+54.8%，最低为1961年的−38.2%，相差达93个百分点。"文化大革命"期间，工业速度由"文化大革命"前1965年的+26.4%的高峰，跌到1967年的−13.8%，到1969年又跳到+34.3%，以后又逐年下降到1974年的+0.3%，速度的变动幅度为30~50个百分点，都远远超过了美国经济危机时的变动幅度。这种情况，是很值得我们深思的。

　　我国经济发展的大起大落，完全不能理解为一般的波浪式发展。从马克思主义的发展观来看，任何事物总是在内外各种矛盾中向前发展的，而矛盾的发展总是不平衡的，并且包含了量变到质变的过程，所以运动的形式要出现波浪式。社会主义经济在发展过程中，由于自然条件的变化，生产技术的变革，投资和新增生产能力投产情况的差异等因素的影响，生产的发展不可能直线上升，而会有一定的起伏，即波浪式的发展。这种波浪式发展今后也是不可避免的，我们只能因势利导，使之服从于国民经济长期发展的利益。但是，过去我国经济中出现的那种暴起暴落的现象，完全不能用正常的波浪式运动形势来解释。例如，在消除了周期经济危机根源的社会主义计划经济中，工业生产和国民收入一般不应该出现绝对水平下降的情况，而我们却一再发生了。这种情况之所以一再发生，撇开政治运动的干扰外，就经济计划工作本身来说，是同热衷于追求高指标，特别是追求以钢铁为中心的重工业的高指标，从而严重破坏国民经济比例关系的后果，分不开的。

第二个特点是平均速度呈现下降的趋势。30年来我国经济发展速度的曲线，总体来看是一幅犬牙交错剧烈波动的图像。但是，贯穿在这种剧烈波动中的平均趋势是怎样的呢？这可以从各个时期的平均发展速度的变动来看。

例如，工农业总产值的年平均增长速度，恢复时期是21.1%，"一五"时期是10.9%，"二五"时期是0.6%，调整时期是15.7%，"三五"时期是9.6%，"四五"时期是7.5%。如果把三年调整时期恢复性上升的特殊情况除外，我们看到的是长期平均速度呈现下降的趋势。工业速度和国民收入的速度也是这样。例如工业生产的每年平均增长速度，恢复时期是34.8%，"一五"时期是18%，"二五"时期是3.8%，调整时期是17.9%，"三五"时期是11.7%，"四五"时期是9.1%，撇开三年调整时期恢复性上升的特殊情况，平均速度也呈现下降的趋势。

这种速度下降的趋势，同经济发展水平的提高和发展基数的增大，有没有关系呢？有一种理论叫"基数论"，或叫"速度递降论"，就是说随着经济发展水平的提高和发展基数的增大，经济发展的速度必然要下降。我认为，在经济发展基数和发展速度之间，并不必然存在这种联系。基数增大，速度下降，这只是在技术不变或者技术进步相对缓慢的条件下，一定时期内可能出现的情况，但不是普遍的规律。从社会发展史的长期过程来看，后续的社会经济形态的生产发展水平总是高于先前的社会经济形态的，而后续的社会经济形态的经济发展速度，一般也快于先前的社会经济形态。比如资本主义经济的发展比封建社会要快得多。马克思和恩格斯在《共产党宣言》中说："资产阶级在它的不到一百年的阶级统治中所创造的生产力，比过去一切世代创造的全部生产力还要多，还要大。"①之所以如此，关键在于技术进步和劳动生产率提高的加快。就是在同一社会形态内，某一时期科技进步的加速，也会使后续时期的经济发展速度快于先前时期。例如，第二次世界大战后，20世纪五六十年代一些资本主义国家的经济发展速度高于战前几十年的平均速度，主要原因之一也在于科学技术进步的加速。但这不是说，只要社会生产技术进步，后一时期的生产发展速度就一定会快于前一时期，速度长期递增也是不可能的。因为技术进步有跃进的阶段，也有渐进和相对停滞的阶段，而后者是比较通常的情况。在生产技术进步放缓或相对停滞的阶段，生产发展速度的下降是不可避免的，这种情况在历史上也是不少见的。20世纪70年代以后，资本主义世界的经济发展速度呈现减缓的倾向，这固然与能源危机有关，也同战后科技进步的第一轮高潮已经过去，而新的科技突破及其在生产中的运用还在酝酿阶段，有着密切的关系。

关于速度问题和积累问题的一点看法

我国经济发展速度的下降趋势，同上面所谈的技术渐进或相对停滞阶段上发展基数增大导致的发展速度下降，是不相干的。我国的生产技术落后于先进国家一大截，相差10年、20年、30年，这也表明我国技术进步的潜力极大，只要组织运用得当，可以在相当长的时间里对经济发展速度起促进作用。但我们过去却没有这样做。相反地，由于我们急于求成，周期地提出高指标，热衷于大口号，片面地追求多快而忽视好省，只算政治账不算经济账，经济工作不是越做越细，而是越做越粗，这样就造成经济效果的普遍下降，大量人力、物力、财力损失浪费。我国经济发展速度下降的趋势，正是经济效果下降和人力、物力、财力遭受损失浪费的反映，并且同劳动者的积极性受到挫伤有着密切的关系。

① 《共产党宣言》，《马克思恩格斯选集》第1卷，第244页。

第三个特点是生产的增长速度与人民消费的增长速度脱节。30年来，我国生产增长速度看起来不低，而人民的生活水平，只有解放后的八年是逐年提高的。"二五"以后，直到"四人帮"垮台的近二十年中，多数年份没有提高，甚至下降。粉碎"四人帮"后，城乡人民生活有所改善，但主要是归还部分欠账。据中财委经济结构研究小组提供的材料，扣除物价因素的职工实际工资，1978年是557元，比1957年的583元下降了26元，平均每年下降0.2%。1979年职工的名义工资有了一些增加，但扣除物价因素，仍未超过1957年的水平。1978年每个社员从集体分得的收入是73.9元，比1957年增加了33元，平均每年增长2.9%，但扣去物价因素，实际上没有增加这么多。目前还有相当一部分农民缺吃少穿。每人每年分配口粮，水稻地区在四百斤以下、杂粮地区在三百斤以下的生产队，占全国20%左右。

生产增长看起来不慢，而人民消费很少提高，原因何在？人口增长快，对人口增长的计划控制抓晚了，是一个重要原因。新中国成立后的30年，我国人口平均每年增长2%，这个速度不但比发达国家高一倍多，比旧中国高一倍，而且比同一时期世界人口平均增长率还高，直到1975年起，我国人口的增长率才开始低于世界人口的平均增长率。但是由于人口的基数大，人口增长的绝对数以千万计，仍然是很可观的。另一个十分重要的原因是我国生产结构不合理，农、轻、重比例多数年份不协调，造成重工业比重过大，农业、轻工业相对落后；消费资料增长少，生产资料增长多。同时，由于生产中消耗大，浪费多，中间产品多，可供居民消费用的最终产品少，而生产出来的产品很多由于质量差，不对路等原因，造成呆滞积压的情况又非常严重，有相当的一部分只有"统计价值"而不能形成真正的使用价值。所有这些，都是使生产的增长看起来不慢而人民却很少得到实惠的原因。

社会主义的计划经济，本来可以保证国民经济比较均衡地持久地高速度向前发展，并且在此基础上不断提高人民的物质文化生活水平。但是，从上述我国经济发展的实际情况看，社会主义制度的优越性并没有能够体现出来，国民经济大起大落，比例失调的情况一再发生，经济发展速度趋于下降，人民生活未能得到多大的改善。为什么会出现上述情况？我觉得根本的原因，除了政治运动冲击多，经济发展缺少安全的政治环境外，就经济工作本身来说，主要是由于极"左"思潮和唯意志论的影响，不按客观经济规律办事的结果。这在两个方面表现得非常突出：一是急于不断地变革生产关系，想用这个办法来加快生产力的发展，如农业合作化的步伐，由原定的15年缩短为两三年，农业生产合作社刚成立不久就迅速转为政社合一的人民公社，"文化大革命"期间又大搞穷过渡，把农民的自留地、家庭副业和集市贸易都当作资本主义的尾巴来割除，在城镇工商业的社会主义改造中和改造后大搞合并升级，对全民所有制的管理也违背商品经济和按劳分配的要求，搞的很死，束缚和挫伤了各个方面的积极性，等等。这些做法超越了生产力发展水平，结果违背了生产关系必须适应生产力发展的规律。二是在生产力本身的发展方面，也是急于求成，脱离实际，一再热衷于搞高指标，提大口号，由于片面追求高指标，在速度与比例关系上就牺牲比例，在数量与效率的关系上就忽视效率，在生产建设与人民生活的关系上就轻视人民生活，这样，我国的经济发展速度就出现了上面所说的大起大落，逐渐下降，和与人民消费脱节的特殊现象。所以，为了保证我国今后的经济发展能够比较稳定地持续地增长，并且使人民生活得到相应的改善，在长期计划中制定的速度指标必须实事求是，留有余地，这是一个十分重要的前提。

关于速度问题和积累问题的一点看法

二、关于积累问题

首先一个问题是，30年来我国国民收入中积累的变动有哪些特点？

第一个特点是，波动多，起伏不正常。第一个五年计划时期，积累率在22.9%~25.5%波动，变化幅度不大。第二个五年计划时期，积累率从1957年的24.9%猛升到1958年的33.9%，1959年进一步猛升到43.8%，以后又猛降，1962年降到10.4%。三年调整时期积累率从17%逐步回升到27%。"三五"时期，又出现猛升猛降，1966年升到30.6%，1968年降到21.1%，1970年又升到32.9%。"四五"时期，积累率在30%以上频繁波动。积累率起伏不正常，是造成我国经济发展速度起伏不正常的一个十分重要的因素。

第二个特点是，积累率变化的平均趋势是越来越高。"一五"时期平均是24.2%，"二五"时期平均30.8%，调整时期平均22.7%，"三五"时期平均26.7%，"四五"时期平均33%，粉碎"四人帮"以后1976—1978年平均33.4%。如果我们把三年调整时期积累率下降的特殊情况撇开，可以看到积累率的总的平均趋势是一个时期比一个时期升高，这同我前面讲的速度的平均趋势是一个时期比一个时期降低，恰好形成相反的对照。

第三个特点是，除了"一五"时期积累与消费的关系比较协调，三年调整时期积累与消费的关系逐步恢复协调外，其余"二五""三五""四五"时期积累和消费的关系都不正常。其中，"二五"时期前三年积累率的猛升，一方面使尔后的工农业生产连简单再生产也不能维持，另一方面使人民的消费遭受了巨大的牺牲。"三五"期间积累率五年平均为26.7%，从数字上看不很高，但这是在生产建设很不正常甚至很多企业已陷入瘫痪状态时出现的积累率，在这样的积累率下人民的消费水平不能不逐渐下降。进入20世纪70年代后，积累率又随着重工业的高指标大幅度地上升，每年都在30%以上，1970—1978年平均为33%，1978年达到36.6%。这样长时期的高积累率，引起了国民经济的长期慢性失调，供应紧张，除少数年份调整部分职工工资外，大多数职工和农民的生活没有得到多大改善，有些地区甚至有所下降。1979年实行新的八字方针后，国家在提高农产品收购价格和调整职工工资上花了很大的力量，情况才开始有所扭转。

第四个特点是，不但多数年份积累高挤了消费，而且从积累的使用方向看，与人民生活有直接关系的非生产性积累的比重也大幅度下降。在积累总额中，非生产性积累所占比重，"一五"时期平均是40.1%，"二五"时期降为12.9%，三年调整时期回升到34.5%，"三五"和"四五"时期又降到25.5%和22.4%。这种情况，造成"骨头"和"肉"的关系严重失调，文教、卫生、科研和城市建设方面的欠账越积越多，特别是职工宿舍拥挤不堪，问题十分突出。"一五"时期用于住宅的投资占总投资的9.1%，"二五"时期降到4.1%，"三五"时期是4%，"四五"时期也只有5.7%。据1978年对182个城市的调查，平均每人住宅面积只有3.6平方米，比1952年的4.5平方米还少0.9平方米，缺房户近40%。除了非生产性积累比重下降，在生产性积累部分，与人民生活直接有关的农业、轻工业的积累过低，重工业积累过高。生产性积累中农、轻、重比例的失调，反过来又造成一种物质基础，使得消费和积累的失调难以在短时期内扭转过来。所以，要扭转积累消费的不协调情况，从长期计划的角度来看，首先还得从改变积累基金的分配比例入手。

关于积累，再谈一个问题，就是积累率的高低同国民经济发展速度的关系。有些同志从斯大林讲的积累是扩大再生产的唯一源泉这句话出发，认为只有高积累才能有高速度，要高速度就得高积累。并且说日本、罗马尼亚等国，实行的就是高积累的方针，所以他们才有高速度。从我国目前情况来看，底子薄，资金少，所以要想加快实现四个现代化的步伐，百分之三十几的积累率不算高，还得适当增加或者维持这个积累率。

另一种意见是主张低积累的，他们从我国历史实践中找论据说，从我国历史看，积累率高的年份，如"二五"期间和1970年以后，经济发展速度并不快，可是有些积累率比较低的年份，生产的发展速度反而快。如"一五"时期和三年调整时期。

我认为，斯大林关于积累是扩大再生产唯一源泉的提法，是不完整的。因为扩大再生产的速度，不仅取决于积累率，而且取决于积累效率。在数学公式上，国民收入的增长率等于积累率乘以积累效率，积累效率是用每百元积累能够增加的国民收入来表示的。为什么我国积累率高的年份，发展速度反而低？并且，如前所说，从长期平均来看，从"一五"到"四五"，积累率的变动趋势是向上的，而国民收入增长速度的变动趋势是向下的，这就是因为当积累率提得过高时，积累的效率反而降低了。每百元积累增加的国民收入，"一五"时期平均是35元，"二五"时期平均只有1元，"三五""四五"时期都不及"一五"时期，"三五"时期平均只有26元，"四五"时期平均只有16元。如果积累效率不下降，比方说都维持"一五"时期平均每百元积累增加35元国民收入的水平，那么"三五"时期国民收入的增长速度，就不会是实际上发生的-3.9%，而可达到+10.9%；"四五"时期国民收入的增长速度也会从实际每年增长5.7%提高到每年增长11.9%。这当然不过是一种假设。我国历史上确实不止一次地出现过高积累同低效率、低速度连在一起的情况。那么，高积累是否必然会带来低效率呢？我国经济效率的下降，是由政治的、经济的、社会的许多因素造成的，高积累不过是其中的一个因素，而高积累本身并不必然带来低效率，日本、罗马尼亚等国的高积累就没有带来低效率。高积累是否会带来低效率，这要看积累率是否为当时国家的经济力量和人民生活水平所能够负担得起。如果经济力量大，生活水平高，负担得起，高积累率就不会影响效率；反之，如果经济力量小，生活水平低，负担不起，积累率高了就会挤这挤那，搞得国民经济七长八短、七零八落，到处紧张混乱，人民生活得不到改善甚至生活水平下降，那就必然要影响经济效率，造成经济效率的下降。我国过去的高积累、战线长带来的后果正是这种情况。所以高积累是不是好，不能一概而论，最重要的是看国家的经济力量和人民的生活水平是不是负担得起。一个人一个月工资40元、50元，让他拿出30%去储蓄，同另一个人200元、300元，让他拿出30%去储蓄，虽然同样是30%的储蓄率，但这两个人的负担能力完全不一样，他们储蓄的后果也完全不一样。这是一个常识，但是这个常识并不是所有的人都能理解的。目前我国每人平均国民收入的水平和消费水平都很低，我觉得不宜用某些经济发展水平和人民生活水平高的国家的积累率来拴住我们的手脚。当然，积累越低越好的观点，也是不对的。因为，在积累率相等的条件下，在一定限度内，积累率高一些，虽然目前人民消费改善的程度会小一些，但生产建设的速度会快一些，将来人民消费改善的程度就会更大一些。反过来说，积累率太低，虽然目前人民生活改善的程度会高一些，但由于生产建设的速度要低一些，将来人民消费水平的进一步提高就要受到不利的影响。所以在这个问题上一定要瞻前顾后，把目前利益和未来利益结合起来考虑，积累率不可过高也不可过低。要把保证原有人口和新增人口当前消费水平不降低作为积累的最高度；把消费品的扩大再生产以及由此决定的生产资料相应的扩大再生产所必不可少的积累作为积累的最低度，从各个时期的具体情况出发，在积累的这个最高度和最低度之间确定一个适度的积累率，以保证从长期累计来看的最大的人民消费。这是我们制定长期计划的一个十分重要的准则。从这个推测来看，我觉得，当前要拟订的长期计划中积累率不要超过国民收入的25%的意见是适宜的。这是从我国30年的历史经验中得出来的宝贵意见。过去30年中，我们吃的苦头主要是在积累率过高方面，不在积累率过低方面。从过去30年的事实看，凡是积累率超过30%的年份，农、轻、重比例关系就会紧张甚至失调，人民生活就难以改善甚至下降，生产发展就会出现不正常的现象。积累率接近或者超过40%，农、轻、重比例关系就一定会严重失调，人民生活就一定会遭到重大困难，生产建设就一定会出现重大的周折。而当积累率处在20%~25%，如"一五"时期和调整时期，生产就能持续地正常地增长，各方面的关系就比较协调，人民的生活就可以在生产发展的基础上得到逐步的改善。当然，这只是对历史经验的极其简略的概括。至于在长期计划的拟订中怎样具体落实25%积累率的界限，怎样从过去的30%多逐步过渡到25%以下，怎样在调整积累率的同时相应地改变生产结构和提高经济效率，以及今后5年、10年、20年积累率的动向如何安排，才有利于实现中国式的现代化，实现20世纪末达到每人平均1000美元国民生产总值的目标，这些问题都是需要进一步加以研究的。

马克思关于社会再生产的原理及其在社会主义经济中的应用[*]

（1980年6月）

在《资本论》第2卷中，马克思创立了科学的社会再生产理论。他在考察社会总资本的再生产和流通的同时，分析和揭示了整个社会再生产的一般规律。这些规律是社会化大生产的共同规律，对社会主义经济也是适用的。我国30年来社会主义建设的实践，反复证明了这一真理。目前，我国现实经济生活中存在的很多重大问题，都同我们对马克思关于社会再生产的理论学习不够有关。因此，从我国社会主义经济发展的实际需要出发，全面地、系统地、深入地学习马克思的社会再生产理论，并用以指导我们的实践，对于我们在20世纪内顺利完成实现四个现代化的伟大而又艰巨的事业，具有十分重要的意义。

在这篇文章中，我们打算对马克思社会再生产理论的一些基本原理，作一个概要的论述。在分析这些基本原理以前，有必要先交代一下：什么是再生产？什么是社会再生产？什么是社会再生产理论的中心问题？

在任何社会中，社会生产总是连续不断地进行的。马克思说："一个社会不能停止消费，同样，它也不能停止生产。因此，每一个社会生产过程，从经常的联系和它不断更新来看，同

---

[*] 原载《马克思的社会再生产理论》，中国社会科学出版社1981年版，与张曙光合写。

时也就是再生产过程。"①由于考察的范围不同，再生产可以分为个别再生产和社会再生产。所谓个别再生产，就是指一个独立的经济单位的再生产，在资本主义社会中，就是指个别资本的再生产；在社会主义社会中，就是指个别企业的再生产。所谓社会再生产，就是指整个社会范围内的总的再生产。在资本主义社会中，就是指社会总资本的再生产；在社会主义社会中，就是指整个国民经济范围的再生产，如社会总产品和国民收入的再生产等。个别再生产可以叫作微观经济或者小范围经济，社会再生产可以叫作宏观经济或者大范围经济。

个别再生产和社会再生产之间存在着密切的内在联系。马克思在分析资本的再生产时，对此作过明确的说明。他说："正如每一单个资本家只是资本家阶级的一个分子一样，每一单个资本只是社会总资本中一个独立的、可以说赋有个体生命的部分。社会资本的运动，由社会资本各个独立部分的运动的总和，即各个单个资本的周转的总和构成。"②又说："各个单个资本的循环是互相交错的，是互为前提、互为条件的，而且正是在这种交错中形成社会总资本的运动。"③在社会主义社会中，每一个企业（独立核算单位）是整个国民经济的一个相对独立的基本单位。整个国民经济的运动，即社会主义的社会再生产，是各个企业经济运动，即个别再生产的总和；而且，这个总和不是简单地加总，而是各个企业互为前提、互为条件、互相交错的个别再生产的总和。

那么，什么是社会再生产的规律性呢？要弄清楚这个问题，首先得把社会再生产得以顺利进行的条件搞清楚。根据马克思的分析，社会再生产的条件就是社会总产品各个组成部分如何实现

---

① 《马克思恩格斯全集》第23卷，第621页。

② 《马克思恩格斯全集》第24卷，第390页。

③ 同上书，第392页。

的条件，而社会总产品各个部分的实现过程，归根结底是总产品内部各个组成部分之间的交换。这里"不仅是价值补偿，而且是物质补偿，因而既要受社会产品的价值组成部分相互之间的比例的制约，又要受它们的使用价值，它们的物质形式的制约"①。要使社会总产品的实现过程得以顺利进行，就要在社会总产品的各个价值组成部分同实物组成部分之间建立起相互适应的关系，也就是说，要使各种使用价值的生产同对它们的需要之间互相协调。这就是所谓社会生产按比例发展的问题。这是任何一个社会再生产所共有的问题。马克思说："按一定比例分配社会劳动的必要性，决不可能被社会生产的一定形式所取消，而可能改变的只是它的表现形式。"②因此，研究社会生产的比例关系及其运动的规律，就成为社会再生产理论的中心内容。

马克思说："一切节约归根到底都是时间的节约。正像单个人必须正确地分配自己的时间，才能以适当的比例获得知识或满足对他的活动所提出的各种要求，社会必须合理地分配自己的时间，才能实现符合社会全部需要的生产。因此，时间的节约，以及劳动时间在不同的生产部门之间有计划的分配，在共同生产的基础上仍然是首要的经济规律。"③这个首要的经济规律，特别是其中"有计划地分配劳动时间于不同的生产部门"，究竟如何实现？通过什么样的机制来实现？在实现的过程中可能会遇到一些什么问题？马克思在他的社会再生产理论中，已从原则上提供了解决问题的钥匙。

马克思关于社会再生产的原理及其在社会主义经济中的应用

① 《马克思恩格斯全集》第24卷，第437—438页。
② 《马克思恩格斯选集》第4卷，第368页。
③ 《马克思恩格斯全集》第46卷上册，第120页。

一、关于社会再生产的类型问题

（一）简单再生产和扩大再生产

简单再生产和扩大再生产问题，是马克思社会再生产理论的基础问题之一。所谓简单再生产，就是指生产过程在原有规模上的重复。它的特点是，没有积累发生，全部剩余产品用于非生产性消费。所谓扩大再生产，就是指生产过程在扩大的规模上再现。其特点是，剩余产品不能全部用于非生产性消费，而必须有一部分用于积累。因此，马克思常常把积累当作扩大再生产的同义语。"积累就是资本的规模不断扩大的再生产。"①

简单再生产和扩大再生产的关系主要表现在两个方面：从理论上看，是抽象和具体的关系；从现实上看，类似于部分和全体的关系。马克思在分析社会总资本的再生产时，对这两个方面的关系做过分析。他指出：资本主义再生产是以扩大再生产为特征的，"在资本主义基础上，没有任何积累或规模扩大的再生产，是一种奇怪的假定，另一方面，生产条件在不同的年份不是绝对不变的（而假定它们是不变的），那么，规模不变的简单再生产就只是一个抽象"。"但是，只要有积累，简单再生产总是积累的一部分，所以，可以就简单再生产本身进行考察，它是积累的一个现实因素。"②（着重号是引者加的）马克思的这些分析，对社会主义的社会再生产也是适用的。

在社会主义社会中，简单再生产也是一个理论的抽象。因为，社会主义的社会再生产也是以扩大再生产作为特征的，没有积累发生，全部剩余产品都用于非生产性消费，就不可能用不断扩大再生产的手段来满足人民日益增长的需要，这就否定了社会

---

① 《马克思恩格斯全集》第23卷，第637页。
② 《马克思恩格斯全集》第24卷，第438页。

主义经济的本质特征。不仅如此，在社会主义社会中，生产条件和生产规模绝对不变，一定量的社会生产基金，今年和去年一样，提供一样多的产品，满足一样多的需要，这种情况也是不大可能的。但这是一个合理的、科学的抽象。把简单再生产这一抽象条件下社会产品的交换和平衡关系搞清楚了，就便于揭示社会主义的社会再生产过程各主要方面和各基本要素的内在联系，便于进一步分析和把握扩大再生产的运动规律。这同马克思在分析社会总资本的再生产时，从简单再生产这个理论"抽象"开始是同一个道理的。

　　在社会主义再生产中，也像在资本再生产中一样，简单再生产不仅是一个理论上的"抽象"，而且是扩大再生产的一个"现实因素"。也就是说，简单再生产总是包括在社会主义的扩大再生产之中，并且占据着十分重要的地位。因为，第一，在扩大再生产的总体中，简单再生产总是最大"最重要的一部分"①，因而，原有生产规模维持的状况如何，直接影响着扩大再生产的规模。第二，原有生产能力和生产规模的维持是生产建设规模进一步扩大的前提，只有在原有规模得到维持的前提下，才有可能使生产建设的规模进一步扩大，并使后者获得比较坚实的基础。第三，原有生产能力的维持、更新和利用，往往同生产技术的进步和生产组织的改善联系在一起，这里蕴藏着扩大再生产的潜力，它和积累结合在一起，共同促进再生产规模的扩大。因此，在安排本期扩大再生产的人力、物力资源时，首先要保证相当于上期原有规模的简单再生产的需要，在这个需要得到满足之后，再进一步安排再生产规模扩大部分的需要。这是我们处理简单再生产和扩大再生产的关系的一条基本原则。

　　从以上的分析可以看出，简单再生产和扩大再生产之间有着

① 《马克思恩格斯全集》第24卷，第457页。

密切的内在联系。简单再生产作为积累的一个组成部分和现实因素，构成扩大再生产的基础和出发点，而扩大再生产则是在保持简单再生产基础上的进一步发展。这种互相联系的情况，在现实经济生活中表现得更为复杂。首先，随着生产技术和劳动生产率等条件的变化，产品的价值量和使用价值量的再生产规模会出现不一致：如果使用价值是简单再生产，产品价值的再生产就要缩小；如果产品价值是简单再生产，使用价值的再生产就要扩大。其次，现实经济生活中的很多相互关系问题，如当前生产和基本建设的关系问题，基本建设中更新改造和新建扩建的关系问题，机械制造中维修和制造，辅机、配件和主机的关系问题，采掘工业中掘进和采矿的关系问题，等等，都同简单再生产和扩大再生产的关系有着密切的联系，但二者又不能完全等同；上述两个方面的每一个方面，往往是简单再生产和扩大再生产互相渗透，兼而有之。一般说来，基本建设、新建扩建、主机制造、采矿等同扩大再生产的联系比较密切，而当前生产、更新改造、维修、辅机配件、掘进等同简单再生产的关系比较密切。在我们的经济工作中，往往由于不切实际地追求高指标、高速度，看不到简单再生产是扩大再生产的基础和出发点，因而重基本建设，轻当前生产；重新建扩建，轻更新改造；重制造，重主机，轻维修，轻辅机配件；重采，轻掘；等等。这些片面性的做法，损伤了简单再生产的基础，扩大再生产也不能不退下来。所以，在处理简单再生产和扩大再生产的关系时，必须坚持先简单再生产后扩大再生产的原则，在实际工作中，要先安排当前生产，后安排基本建设；先安排更新改造，后安排新建扩建；先安排设备维修，后安排设备制造；先安排辅机配件的生产，后安排主机的制造；先安排掘进事宜，后安排采矿生产。只有这样，社会主义的扩大再生产才能获得坚实的基础和切实的保证。

我们不但在经济计划的安排中碰到简单再生产和扩大再生

产的关系问题，而且在经济管理体制的改革中也遇到这个问题。例如，划分企业和国家的经济权限问题，有的同志认为，应以资金价值量的简单再生产和扩大再生产作为划分企业和国家经济权限的界限。凡属与简单再生产有关的产供销和人财物诸权，包括固定资产的全部折旧，都交给企业；凡属与扩大再生产有关的权限，特别是积累和基本建设投资诸权，都由国家掌握。实践证明，这样做还有一定问题。一来是在实际经济工作中，简单再生产和扩大再生产你中有我，我中有你，不易划分清楚。二来是若不给企业一定的扩大再生产的权力，企业仍然缺乏必要的机动能力来适应技术革新的需要和市场状况的变化，以便及时调整、改进和扩大自己的生产；也不利于企业和企业之间打破行政区域、行政系统乃至所有制界限进行必要的联合。这就是目前在扩大企业自主权试点中，通过利润留成建立企业生产发展基金以及企业有权支配这个基金的根据所在。当然，企业的这部分权力不能过大，因为整个社会扩大再生产比例和速度的改变，应当由国家计划，主要通过国家控制一部分积累资金来安排，而不能仅仅由企业根据市场状况和自身利益来决定。要使企业真正成为相对独立的商品生产者，自负盈亏，就要实行税利合一上缴，以税代利。这里，税率高低是个重要问题。如果税率很高，国家把利润全部拿走，企业只留折旧，只能搞简单再生产，那么企业的积极性和灵活性的发挥，就要受到限制。反之，如果税率很低，利润留在企业太多，扩大再生产的权力主要拿在企业手里，那么国家就难以对国民经济发展的速度和比例进行有计划的控制。交税以后，留在企业的平均资金利润率应有多高才合适，是一个需要探讨的问题，目前看来，要以能够保证企业通过一般的挖潜、革新、改造实现扩大再生产所需的资金，比较适宜。当然，还要适当考虑企业福利基金、奖励基金和后备基金的需要。

马克思关于社会再生产的原理及其在社会主义经济中的应用

（二）外延的扩大再生产和内涵的扩大再生产

马克思把社会再生产划分为简单再生产和扩大再生产，又把扩大再生产划分为外延的扩大再生产和内涵的扩大再生产。

马克思说："积累，剩余价值转化为资本，按其实际内容来说，就是规模扩大的再生产过程，而不论这种扩大是从外延方面表现为在旧工厂之外添设新工厂，还是从内涵方面表现为扩充原有的生产规模。"[1]在论述固定资本的局部更新会使生产的规模扩大时，马克思又说："如果生产场所扩大了，就是在外延上扩大；如果生产资料的效率提高了，就是在内涵上扩大。这种规模扩大的再生产，不是由积累——剩余价值转化为资本——引起的，而是由从固定资本的本体分出来、以货币形式和它分离的价值再转化为追加的或效率更大的同一种固定资本而引起的。"[2]

从马克思的上述论述中，可以得到这样两点认识：第一，所谓外延的扩大再生产，是指单纯依靠增加生产要素的数量，即依靠增人、增资、增投料，扩大生产场所来扩大生产规模。这里没有生产技术的进步，没有生产要素质量的变化，没有社会生产效率的提高。所谓内涵的扩大再生产，是指生产规模的扩大是依靠技术进步，依靠改善生产要素的质量，依靠提高活劳动的效率和生产资料的效率取得的。[3]它是一种向生产的深度进军、向集约化方向发展的扩大再生产，所以有时人们也叫称它为"集约的"扩大再生产，而把外延的扩大再生产叫作"粗放的"扩大再生

---

① 《马克思恩格斯全集》第24卷，第356页。

② 同上书，第192页。

③ 就全社会范围来划分两种类型的扩大再生产，严格的定义应当从人力因素的标准来划分；凡靠增加劳动力的数量（不靠技术进步）来扩大生产的叫外延的扩大再生产，凡靠在技术进步基础上劳动生产率提高的因素来扩大生产的叫内涵的扩大再生产。不能用其他因素（物力、投资等）来划分。这个问题比较复杂，这里不能评论。（参见"略论外延扩大再生产和内涵扩大再生产的关系"，载《光明日报》1962年7月2日。）

产，后者是以生产向广度发展为特征的。

第二，扩大再生产划分为外延和内涵两种类型，同积累没有直接的必然联系。有积累发生，一定是规模扩大的再生产，但再生产的扩大并不一定非要积累不可，也就是说，扩大再生产的源泉可以是积累，也可以不是积累。例如，把暂时不必用于固定资产更新的折旧基金用来进行扩大生产能力，就是不用积累进行的扩大再生产。因此，把积累当作扩大再生产的唯一源泉是不恰当的。不论是有积累发生，还是没有积累发生的扩大再生产，都可以通过外延和内涵两种方式实现。

既然内涵扩大再生产是以生产技术的进步、生产要素质量的改善和生产经济效果的提高为前提，那么，内涵扩大再生产的实现总是同社会生产中质的变动紧密地联系在一起的。这些质的变动主要有：社会劳动分工的深化和社会生产专业化、联合化、集中化、一体化的加强，社会生产经济结构的完善，社会生产技术水平的提高和劳动手段、劳动对象质量、性能的改善，以及劳动者技术水平和熟练程度的提高等。在内涵的扩大再生产中，时间因素的作用和"价值"大大增加，浪费时间必然导致技术上的落后和经济上的损失。不仅如此，在内涵的扩大再生产中，各种自然因素和自然力，也会作为要素，以更大的规模和更高的效能并入生产过程，因而，自然资源和生态环境的再生产，将日益成为社会再生产过程的一个重要内容。

社会再生产的类型是随着社会生产的发展而发展的。在前资本主义社会中，社会生产以手工劳动为主，生产力水平十分低下，因而它是以简单再生产为特征的社会再生产类型。这时的扩大再生产往往带有外延的性质。自从第一次产业革命和机器大工业出现以后，生产技术有了很大的进步，社会再生产便过渡到以扩大再生产为特征了；同时，扩大再生产也逐渐带有内涵的性质。现代技术进步，大体上可以分为两个阶段，第一个阶段是以机器劳动代替手工劳动的初期机械化阶段，第二个阶段是以高效率的机器体系代替低效率的机器体系的全面机械化、自动化阶段。与此相适应，在社会扩大再生产方式的发展上也出现了两种情况，在第一个阶段，外延因素仍然占有较大的比重，内涵的扩大再生产（主要是劳动节约型的）还带有局部的性质。随着从第一阶段向第二阶段过渡，内涵的特别是资金节约型的扩大再生产在社会生产中占有越来越大的比重，全面提高社会生产和再生产的效果就具有更加重要的意义。社会主义制度为了在社会劳动生产率和整个社会生产效率上战胜资本主义，极大地提高人民的物质文化生活水平，它的扩大再生产更应主要依靠内涵因素。我们搞四个现代化，就是要在充分利用我国现有人力、物力、财力和自然资源的基础上，使以提高经济效果为特征的集约生产方式，在我国的经济发展中逐渐成为起主导作用的扩大再生产方式。

在现实经济生活中，外延的扩大再生产和内涵的扩大再生产往往是结合在一起的。在如何处理外延扩大再生产和内涵扩大再生产的关系问题上，过去存在着两个方面的偏向：一个是对内涵扩大再生产的意义和作用认识不足，不了解社会主义再生产更应以内涵的扩大再生产为特征，以提高经济效果为主要手段，方能达到整个国民经济的持续增长和人民生活水平的真正提高，一讲扩大生产，人们首先想到的是增人、增设备、增投资，上新项目，铺新摊子，而不注意提高生产效率，不注意现有企业的挖潜、革新、改造。另一个偏向是，不注意充分利用我们自己在外延扩大再生产方面的有利因素，因而失去了很多能使生产得以扩大的机会。要使二者很好地结合起来，既要从赶超世界先进水平实现四个现代化的需要着眼，又要从我国人口多、底子薄的实际出发，要考虑如何充分利用我国丰富的劳动资源来弥补我国建设资金不足和技术水平落后的缺陷，制定出正确的技术政策、就业政策、产业政策和投资政策。

在技术政策上，我们不能样样都搞最先进的技术，而必须实行先进技术、中间技术和手工劳动相结合。目前，我们已经有了一批技术先进和高度自动化的装置和企业，但这毕竟是极少数，大量的是一般技术和手工劳动。手工劳动的机械化仍然是我们当前的主要任务，也就是说，我们仍然基本上处于技术进步的第一个阶段。因此，在一个相当长的时期内还要以中间技术为主，以便将来过渡到以先进技术为主。

在就业政策上，必须注意处理好劳动就业和提高劳动生产率的关系，一方面应充分看到提高劳动生产率是保证四化建设和社会主义胜利的最重要最主要的途径，因而，提高劳动生产率的要求不能因人多而放松，更不应当用"三个人的活五个人做"的办法去解决就业问题，降低劳动生产率。这样的就业方针和劳动政策将使我国经济落后的面貌永远也改变不了，人民生活水平的提高也无希望。解决就业问题的关键在于广开生产门路，向生产的深度和广度进军。

与此相应，在产业政策方面，我们既要建设一批技术先进、装备精良、资金密集和技术密集的现代化产业，当前更要大力发展劳动密集型产业和改进传统手工业生产。这样就能充分发挥我国的人力优势。对于在我国一般被人们忽视的第三产业，即整个基础设施（交通、邮电、市政建设等）、商业服务领域以及文教科学卫生事业，更要大力发展。这些领域的发展对于解决劳动就业，对于整个国民经济的发展和人民物质文化生活的改善，都有重要意义。

在投资政策方面，除了保证上述几个方面的实现以外，一个十分重要的问题是正确处理新建扩建同现有企业的挖潜、革新、改造的关系。这不仅是正确处理简单再生产和扩大再生产的关系的一个重要方面，而且也同正确处理外延扩大再生产和内涵扩大再生产的关系密切有关。现有企业的挖潜、革新、改造，既包含有简单再生产的因素（补偿更新部分），也包含有扩大再生产的因素（在原有场地增加生产能力、节约消耗、改进质量等）；一般说来，通过这条途径实现的扩大再生产，往往是内涵的扩大再生产。而新建扩建主要是外延的扩大再生产，如果新建扩建是按原有的技术水平进行，那就是纯粹的外延扩大再生产；如果是按新的提高了的技术装备水平进行的，则是内涵和外延相结合的扩大再生产。比较起来，现有企业的更新改造是一个花钱少、建设快、收效大的办法。过去，我们生产规模的扩大比较偏重于铺新摊子，即主要靠外延的方式。在经济建设的开始阶段，由于工业基础薄弱，这样做是必要的，不如此，不能建立独立的比较完整的工业体系和国民经济体系。问题在于对现有企业的挖潜、革新、改造注意不够。现在，我们已经有了40万个工业交通企业，固定资产六千多亿元，在这种情况下，实现以新建为主到以现有企业的革新改造为主的转变，不但是非常必要的，而且有了实现的可能。现有企业是我们实现四个现代化的基础和根据地，我们应当自觉地实现这种转变。

总之，只有通过以上几个方面，研究和采取正确的方针和有效的措施，我们才能处理好外延扩大再生产和内涵扩大再生产的结合问题，逐步实现向以内涵方式为主的扩大再生产的过渡，从而保证我们的国民经济高效率高速度地持续发展。

二、关于社会总产品的构成问题

（一）社会总产品的实物构成

马克思在着手考察社会总资本的再生产和流通问题的开头，就按照产品的实物形态，把"社会的总产品，从而社会的总生产，分成两大部类：Ⅰ.生产资料：具有必须进入或至少能够进入生产消费的形式的商品。Ⅱ.消费资料：具有进入资本家阶级和工人阶级的个人消费的形式的商品"。[①]马克思的这一科学分类，是一个非常重大的贡献，它同关于社会总产品的价值划分为$c+v+m$三个部分的分类一起，成为马克思的社会再生产理论得以建立的两个基本前提。这仍然是我们研究社会主义的社会再生产问题的理论和方法论的基础。

两大部类的划分是以社会产品的经济用途作为划分的标志。但是，一种产品具有物理、化学和生物等多种自然属性，既可以用作生产资料，也可以用作消费资料，比如小麦，既可以作为种子，也可以作为食物；煤炭既可以用作燃料动力，也可以用作生活取暖。它们究竟属于生产资料，还是属于生活资料，只能根据它们的最终使用而定。马克思说："如果第Ⅱ部类自己再生产一部分不变资本，例如在农业中使用自己生产的种子，那也不会改变Ⅰ（$v+m$）和Ⅱc的关系。……如果第Ⅱ部类的产品有一部分可以作为生产资料进入第Ⅰ部类，那也不会改变问题的实质。……如果我们愿意对社会生产的两大部类（生产资料的生产者和消费资料的生产者）之间的交换进行纯粹的、不受干扰的考察，那么应该从一开始就把这个部分从双方都扣除。"[②]

马克思不仅把社会产品划分为两大部类，而且对每一个部类做了进一步的划分。例如，他把第Ⅰ部类划分成为生产生产资料的生产资料和为生产消费资料的生产资料两个小类。这一划分是两大部类划分的必然引申，也是考察社会再生产过程中两大部类关系的客观要求。马克思根据资本主义的现实，还把第Ⅱ部类划分成必要消费资料和奢侈消费资料两个副类，前者不仅加入工人阶级的消费，而且构成资本家消费的一部分，后者只进入资本家的消费。"这种分割从根本上影响着生产的性质和数量关系，对生产的总形态（资本主义——引者注）来说，是一个本质的决定

① 《马克思恩格斯全集》第24卷，第438—439页。
② 《马克思恩格斯全集》第24卷，第589—590页。

性的因素。"①第 I 部类内部的分类，对于社会主义再生产完全适用。第 II 部类内部的分类，对于我们今天的研究，仍然有着方法论上的意义。我们可以按照第 II 部类产品在人类生活消费中的不同地位和作用，把它们分成生存资料、发展资料和享受资料，来研究它们之间的数量关系及其变化，也可以根据消费的方式把它们划分成个人消费资料和集体消费资料来加以考察。

　　最近，在关于产业结构问题的讨论中，有的同志认为马克思关于两大部类的划分不能适应现代产业发展的分析，特别是它没有包括当前正在迅速发展的"第三产业"。因此主张把马克思关于两大部类的划分"现代化"一下，即除了 I 、II 部类，还要加上"第三产业"。这种意见是不能同意的。因为两大部类的划分和三次产业的划分是两种完全不同口径的划分。两大部类的划分严格限制在物质生产领域内，按照产品的最终经济用途来划分。而三次产业的划分不限于物质生产领域，其中所谓"第三产业"又把物质生产性的活动与非物质生产性的活动混淆在一起。例如，英国经济学者柯林·克拉克所称"第三部门"，就包括了建筑、运输、通信、商业、金融、职业性服务、行政、律师等，并且，三次产业的划分没有严格的科学标准，各国分类的口径也不一致。所以，把两大部类同"第三产业"加在一起，实在是把风马牛不相及的东西扯在一起。我们应当坚持马克思关于两大部类划分的科学原理并研究其具体运用。当然，三次产业的分析方法也可以借鉴，因为它对研究现代化的进程和进行国际比较，有一定用处。

　　社会产品除了按最终用途划分为两大部类及其分支以外，还可以按别的标志作各种各样的分类。其中一个重要的分类就是按社会生产的部门分类。部门分类与部类分类既有联系，也有交

① 《马克思恩格斯全集》第24卷，第457页。

叉。社会生产按农业、轻工业和重工业的分类，就是在社会生产部门分类的基础上综合概括而来的。农业和工业是两个最重要的物质生产部门。大体来看，农业、轻工业主要是生产消费资料的生产部门，重工业则主要是生产生产资料的生产部门。农业、轻工业和重工业的关系，大体上反映了社会生产中两大部类的关系。同时，由于社会生产总是通过一些具体的生产部门来组织和进行的，因此，农、轻、重的分类对于我们具体地组织和安排社会生产具有很重要的意义。从这个意义上来看，可以说农业、轻工业和重工业的关系，是两大部类关系的具体化。但是，由于农、轻、重的划分没有包括全部社会生产，如建筑业和运输业就不包括在内，在现代化生产中，这些部门又极其重要，建筑业是现代生产的三大支柱之一，交通运输和能源一起并称为先行产业，这是农、轻、重的概念不能概括的。特别是轻重工业的划分缺乏严格的科学的标志。重工业部门不仅要生产生产资料，而且直接生产越来越多的消费品，特别是耐用消费品。轻工业也不只是生产消费品，而且要生产相当一部分生产资料。农业生产中作为工业原料而生产的部分也会增加。农业、轻工业和重工业之间的关系，就不仅包含了两大部类之间的关系，而且包含了每一部类内部的关系。把农业、轻工业和重工业的关系与两大部类的关系完全等同起来，是不恰当的。不仅如此，由于农、轻、重分类的目的不在于对社会再生产过程进行抽象分析，而在于具体组织和安排社会生产，这样，上述每一个部门中除了两大部类之间的关系外所包含的每一部类内部的关系又都十分重要，不能随便加以舍象。随着社会生产的发展，经济工作越做越细，经济研究越来越深入，农、轻、重分类的这种局限性将会更加清楚地暴露出来。认识这一点，对于我们正确处理两大部类与农业、轻工业和重工业的关系，是有很大好处的。

　　社会生产两大部类之间的交换关系，是通过各个具体生产

马克思关于社会再生产的原理及其在社会主义经济中的应用

部门之间错综复杂的交换关系实现的。为了具体地组织社会再生产和流通，必须把两大部类的关系具体化为各个部门之间的关系，并把部类和部门结合起来，探索社会生产的部门联系。所谓部门联系，就是指社会生产各个部门之间投入和产出的相互关系，即各部门之间相互交换的关系。马克思在分析第Ⅰ部类内部的交换时，就包含有部门联系的思想。他指出，"第Ⅰ部类的不变资本，由大量的不同的资本群构成。它们被分别投入不同的生产资料生产部门，有若干被投入铸铁厂，有若干被投入煤矿，等等"。"第Ⅰ部类中以它的商品产品形式再现的不变资本价值"，"有一部分作为生产资料再进入把它当作产品生产出来的特殊生产部门（或者，甚至就是它那一个企业）。例如，谷物进入谷物的生产，煤炭进入煤炭的生产，铁以机器形式进入铁的生产，等等"。另一部分则"以实物形式进入第Ⅰ部类的另一个生产部门，而第Ⅰ部类其他生产部门的产品则对它们进行实物补偿"。[①]所以，第Ⅰ部类内部的交换就是一种生产资料和另一种生产资料的交换。通过这种交换，第Ⅰ部类内部各个部门各个企业消耗的生产资料"互相得到补偿"。[②]这里讲的实际就是部门间投入—产出的关系。部门联系的实质就在这里。马克思还特别描述了社会主义社会中第Ⅰ部类内部的部门联系的情况。他说："如果生产是社会公有的，而不是资本主义的，那么很明显，为了进行再生产，第Ⅰ部类的这些产品同样会不断地再作为生产资料在这个部类的各个生产部门之间进行分配，一部分直接留在这些产品的生产部门，另一部分则转入其他生产场所，因此，在这个部类的不同生产场所之间发生一种不断往返的运动。"[③]但是，上述第Ⅰ部类内部的部门联系不足以表现整个社会再生产过

① 《马克思恩格斯全集》第24卷，第472—473页。

② 同上书，第473页。

③ 同上书，第473—474页。

程的全部联系。整个再生产过程的全部联系是由各生产部门、流通部门和非物质生产领域在生产、分配、交换和消费各个方面的联系构成的。如果要把两大部类的关系具体化为部门联系，还必须把流通部门和非物质生产领域引进来。这样才能建立起包括生产、分配、交换和消费在内的整个国民经济的部门联系平衡表。这样的平衡表借助于数学模拟和电子计算机，就可以对反映国民经济中各种联系的数量参数进行求解，从而把握各个部门之间投入—产出的具体数量关系。

（二）社会总产品的价值构成

马克思考察了社会总产品的实物构成以后，接着又分析了它的价值构成。他说：这两大部类每一部类"生产的全部年产品的价值，都分成：代表生产上消耗掉的、按其价值来说只是转移到产品中去的不变资本c的价值部分和由全部年劳动加入的价值部分。后者又分成：补偿预付可变资本v的部分和超过可变资本而形成剩余价值m的部分。因此，每一部类的全部年产品的价值，和每个个别商品的价值一样，也分成$c+v+m$"。[①]

在社会主义社会，两大部类社会产品的价值也和个别产品的价值一样，可以分成$c+v+m$。但是，这里c、v、m反映着与资本主义社会完全不同的生产关系。在社会主义社会，c代表社会主义企业在生产上消耗掉的生产资料的转移价值，v代表物质生产劳动者为自己创造的必要产品价值，m代表他们为社会创造的剩余产品价值。

包括c、v、m在内的社会总产品，在我们的实际经济工作中，是用总产值来表现的。国民经济范围的年总产值是由各部门、各企业的年总产值构成的。按工厂法计算的年总产值不仅

① 《马克思恩格斯全集》第24卷，第439页。

马克思关于社会再生产的原理及其在社会主义经济中的应用

183

包括了企业内新创造的价值，即$v+m$，而且包括了生产资料转移价值，即c；这种转移价值还包括了各个企业之间的重复计算在内，例如，汽车制造厂的年总产值包括了协作企业在这一年内生产并提供给它的零件、部件的价值等。正因为如此，总产值反映了社会经济周转总量和社会生产过程中实际发生的企业与企业之间的物质联系。因此，从整个国民经济范围来看，作为社会总产品的价值体现，总产值是社会再生产理论的一个基本范畴和基本指标。它对于观察社会生产的物质联系和总的规模，进行综合平衡，具有重要意义。但是，总产值也有它的局限性。总产值中转移价值的比重很大，一般都占三分之一到二分之一以上，并且会随着社会生产组织结构的变化而变化，社会分工越细，重复计算越大，用它来表现社会生产的规模和速度，就隐藏了一种虚假的因素。这部分转移价值并非本企业当年的劳动成果，而是由其他企业或上年创造出来并转移过来的。因而，用总产值作为衡量企业生产经营状况的指标，不仅在理论上讲有缺陷，而且在实践中产生了很多弊端，主要是促使企业生产那些耗费原材料和成本高的产品，鼓励它们单纯追求产值产量，忽视质量品种，从而造成社会劳动的很大浪费。

由于总产值有上述缺点，有不少人主张用净产值代替总产值来衡量企业生产成果和计量社会生产规模。所谓净产值就是新创造的价值，即$v+m$。企业净产值是企业总产值扣除生产资料转移价值之后的余额，它是本企业职工在一定时期内新创造的价值，等于本企业职工工资（包括各种附加）和纯收入（包括利润、税金和利息等）之和。国民经济净产值就是物质生产领域各企业净产值之和，即国民收入。由于净产值扣除了生产资料转移价值和重复计算，在企业一级可以避免总产值指标引起的浪费原材料等弊病，在社会生产规模和速度的计量上，就可以消除一些虚假的因素，能够更正确地反映国家的经济实力及其增长情况，也是研究社会主义再生产理论和观察国民经济的速度和比例的一个重要范畴和指标。

社会总产品的价值划分为c、v、m，是从其价值在生产过程中的创造和形成的角度来考察的。因此，我们可以把它叫作"生产价值构成"。马克思还从社会总产品的最终需求和使用的角度，把它分为几项基金：一是资本家为补偿其生产中消耗的不变资本的补偿基金，二是物质生产劳动者的消费基金，三是资本家和其他分享剩余价值者及他们的仆从的消费基金，四是资本家扩大生产的积累基金。这种通过分配、再分配和交换以后，在最终使用上形成的价值构成，可以叫作"再生产价值构成"。

在社会主义社会，社会总产品在最终使用上也分成几大项社会基金。概括起来就是三大基金，即：

补偿基金，就是指用于补偿生产上消耗掉的生产资料的那部分社会产品的价值，它来源于社会主义企业生产上消耗掉的全部原材料、燃料和辅助材料的转移价值，加上补偿固定资产磨损的折旧。

积累基金，就是指用于扩大再生产、增加社会储备和非生产性基本建设的那一部分社会产品价值。它来源于劳动者为社会创造的剩余产品价值。

消费基金，就是指用于非生产消费的那一部分社会产品价值。它来源于劳动人民为自己创造的必要产品价值和为社会创造的一部分剩余产品价值。它包括个人消费基金和社会消费基金两部分，按照马克思在《哥达纲领批判》一书中的分析，后者可分为："第一，和生产没有关系的一般管理费用。""第二，用来满足共同需要的部分。""第三，为丧失劳动能力的人等设立的基金。"[①]

马克思关于社会再生产的原理及其在社会主义经济中的应用

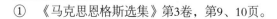

① 《马克思恩格斯选集》第3卷，第9、10页。

社会总产品按照最终使用划分为补偿基金、积累基金和消费基金，具有重要的理论意义和实践意义。通过这一分类，我们可以分析社会再生产中很多重要的相互关系。

一是补偿和积累的关系。这一关系实际上就是简单再生产和扩大再生产、生产和建设的关系，因为，生产上消耗掉的生产资料的价值补偿，是保持原有生产规模，即实现简单再生产的必要条件之一，是属于当前生产范围内的问题。而积累基金的使用则属于扩大再生产的问题，通常要通过基本建设和追加流动资金来实现。

二是积累和消费的关系。积累基金主要是用于扩大生产的基金，而消费基金就是用于保证生活需要的基金，积累和消费的关系实际上就是建设和生活的关系。

三是综合分析补偿、积累和消费的关系。在最终使用中，社会总产品的这三个部分之间的比例关系必须正确确定，才能妥善安排好生产、建设和生活三者之间的关系，保证扩大再生产的正常进行。我们过去的问题往往是，在这三者之中只突出积累基金，而忽视补偿基金和消费基金，因而一再发生过扩大再生产挤简单再生产，生产和建设又挤人民生活的现象，造成再生产不能正常运转。

社会总产品划分为 c、v、m 和划分为补偿基金、积累基金和消费基金之间是互相区别又相互联系的。就 c 和补偿基金来说，二者在价值上应当是一致的，因为在生产过程中消耗了多少价值量的生产资料，就需要从社会总产品中提出相等价值量的生产资料来补偿它；但是在物质内容上，c 的价值存在于两大部类所有各个部门的使用价值中，而在社会总产品的最终使用上，补偿基金的价值只能存在于第 I 部类产品，即生产资料的形态上。至于 v 同消费基金、m 同积累基金，不仅在实物内容上不同，在数量上也不一致。从实物上讲，在生产价值构成中，v、m 也像 c 一样，包括在所有的一切单位产品中，而在最终使用阶段上，消费基金只能由消费资料构成，积累基金只能由可以积累的生产资料和消费资料构成。从数量上看，由于消费基金除包含v外，还有一部分是从剩余产品价值再分配给非物质生产领域消费用的，因此，消费基金一般大于v，积累基金一般小于m。

社会总产品从"生产价值构成"到"再生产价值构成"的转变，包括了整个社会再生产过程，即包括了生产、分配、交换和消费在内的统一过程。这个过程有两个方面，一是产品在实物形态上的运动，二是产品在价值形态或货币形态上的运动。这是一个非常错综复杂的运动过程。其最终表现应当是两大部类产品在实物上和价值上同社会的最终需要，包括简单再生产的补偿需要、扩大再生产的投资需要和人民消费及其增长的需要之间达到平衡。

三、关于社会生产两大部类的关系问题

（一）两大部类的平衡关系

马克思在把社会总产品从实物形态上划分为两大部类和从价值形态上划分为三个部分的基础上，以第 I 部类和第 II 部类之间的交换关系为中心，考察了社会产品各个部分的价值补偿和实物替换过程，说明了两大部类产品变换的平衡关系。

马克思关于两大部类的平衡关系，是分别简单再生产和扩大再生产来分析的。在简单再生产情况下，两大部类之间必须保持以下的平衡关系：

（1） $\text{I} \ (v+m) = \text{II} \, c^{①}$

就是说，第 I 部类的可变资本和剩余价值之和必须等于第

① 《马克思恩格斯全集》第24卷，第442页。

Ⅱ部类的不变资本，其所体现的产品必须互相交换。通过这一交换，一方面，第Ⅰ部类工人的工资和资本家的剩余价值买得了生活资料。而第Ⅱ部类生产的体现不变资本价值的消费资料得以卖出。另一方面，第Ⅰ部类产品中体现$v+m$价值的生产资料也得到实现，而第Ⅱ部类生产上消耗的不变资本则取得了实物补偿，买到了再生产所必需的生产资料。

（2）$Ⅰ（c+v+m）=Ⅰc+Ⅱc$[①]

就是说，第Ⅰ部类产品的总价值等于第Ⅰ部类不变资本价值和第Ⅱ部类不变资本价值之和。通过交换，第Ⅰ部类社会产品的各个部分都全部卖掉，而两大部类生产上消耗掉的生产资料都得到了补偿。

（3）$Ⅱ（c+v+m）=Ⅰ（v+m）+Ⅱ（v+m）$[②]

就是说，第Ⅱ部类产品总价值等于两大部类可变资本和剩余价值之和，即等于两个部类新创造的国民收入。通过交换，第Ⅱ部类生产的消费资料得以全部出售，而两大部类工人和资本家也得到了生活资料，把他们的全部收入都用于消费。

以上简单再生产的三个平衡条件中，（1）式，即$Ⅰ（v+m）=Ⅱc$是最基本的，因为其他两式不过是（1）式的两端分别加上本部类内部交换的部分。（1）式两端加上$Ⅰc$，则可以得到（2）式；（1）式两端分别加上$Ⅱ（v+m）$，则可以得到（3）式。因此，简单再生产的实现条件也可以用（1）式这个基本公式来表示。正如马克思所说："年劳动以生产资料的实物形式创造的新价值产品（分成$v+m$），等于年劳动的另一部分生产的产品价值所包含的以消费资料形式再生产的不变资本价值c。假如前者小于$Ⅱc$，第Ⅱ部类的不变资本就不能全部得到补偿；假如前者大于$Ⅱc$，余额就不能利用。在这两个场合，简单再生产这个前提

---

① 《马克思恩格斯全集》第24卷，第478—484页。

② 同上书，第474—478页。

都会被违反。"[1]

关于扩大再生产的实现条件，根据马克思的分析，两大部类必须保持这样的关系：

$$I（v+m）> II c [2]$$

即第 I 部类产品中的可变资本价值与剩余价值之和必须大于第 II 部类产品中的不变资本价值，其多余的部分可以用来进行两大部类不变资本的积累和扩大再生产。这是以不等式形式表现出来的扩大再生产的条件，它也可以用平衡式来表示。在扩大再生产的情况下，两大部类的平衡关系，既包括了简单再生产部分的交换和平衡，也包括了积累部分的交换和平衡。简单再生产部分的交换和平衡，即 I（v+m）= II c 已如上述，问题在于积累部分的交换和平衡。这就涉及剩余产品价值的分配。我们知道，在简单再生产的情况下，全部剩余价值 m 都用于消费。而在扩大再生产的情况下，只有一部分剩余价值是由资本家消费的，我们用 $\frac{m}{x}$ 来表示，其余部分必须用于积累，其中用于不变资本的追加部分用 $\frac{m}{z}$ 来表示，用于追加可变资本的部分用 $\frac{m}{y}$ 来表示。上述用不等式 I（v+m）> II c 来表现的扩大再生产的条件，就可以改用平衡关系式来表示：

$$I（v+\frac{m}{z}+\frac{m}{x}）= II（c+\frac{m}{z}）$$

这是扩大再生产的基本实现条件。平衡式的两端都是价值和使用价值的统一，都可以从价值和使用价值、从需求和供给两个方面来分析。从价值上看，左端是第 I 部类在扩大再生产条件下对消费资料的购买需求，其中包括劳动者的工资支出（v），资本家的个人消费支出（$\frac{m}{x}$），以及追加的可变资本支出，它转化为追加劳动者的工资支出（$\frac{m}{z}$）。平衡式的右端反映了扩大再生产条件下第 II 部类对生产资料提出的购买需求，其中包括补偿不

---

① 《马克思恩格斯全集》第24卷，第453页。
② 同上书，第582页。

变资本的需求（c）和追加不变资本的需求（$\frac{m}{y}$）。从使用价值上看，式的左端表现为在扩大再生产中，第 I 部类能够为第 II 部类提供的生产资料，右端表现为第 II 部类能够向第 I 部类提供的消费资料。

　　从以上的分析可以看出，扩大再生产的这个基本的实现条件公式，反映了两大部类互相提出需求，互相供给产品，因而是互为市场、互为条件、互相制约的关系。[①]马克思所揭示的社会再生产的这种平衡条件，具有普遍意义。这些条件不但对当前的社会主义经济有用，就是在共产主义高级阶段也是有效的。关于这一点，列宁曾经强调指出，第 I 部类中新创造的价值，同第 II 部类消耗掉的生产资料和积累之间的比例关系，即使在纯粹的共产主义社会，也不会失去意义。[②]上述公式中与积累有关，即与剩余产品价值的分配有关的符号，在社会主义社会中也表现了与资本主义不同的生产关系和社会内容。其中，$\frac{m}{x}$代表的是非生产领域的支出，$\frac{m}{y}$代表的是追加生产资料的积累，$\frac{m}{z}$代表的是追加劳动者所需消费资料的积累。

---

① 20世纪60年代初期，我国经济学界讨论社会主义再生产问题时，有些同志曾提出马克思关于扩大再生产的基本公式有两个，一个是 I（$v+m$）＞IIc，另一个是 II（$c+m$）＞I（$v+\frac{m}{x}$）。笔者在两篇文章（见《光明日报》1962年2月26日和《学术月刊》1962年第11期）中论证了马克思关于扩大再生产的"基本公式"只有一个，即以不等式形式表现的 I（$v+m$）＞IIc或以等式形式表现的 I（$v+\frac{m}{z}+\frac{m}{x}$）＝II（$c+\frac{m}{y}$）；其他公式都不过是这一基本公式在不同侧面的演化。这里我们又看到，以等式表现的扩大再生产基本公式反映了两大部类互为条件互相制约的关系，既表现了第 I 部类的重要意义，又表现了第 II 部类的重要意义。下文讲的第 II 部类产品的平衡条件式，也是从这个基本公式推演出来的，故也不能称为"基本公式"。关于这个问题，还可参见《马克思的社会再生产理论》一书另一篇专论："关于'社会总资本的再生产和流通'"，第三讲第（四）节第3小节的论述。

② 列宁《对布哈林〈过渡时期经济〉一书的评注》，人民出版社1958年版，第3页。

还需要指出，上述 $\mathrm{I}\left(v+\frac{m}{x}+\frac{m}{z}\right)=\mathrm{II}\left(c+\frac{m}{y}\right)$ 表现了扩大再生产的最基本的平衡条件，即两大部类间的平衡和比例关系。从这个公式还可以推演出许多公式，其中最主要的有：

（1）第Ⅰ部类产品的平衡条件是：

$\mathrm{I}\left(c+v+m\right)=\mathrm{I}\left(c+\frac{m}{y}\right)+\mathrm{II}\left(c+\frac{m}{y}\right)$，即第Ⅰ部类产品价值应等于两大部类补偿基金和生产资料积累基金。

（2）第Ⅱ部类产品的平衡条件是：

$\mathrm{II}\left(c+v+m\right)=\mathrm{I}\left(v+\frac{m}{x}+\frac{m}{z}\right)+\mathrm{II}\left(v+\frac{m}{x}+\frac{m}{z}\right)$，即第Ⅱ部类产品价值应等于两大部类原有劳动者和新增劳动者的消费基金以及非生产领域的消费基金。

所有这些公式可以用来分析扩大再生产中的各种比例和平衡关系。这些比例和平衡关系对社会主义扩大再生产的发展有着极为重要的意义。如果不遵守这些比例和平衡关系，就难以保证扩大再生产所必要的追加生产资料和消费资料，从而引起各方面的紧张和人民生活的困难。多年来，由于我们忽视、甚至违背了社会再生产的客观规律，不顾扩大再生产所必要的比例和平衡而片面追求高指标、高速度，特别是片面追求以钢铁工业为中心的第Ⅰ部类的高指标、高速度，造成我国国民经济比例严重失调和国民经济结构很不合理的状况，生产资料生产和消费资料生产不相适应、不相平衡。我们在扩大再生产的过程中，往往是既缺乏生产资料，更苦于消费资料不足，人民生活受到很大限制，扩大再生产的顺利进行遇到很大障碍。因此，要搞好国民经济计划，保证社会主义扩大再生产稳步而迅速地向前发展，就必须深刻认识和掌握两大部类的比例和平衡关系的规律。

（二）两大部类产品的增长对比关系

关于社会生产两大部类的关系问题，包括两个方面的内容。一个是上面讨论的两大部类之间产品交换的平衡关系，另一个是两大部类产品增长的对比关系，也就是生产资料和消费资料的增长速度谁快谁慢的问题。在这个方面，马克思主义政治经济学文献中普遍讨论的一个问题就是关于生产资料是不是优先增长的问题。

关于这个问题，首先要纠正一个流行的印象，即认为生产资料生产优先增长原理的基础，首先是马克思在《资本论》第2卷第三篇中奠定的。事实上，马克思在论述社会总资本的再生产和流通时，既没有提出，也没有讨论两大部类产品的增长谁快谁慢的问题。生产资料生产优先增长的问题是属于内涵扩大再生产的问题，而马克思在这里考察的是纯粹外延的扩大再生产。也就是说，这里生产技术和生产效果都没有变化，资本的有机构成保持不变，生产规模的扩大仅仅是由于积累而发生的，并且不变资本的积累和可变资本的积累都是按同一比例进行的。在此前提下，在马克思用来说明扩大再生产的两个例子中，几个年份两大部类产品增长速度的对比情况如下。

第一例

		发端	第一年	第二年	第三年	第四年	第五年
第Ⅰ部类	绝对量 以上年为100	6000	6600 110	7260 110	7986 110	8784 109.9	9662 109.9
第Ⅱ部类	绝对量 以上年为100	3000	3200 106.7	3520 110	3872 110	4259 109.9	4686 110

第二例

		发端	第一年	第二年	第三年
第Ⅰ部类	绝对量 以上年为100	7000	7583 108.8	8215 108.3	8900 108.34
第Ⅱ部类	绝对量 以上年为100	2000	2215 110.8	2399 108.3	2600 108.38

上述两个例子中①，只是由于发端条件不同，第一年两大部类的增长速度有所不同，第一例是生产资料增长（10%）快于消费资料（6.7%），第二例倒过来是消费资料增长（10.8%）快于生产资料（8.8%）。其余各年，两大部类的增长速度是一样的；在第一例中，两大部类的增长速度均为10%，在第二例中，两大部类的增长速度都是8.3%。所以，从马克思的图式中，"根本不能得出第 I 部类比第 II 部类占优势的结论，因为这两个部类在这里是平行发展的"②。

生产资料优先增长的问题，是列宁在《论所谓市场问题》中提出来的。列宁把资本有机构成提高的因素引入马克思扩大再生产的公式，得出了"在资本主义社会中，生产资料的生产比消费资料的生产增长得更快"③的结论。但是，列宁并没有把它当作一个适用于一切时代的普遍规律，他说："生产资料增长最快这个规律的全部意义和作用就在于：机器劳动的代替手工劳动（一般指机器工业时代的技术进步）要求加紧发展煤、铁这种真正'制造生产资料的生产资料'生产。"④可见，列宁关于生产资料优先增长是对特定历史阶段，即对机器工业时代机器劳动代替手工劳动的技术进步而言的。随着机器劳动代替手工劳动的技术进步过渡到以高效率的机器体系代替低效率的机器体系的技术进步，社会生产的经济效果将会大大提高，它不仅表现为活劳动的节约，而且表现为垫支资金的节约；在这种情况下，有可能使投资和新增固定资产的增长速度慢于产品产量的增长速度，从而使劳动者基金装备程度提高的速度慢于劳动生产率提高的速度。这样，生产资料生产优先增长规律发生作用的条件将会发生变化。

① 《马克思恩格斯全集》第24卷，第576—588页。

② 《列宁全集》第1卷，第69页。

③ 同上书，第72页。

④ 同上书，第88页。

这是就长期发展的趋势而言的。

不言而喻，在整个社会生产中，生产资料生产具有十分重要的意义，它是对整个社会生产实行技术改造的物质基础，是提高社会生产效果的基本条件。迅速发展生产资料生产无疑是必要的。特别是我国目前经济技术还比较落后，手工劳动还占很大比重，用机器劳动来代替手工劳动仍然是我国今后很长一个时期技术进步的主要任务。在这种情况下，生产资料生产优先增长的规律还会继续发挥作用。但是，生产资料生产和消费资料生产各年增长速度的具体对比关系，则视各个国家的具体历史条件、技术条件和经济条件而定，这里没有什么固定不变的模式，既不是生产资料每年都比消费资料增长得更快，更不是生产资料生产比消费资料生产增长得越快越好，而是有的年度前者增长得快，有的年度后者增长得快。常常会出现这样的情况，生产资料的连续几年优先增长以后，必然会出现消费资料的更快发展，接着又会出现生产资料的更快增长。

在我们的经济理论研究和经济建设的指导思想中，过去曾经存在一种把生产资料生产优先增长原理绝对化的倾向，这种倾向不问具体历史、技术和经济条件，认为生产资料生产的增长速度每年都应快于消费资料的生产，而且越快越好。经济建设中片面强调优先发展重工业，不论什么时候，什么条件下都要以重工业为中心，就是这种绝对化倾向的表现。

我们经济建设的重点和中心，必须根据不同时期的具体条件决定，也必须随着情况的变化而变化，例如，第一个五年计划时期，需要集中力量建立重工业基础时，以重工业作为经济建设的重点，使整个重工业的发展在一定程度上快于其他部门，这是必要的。但是，由于若干年来，整个重工业的优先发展超过了限度，把农业和轻工业挤到一个严重落后的地位，而重工业内部又比例失调，能源工业、交通事业成为卡脖子的薄弱环节，在这种情况下，为了加强农业、轻工业和能源、交通事业的发展，我们就不能再把整个重工业放在优先地位。而要把农业、轻工业和那些薄弱环节放在优先发展的地位，这正是我们当前调整时期应当采取的方针。当然，在农、轻、重的比例和重工业内部的比例逐渐协调以后，我们还是要根据实现四化的需要，加速整个生产资料部类的发展。

应当特别指出，在运用生产资料生产优先增长原理处理两大部类增长的对比关系时，决不可忘记两大部类的平衡关系。通过前面的分析我们已经知道，扩大再生产情况下，两大部类平衡关系的基本条件是：

$$\mathrm{I}\left(v+\frac{m}{z}+\frac{m}{x}\right)=\mathrm{II}\left(c+\frac{m}{y}\right)$$

这个基本平衡公式说明了两大部类中任何一个部类的扩大再生产都离不开另一个部类，而要以另一个部类提供的物质资料为条件。否则，扩大再生产不可能持续进行下去。这是一切扩大再生产的共同规律，也包括一定技术进步条件下生产资料优先增长时的扩大再生产在内。当生产有机构成提高，生产资料必须优先增长时，上述平衡条件仍然必须保持，而不能违反。也就是说，生产资料优先增长也只有在两大部类按比例协调发展的基础上才能实现。没有两大部类的平衡协调，生产资料生产既发展不了，更优先不了。可见，两大部类增长的对比关系是不能脱离它们的平衡关系的。我们有些同志往往不重视或者不懂得这个道理，以为管它比例不比例，平衡不平衡，只要生产资料生产能够优先发展，生产规模就可以扩大，就可以达到高速度。这种只讲生产资料优先增长，不讲两大部类应当保持什么样的比例的观点，实际上是违背了马克思关于社会再生产的基本原理，因而在实践中不能不碰得头破血流，给国民经济的发展造成根本性的比例失调，带来极大的损失。这是我们在长期计划中安排两大部类的发展速度时应该注意的一个重要问题。

四、关于社会再生产中的补偿、消费、积累和后备问题

（一）关于补偿

前面，在阐述社会总产品的价值构成时，曾经指出，社会总产品经过分配、再分配，最终形成几种社会基金，即补偿基金、消费基金和积累基金。此外，作为广义积累基金的组成部分，还有一个后备基金。现在，我们就按照这几种社会基金的顺序，首先讲讲社会再生产中的补偿问题。

生产中消耗的不变资本，要从价值上和物质上取得补偿，再生产才能进行下去。按照周转方式和周转时间的不同，马克思把不变资本划分为固定资本和流动资本（流动资本中的可变资本部分我们暂且不论）。这两种资本的价值补偿和物质补偿的过程，也是不相同的。其中固定资本的补偿更为复杂，我们先来看看这方面的问题。

大家知道，固定资本是体现在机器设备、厂房、建筑物等劳动手段中的生产资本。它在实物形态上始终全部参加生产过程，在一个或长或短的时间内反复执行相同的职能，并同它所生产的产品相对立，在使用期限终了以前，不需要用新的劳动手段来替换；而它的价值只是一部分一部分地消费掉，逐渐转移到新生产的产品中去，并且随着商品的销售而逐渐收回，至于固定资本的物质补偿，则是在劳动手段的使用期限终了时，通过一次买进来完成的。固定资本周转所表现的这种价值补偿渐次进行和物质补偿一次完成的特点，对于社会主义社会中的固定资产来说，也是完全适用的。

固定资本的价值补偿是通过折旧的形式进行的。所谓折旧，

就是指劳动手段由于磨损而逐渐转移到新产品中去的固定资本价值，从出卖商品的销售收入中提取出来和积累起来。这种以货币形式提取和积累起来的资本价值，就叫折旧基金。每年提取的折旧基金与固定资本原始价值的比率，就是折旧率。为了保证固定资本补偿的顺利实现，在其执行职能期间所提取的全部折旧基金应当等于固定资本的全部价值，这样才能在其使用期限终了时，一次从实物上替换已经完全磨损的劳动手段。因此，折旧率应当根据固定资本的平均磨损程度来计算。根据马克思的分析，固定资本的磨损包括物质磨损和精神磨损。[①]前者是由于固定资本的实际使用和自然力的作用引起的，也叫有形磨损，后者是由于技术进步和劳动生产率的提高引起的价值磨损，也叫无形磨损。无形磨损又有两种情况：一是某种机器设备的结构性能不变，但是制造这种机器设备的生产部门的社会劳动生产率提高了，从而该种机器设备的再生产价值降低了，因而使原有固定资本受到贬值的损失。二是出现了新的效率更高的机器设备，使得原有的固定资本的效率相对降低，它的继续使用变得在经济上不合算，以致必须提前报废而遭受的损失。社会主义社会中这两种技术进步都是存在的，因而也存在着这两种无形磨损，应在确定折旧率时予以考虑。否则就不利于企业的经济核算，不利于对原有企业陈旧落后的设备进行及时的更新改造。我们过去固定资产补偿上的一个问题就是折旧率过低，一般是4%~5%，低的只有2%~3%。折旧期限长达二三十年，远远超过先进国家固定资本的更新周期。由于折旧率太低，更新周期太长，致使许多厂房建筑物年久失修，机器设备陈旧落后，有不少仍然是20世纪四五十年代，甚至是二三十年代的产品，阻碍了我国技术的进步和生产的发展。

一般说来，固定资本的折旧基金，作为已经消耗掉的劳动

① 《马克思恩格斯全集》第24卷，第189—191页。

手段的补偿价值，是要用来重新购置机器设备和厂房建筑物的，就是说，是为了"在资本需要以实物形式进行再生产时来补偿资本"①。从这个意义上来说，提取和使用折旧基金，属于简单再生产的性质。但是，由于在发挥职能期间，固定资本总是独立存在和发挥作用的，不到全部磨损和报废是不需要更新的，因而暂时不用的固定资本折旧基金，就可以作为积累，用来"扩大企业，或改良机器，以提高机器效率"。②马克思在《剩余价值理论》中进一步发挥了这个思想。他说："凡是使用许多不变资本，因而也使用许多固定资本的地方，补偿固定资本损耗的这部分产品价值就是积累基金，这个基金可以被使用它的人用来作为新固定资本（或流动资本）的投资，而且这部分积累根本不是从剩余价值中扣除的。……这种积累基金在那些没有大量固定资本的生产阶段和国家是不存在的。这是重要的一点。这是一个不断用于改良、扩大等方面的基金。"③马克思的这一思想对于社会主义的社会再生产和计划管理，有着重要的指导意义。它告诉我们：第一，除了剩余产品价值，折旧也是积累的一个来源。第二，随着固定资金规模的增大，折旧基金中可用于积累的部分也会逐渐增大。第三，折旧用于补偿和用于积累的比例是一个关系到社会再生产能否顺利进行的重大问题，必须恰当处理。本着先简单再生产后扩大再生产的原则，折旧基金的使用，首先应该用于企业固定资金的更新补偿，行有余力，才能调剂补充积累资金。如果我们反其道而行之，把折旧基金首先不是用于补偿而是用于积累，那我们就会破坏简单再生产的基础，到头来积累和扩大再生产也不能进行下去。第四，鉴于折旧基金的本来使命是简单再生产的补偿，但在其暂时闲置时又可用于扩大再生产的积

---

① 《马克思恩格斯全集》第24卷，第192页。
② 同上书，第192页。
③ 《马克思恩格斯全集》第26卷第2册，第548页。

累，所以，在今后的经济体制改革中，我们一方面要把折旧基金基本上交给企业管理，另一方面必须同时加强国家计划对折旧基金使用的指导和监督，以防止企业在利用折旧基金搞扩大再生产时可能出现的盲目性。

固定资金的补偿，不能停留在折旧基金的提取和积累上。价值补偿必须继之以物质补偿。能够从物质上补偿固定资金的，无非是机器设备等各种劳动手段，以及制造劳动手段和厂房建筑物的各种材料、动力。这些东西同时也是固定资金的积累所需要的物质要素，它们不是用于固定资金的补偿就是用于它的积累，所以，从物质要素的保证来看，固定资金的补偿和积累这两个方面也必须统筹安排。如果以 I_a 代表第 I 部类生产固定资金的物质要素的部门（机器制造业、建筑业等）；I_{ca} 和 II_{ca} 分别代表第 I 、II 部类固定资金的补偿需要；$I\frac{m}{y_a}$ 和 $II\frac{m}{y_a}$ 分别代表第 I 、II 部类固定资金的积累；那么，

$$I_a(c+v+m) = I_{ca} + II_{ca} + I\frac{m}{y_a} + II\frac{m}{y_a}$$

当 $I_a(c+v+m)$ 为一定，也就是制造固定资金的物质要素部门的生产规模为一定时，如果用于补偿的部分（$I_{ca}+II_{ca}$）大些，则可用于积累的部分（$I\frac{m}{y_a}+II\frac{m}{y_a}$）就要小些。反之，用于积累的部分大些，则可用于补偿的部分就要小些。但是，补偿的需要是由已有的固定资金的规模和年龄构成所决定的；与积累的需要相比，前者没有多少伸缩的余地，如不首先予以满足，却过多地把这些物质要素用于积累，那也会对简单再生产的物质基础带来损害，而过多地用于积累部分的物质要素也将不能发挥作用而造成浪费。这正是我们过去经济建设中的一个大毛病。我们对于现有企业的更新改造，不是缺乏必要的资金，就是在给了资金之后缺乏必要的物资，因为这些物资常常被新建扩建的基本建设挤掉了。这样，所谓现有企业的挖潜革新改造就不能不长期地停留在口头的号召上。这是我们今后在计划工作的改革中要切实注

意解决的问题。

简单谈一下流动资本的补偿问题。流动资本是用于购买原料、燃料、辅助材料等的生产资本。与固定资本的周转不同，流动资本周转的特点是，体现它的生产材料在生产中"会全部消费掉，从而它的价值全部转移到产品中去"①。并通过产品的出售以货币形态收回，然后再通过购买以取得实物的补偿。在这里，价值补偿和实物补偿都是一次完成的。

由于生产技术和劳动生产率等条件的变化而发生的生产资料的价值变化，对流动资本的价值补偿和实物补偿也会发生种种影响。马克思分析了这个问题，他指出，当原料、燃料和辅助材料等生产要素的价值降低时，可能发生三种情况：一是"再生产过程以相同的规模继续进行，这时，原有货币资本的一部分被游离出来，从而发生了货币资本的积累"；二是"再生产过程以大于过去的规模扩大，如果技术的比例允许这样做"；三是"原料等等有较大的储备"。如果用于补偿流动资本的实物要素的价值提高了，"再生产就不能再以正常的规模（原有规模——引者注）进行"；如果"为了维持原有的规模，就必须使用追加的货币资本"。②在社会主义经济中，原料、燃料、辅助材料等生产资料的价值（或价格）的变动，也会使资金的价值补偿和物质补偿发生差异，从而资金价值量再生产的规模和实物量再生产的规模也会发生差异。

要使社会再生产过程中的资金补偿，特别是其物质补偿得以顺利进行，以加速资金的周转，第Ⅰ部类为两大部类提供的补偿物资（包括各种劳动对象、劳动手段），就不但要在总量上，而且要在构成上，也就是要在品种、规格、质量上，符合各部门各企业的补偿需要。因此，产需是否衔接，货物是否对路，就成为

---

① 《马克思恩格斯全集》第24卷，第439页。
② 《马克思恩格斯全集》第24卷，第125页。

资金补偿和周转的一个十分关键的问题。过去由于我们在计划安排上不注意综合平衡，往往发生失误；管理体制上不注意利用市场机制，搞得很死；因而经常出现产需脱节、货不对路的问题，造成一方面库存物资大量超储积压，另一方面补偿更新所需的物资又难以买到手的不正常情况，给资金的周转和整个扩大再生产的运行带来了非常不利的后果。这也是今后的计划管理和经济体制改革中亟待解决的一个问题。

（二）关于消费

在马克思关于社会再生产的理论中，个人消费问题占有重要的地位，然而往往被人们所忽视，因而有必要在这里讲一下。

消费包括生产消费和生活消费。生产消费就是指劳动力和生产资料在生产过程中的使用和消耗。生产消费过程也就是直接生产过程。生活消费就是指产品脱离社会的运动，直接变成个人需要的对象，供人们享用，满足人们的生活需要。生产消费属于生产问题，我们这里所讲的消费是指生活消费。

社会再生产过程是包括生产、分配、交换和消费在内的全部过程。生产是起点，消费是终点，分配和交换表现为中间环节。生产"生产出消费的对象、消费的方式和消费的动力"[①]，消费"使产品最后完成"，并"在观念上提出生产的对象，作为内心的意象、作为需要、作为动力和目的"。[②]社会再生产过程就是生产和消费的统一。这不是由再生产的社会性质产生的，而是由社会再生产的一般特征决定的。马克思在分析社会总资本的再生产时，再一次指出了消费是社会再生产的一个重要组成部分和必不可少的环节。他说，与个别资本不同，社会总资本的再生产和流通，"既包含生产消费（直接的生产过程）和作为其媒介的形

---

① 《马克思恩格斯选集》第2卷，第95页。

② 同上书，第94页。

式转化（从物质方面考察，就是交换），也包含个人消费和作为其媒介的形式转化或交换"①。个别资本的运动，只包含生产的消费，即直接的生产过程，不包含个人的消费。也就是说，资本家支出剩余价值购买生活资料的交换行为，以及由此而引起的资本家的个人消费，是不包含在个别资本的循环过程之内的；劳动者用工资购买生活资料，以及由此引起的劳动者的个人消费，更是在个别资本的循环过程以外进行的，虽然个别资本的循环包含着劳动力的买卖，但从劳动力再生产的角度来看，劳动者的个人消费，只是个别资本运动的一个外部条件。与此相反，在社会总资本的再生产中，工人用工资和资本家用剩余价值购买的那部分社会商品产品的运动，不仅是社会总产品运动的一个不可缺少的部分，而且同单个资本的运动交织在一起，也就是说，资本家和工人购买消费品的行为以及由此而引起的个人消费，都是社会总产品实现过程范围内的事情。而且，"一定的消费状况乃是比例的要素之一"②。因此，分析社会总资本的再生产过程，不仅要说明生产上消耗掉的资本如何补偿和积累的资本如何实现，而且要说明资本家和工人如何以及从什么地方取得他们的生活资料。没有生活消费，不满足工人和资本家的消费需求，一部分社会产品的价值和使用价值就不能实现，劳动力的再生产就无法进行，整个社会再生产过程就无法继续。由此可见，保证生活消费的实现和满足，是社会再生产过程顺利运行的一个必不可少的重要条件。

也许有人以为，既然在社会再生产过程中，第Ⅰ部类内部一个部门的产品会作为另一个部门的生产资料，例如，煤矿向电厂提供煤炭，电厂又向煤矿提供电力；钢铁厂向机械厂提供钢材，机械厂又向钢铁厂提供设备；等等，这样，在这个部类内部的不

---

① 《马克思恩格斯选集》，第24卷，第390页。

　② 《列宁全集》第4卷，第44页。

同部门之间就发生了一种不断的往返运动，这些部门生产的发展，从而社会再生产的进行，似乎可以不依赖于个人消费。这是一种片面化的理解，也是我们这些年来忽视最终产品，片面发展中间产品，忽视消费，片面强调生产资料优先增长的一个重要的认识根源。其实，就是在这里，也表现出消费对于社会再生产过程的制约作用。马克思说："不变资本和不变资本之间会发生不断的流通（甚至把加速的积累撇开不说也是这样）。这种流通就它从来不会加入个人的消费来说，首先不以个人消费为转移，但是它最终要受个人消费的限制，因为不变资本的生产，从来不是为了不变资本本身而进行的，而只是因为那些生产个人消费品的生产部门需要更多的不变资本。"[①]显然，把"不会加入个人消费"和"不以个人消费为转移"理解为与个人消费完全无关，甚至可以不要个人消费是错误的。没有个人消费，消费资料生产部门的循环和周转就会发生困难，为生产消费资料提供生产资料的生产部门的再生产也将难以继续进行，这样连锁反应下去，第Ⅰ部类内部的流通也将受到阻滞，社会再生产就无法进行。所以，眼睛里只看到第Ⅰ部类生产的中间产品，看不到人们的最终生活需要和最终产品，其实是非常短视的。

　　在社会主义社会中，个人生活消费不仅是社会再生产得以顺利进行的重要条件，而且是社会再生产的根本目的。这是社会主义的社会再生产和社会总资本的再生产的根本区别之一。这一生产目的不是由社会再生产的一般条件产生的，而是由社会主义生产关系的本质决定的。在资本主义社会中，个人消费只有在其影响到资本家的剩余价值的实现的限度内，方才被人们加以考虑，而且"消费"是跟着"积累"或者跟着"生产"而发展的。也就是说，消费服从于生产，服从于利润。在社会主义社会中，生产

马克思关于社会再生产的原理及其在社会主义经济中的应用

①　《马克思恩格斯全集》第25卷，第341页。

的目的和内在动力是保证全体劳动者过最美好、最幸福的生活，消费真正成为社会再生产运动的出发点和归宿，因而，在这里，不应当是消费服从生产，而应当是生产服从于满足人民消费需要这一根本目的。

但是，我们过去对于消费在社会主义再生产中的地位和作用，缺乏应有的认识。有的同志把人民消费只是当作劳动力再生产的手段，认为只要达到温饱、身体不弱下去或者健康有所改善就行，不必再讲究什么"几大件"等更多的生活要求。当然，在政治思想教育上，我们要提倡艰苦奋斗的作风；但是，在经济工作的指导上，却不能以此来限制我们的发展。上述看法不但忽略了人本身的发展应当是社会主义生产发展的目的，而且忽略了消费的提高和多样化对于促进社会生产技术发展的积极的反作用；照这种主张去指导国民经济的发展，那我们许多现代化的东西和生产技术永远都不可能发展起来。我们只能满足于最低的"生存资料"，而谈不上"发展资料"和"享受资料"的生产和消费。还有些同志连保障人民生活是劳动力再生产，从而是产品再生产的必要条件这一点也看不到，一味地只顾生产，事实上是为生产而生产，忘记了如果人们的衣、食、住、行的问题解决不好，劳动力的简单再生产不能保证，生产也不可能持续发展下去的简单道理。这些思想，同我们党的宗旨，同社会主义的理想，应该说是格格不入的，但是，在一个相当长的时期内，却影响着我们的经济工作，人民消费问题在国民经济计划中没有占到什么地位，以致消费增长缓慢，人民生活长期得不到改善，有些年份还下降了，严重地挫伤了人民群众的社会主义积极性。这不仅直接影响到社会主义扩大再生产的顺利进行，而且直接关系到社会主义制度本身的信誉。所以，重新学习马克思关于消费在社会再生产中的地位和作用的理论，展开关于生产目的问题的讨论，这不是一件可有可无的事情，而是一件对于指导今后国民经济的发展具有十分重大意义的问题。

（三）关于积累

　　积累是社会最重要的进步职能，是扩大再生产的重要源泉。在《资本论》中，马克思从各个不同的角度，考察了资本的积累问题。

　　在资本主义社会中，积累就是剩余价值的资本化，即把剩余价值的一部分再转化为资本。马克思分析了单个资本家的积累过程，指出："由于商品资本转化为货币，代表剩余价值的剩余产品也转化为货币。资本家把这样转化为货币的剩余价值，再转化为他的生产资本的追加的实物要素。这个增大的资本，在生产的下一个循环内，会提供更多的产品。但是，在单个资本上发生的情况，也必然会在全年的总资本再生产上出现。"[①]这就是说，无论是在个别资本的再生产中，还是在社会总资本的再生产中，积累的源泉都是工人创造的剩余价值。恩格斯说："劳动产品超出维持劳动的费用而形成的剩余，以及社会生产基金和后备基金从这种剩余中的形成和积累，过去和现在都是一切社会的、政治的和智力的继续发展的基础。"[②]在社会主义社会中，积累也来自劳动者的剩余劳动为社会创造的剩余产品价值。这种剩余产品价值最初体现在企业销售总收入扣除原材料工资等成本费用后的企业纯收入中，即企业盈利中。在其他条件相等时，企业盈利越多，积累的可能性就越大。所以，要增加积累，必须大力开展增产节约，既要节约活劳动，又要节约物化劳动，还要提高产品质量，改进产品品种，以适应市场的需要，不断增加企业的总收入和纯收入，不断增加企业盈利。这是增加积累的根本途径。离开了增产节约，离开了增加企业盈利，光从分配和再分配上打主

① 《马克思恩格斯全集》第24卷，第551页。
② 《马克思恩格斯全集》，第3卷，第233页。

意，想办法去扩大积累，势必会挤当前生产和人民消费，把国民经济引导到邪路上去。

马克思说："在积累时，首先要考察的是积累率。"[1]在资本主义社会中，资本家从工人身上无偿榨取的剩余价值，"一部分作为收入花掉，另一部分则转化为资本"[2]。前者用$\frac{m}{x}$表示，后者用$m-\frac{m}{x}$表示。在《资本论》中，积累率是指资本化的剩余价值（$m-\frac{m}{x}$）在全部剩余价值（m）中所占的比重。即

$$\frac{m-\frac{m}{x}}{m} = \frac{\frac{m}{y}}{m}\frac{m}{z}$$

在社会主义条件下，用积累基金占剩余产品价值的比重（$m-\frac{m}{x}$）表示的积累率，在抽象考察两大部类的关系时，仍有一定的理论意义。但在实际工作中，一般所使用的积累率则是指积累基金占国民收入或国民收入使用总额的比重，用公式表示即为

$$\frac{积累基金}{国民收入} = \frac{m-\frac{m}{x}}{v+m}$$

用积累基金占国民收入的比重来表示积累率，对于观察积累和消费的比例和扩大再生产的速度，有着重要的意义。长期以来，在积累问题上，存在着一种片面观点，似乎积累占国民收入的比重越高，扩大再生产的速度就越快，有时，不适当地提高了积累率。实践证明，积累率过高，经济发展的速度反而不快。其根本原因就在于，过高的积累率和过大的积累规模，超过了国家经济力量和人民生活能够负担的程度，必然要挤消费基金和补偿基金，使得人民生活和当前生产两受其害，反过来造成一部分积累基金不能真正实现，积累效果大大下降，从而使生产发展速度也不能不跟着下降。但是，由此也不能得出相反的结论，认为积

---

① 《马克思恩格斯全集》，第24卷，第588页。

② 同上书，第568页。

累率越低越好。积累率过低，积累的规模过小，会对生产建设的长期速度和将来人民消费水平的进一步提高产生不利的影响。所以，一定要瞻前顾后，把目前利益和长远利益结合起来考虑，要把保证原有人口和新增人口当前消费水平不降低作为积累的最高限，把新增劳动人口的就业所需平均资金装备作为积累的最低限，从各个时期的具体情况出发，在上述积累的最高限和最低限之间确定一个适度的积累率，以保证从长期累计来看的最大的人民消费。这是我们制定国民经济发展长期计划的一个十分重要的准则。

积累率的高低，从而积累和消费的比例，还要受到社会产品和国民收入实物构成的制约。马克思说："要积累，就必须把一部分剩余产品转化为资本。但是，如果不是出现了奇迹，能够转化为资本的，只是在劳动过程中可使用的物品，即生产资料，以及工人用以维持自身的物品，即生活资料。"[1]但是由于积累基金主要由生产资料构成，消费基金全部由消费资料构成，在其他条件相同时，第 I 部类产品的比重越是提高，则积累率就不可能很低。目前我国的积累率偏高，就同两大部类的生产比例不合理，生产资料生产的比重过大有密切的关系。这也决定了积累率不可能一下子就降到合理的程度，而只能随着两大部类关系的调整而逐步降低，不能过猛过快。

社会生产两大部类的比例影响着积累和消费的比例以及积累基金的实物构成，反过来，积累的规模，从而积累和消费的比例，以及积累基金的使用方向和分配构成，又直接决定着社会生产两大部类和各个部门的发展比例。因为，积累规模越大，环绕着积累所需物资的产业部门（如建筑、建材、机械、冶金等重工业部门）就越是要扩大；积累基金，特别是基本建设投资用到哪

马克思关于社会再生产的原理及其在社会主义经济中的应用

---

① 《马克思恩格斯全集》第23卷，第637页。

里，劳动力和物资也要流向哪里，那里的生产能力就要扩大。因此，合理调整投资的使用方向，建立合理的投资结构，是调整国民经济比例，改善国民经济结构的根本途径。

关于社会主义公有制条件下，积累的使用和分配，马克思在《资本论》第2卷第三篇的"导言"中曾有一段人们经常引用的名言："有些事业在较长时间内取走劳动力和生产资料，而在这个时间内不提供任何有效用的产品；而另一些生产部门不仅在一年间不断地或者多次地取走劳动力和生产资料，而且也提供生活资料和生产资料。在社会公有的生产的基础上，必须确定前者按什么规模进行，才不致有损于后者。"①这句话原来是就具有不同周转时间的事业来说的，它也适用于不同产业部门的投资，因为有些产业部门的发展需要资金多，占用资金时间长而收效较慢，另一些产业部门则需要资金少，占用时间较短，而发挥效益较快。过去，我们的积累基金的分配和使用不大合理，也表现在前一类产业的投资太多，而后一类产业的投资太少。例如，在总投资中，对与人民生活直接有关的非生产领域的投资过少；在生产领域的投资中，对与人民生活直接有关的农业、轻工业的投资过少，重工业投资偏多，等等。积累使用和分配的这些不合理的状况，造成了两大部类的比例失调，"骨头"和"肉"的比例失调，并且进一步加剧了积累和消费的比例失调。此外，在重工业的投资中，用于钢铁和加工工业的比较多，用于能源、运输以及建筑业的比较少，造成"先行"落后，基础薄弱的被动局面。改变积累基金的使用方向，调整国民经济比例，就要从加强薄弱环节，改变落后部门的状况着手。这是我们当前调整国民经济必须遵循的方针。

生产规模的扩大不仅取决于积累基金的多少，而且取决于

---

① 《马克思恩格斯全集》第23卷，第396—397页。

积累的使用效果。马克思说："生产逐年扩大是由于两个原因：第一，由于投入生产的资本不断增长；第二，由于资本使用的效益不断提高。"①我们知道，国民收入的增长速度等于积累率与积累效果（单位积累提供的新增国民收入）的乘积，用公式表示就是：

$$\frac{\Delta Y}{Y} = \frac{H}{Y} \times \frac{\Delta Y}{H}②$$

式中：Y为国民收入；ΔY为国民收入增长额；H为积累额。

从这个公式可以明显地看出，国民收入的增长不只是决定于积累率，而且同时还决定于积累的经济效果。也就是说积累率虽高，而积累的效果很低，那么，国民收入的增长速度仍不可能高。我们过去的问题是积累率往往提得很高，而积累资金使用的效果却很差，大量积累资金在生产建设中白白消耗掉和消费掉了。由于积累使用效果的降低，二十多年来我们损失的资金何止数千亿元！这也是我们过去的高积累没有带来高速度的一个重要原因。讲求经济效果是组织和管理社会主义经济的一条基本原则，提高积累资金的使用效果，是一条最有效最实际的增产途径。在这方面我们有着巨大的潜力，是可以大有作为的。要做到这一点，就必须改变我们不讲经济效果的错误观念和做法，这是改革我们经济工作的一项根本任务。

马克思关于社会再生产的原理及其在社会主义经济中的应用

（四）关于后备

后备在社会再生产中的地位和作用，是马克思社会再生产理论的一个重要思想。这个思想对于社会主义社会，尤其有着重要的意义。

---

① 《马克思恩格斯全集》第26卷第2册，第598页。

② 这个式子。有时表现为$\frac{\Delta Y}{Y} = \frac{H}{Y} \times \frac{\Delta Y}{H}$即国民收入增长速度=积累率÷积累系数，积累系数是积累效果的倒数，它表明每增长一个单位的国民收入，需要多少单位的积累。

这里讲的后备，是指与周转储备相区别的社会后备。后者是为保证当前生产建设正常流通之需，前者是为应付不测事故而备。后者是流动基金的一部分，前者则属于专门的社会储备基金。在马克思主义的文献中，后备基金有时也叫保险基金。

同积累基金一样，后备基金也来自剩余产品价值，是社会产品和国民收入经过分配和再分配而形成的。这是任何社会生产都存在的一部分社会基金。它的实物构成既有生产资料，也有消费资料。因此，在必须动用的时候，它可以用作积累，也可以用来补偿当前生产的短缺，还可以用作消费之用。马克思说："利润的一部分，即剩余价值的一部分，从而只体现新追加劳动的剩余产品（从价值方面来看）的一部分，必须充当保险基金。……这种基金是收入中既不作为收入来消费也不一定用作积累基金的唯一部分。它是否事实上用作积累基金，或者只是用来补偿再生产上的短缺，取决于偶然的情况，这也是在剩余价值、剩余产品、从而剩余劳动中，除了用来积累，即用来扩大再生产过程的部分以外，甚至在资本主义生产方式消灭之后，也必须继续存在的唯一部分。"[1]马克思在《哥达纲领批判》中论述共产主义社会的社会总产品的分配时，把建立"用来应付不幸事故、自然灾害等的后备基金或保险基金"，当作一项必要的社会"扣除"。[2]

在社会再生产过程中，后备基金的必要性是十分明显的。这不仅是因为可能发生自然灾害等不幸事故，而且是因为，再生产的运动总是不平衡的，新情况总是不断出现的，社会需求和生产技术也在不断变化，而我们的认识以及据以做出的计划往往不一定能够完全符合实际情况。因此，为了保证社会再生产在上述情况下能够顺利地平衡发展，就需要一个能够进行调节和控制的"蓄水池"，平时把"水"蓄起来，需要时把闸门打开即可。

---

① 《马克思恩格斯全集》第25卷，第958页。
② 《马克思恩格斯全集》第3卷，第9页。

马克思在论述固定资本的补偿时，曾就社会主义社会中建立后备的必要性作了精辟的分析。他说："再生产的资本主义形式一旦废除，问题就归结如下：寿命已经完结因而要用实物补偿的那部分固定资本（这里是指在消费资料生产中执行职能的固定资本）的数量大小，是逐年不同的。如果在某一年数量很大（像人一样，超过平均死亡率），那在下一年就一定会很小。假定其他条件不变，消费资料年生产所需的原料、半成品和辅助材料的数量不会因此减少；因此，生产资料的生产总额在一个场合必须增加，在另一个场合必须减少。这种情况，只有用不断的相对的生产过剩来补救：一方面，要生产出超过直接需要的一定量固定资本；另一方面，特别是原料等的储备也要超过每年的直接需要（这一点特别适用于生活资料）。这种生产过剩等于社会对它本身的再生产所必需的各种物质资料的控制。"[1]这里所讲的超过"直接需要"的"生产过剩"，在资本主义制度下，是引起危机的一种无政府因素，一种"祸害"。但废除了再生产的资本主义形式，"这种过剩本身并不是什么祸害，而是利益"。[2]因为它构成了必要的社会后备，使社会能够对社会再生产过程中出现的不平衡进行控制和调节。可见，保留必要的后备，是保证社会主义再生产过程平衡运动，实现国民经济按比例发展的重要条件，也是我们在国民经济计划平衡工作中必须十分注意的一个问题。

可是，在社会主义建设过程中，曾经有过一个与马克思的上述理论相反的观点，就是认为在社会主义国家需求的增长总是超过生产的增长，推动生产向前发展，并且说这是社会主义优越性的表现。这个观点成为人们搞不留余地、不留后备的高指标、大计划的一个理论依据。这样，在我们的计划平衡工作中，留有

马克思关于社会再生产的原理及其在社会主义经济中的应用

---

① 《马克思恩格斯全集》第24卷，第526—527页。

② 同上书，第526页。

后备和留有余地的问题就长期得不到解决。由于在经济建设上急于求成，好大喜功，往往把计划指标定得很高，资金、物资都留了一个很大的缺口，认为这才是所谓的积极平衡，才是马克思主义，否则就是消极平衡，就不是马克思主义。这恰恰是把事情弄反了。我们必须彻底抛弃实际上主张在生产与需求之间留有缺口的平衡理论，坚持马克思的科学观点，自觉地做好留有后备的计划，定出留有余地的速度。其实在定计划的时候，留有后备、留有余地，这绝不是消极防范措施，而是积极、稳妥、扎实、牢靠的方针。那种不仅不留余地、不留后备，把什么都绷得紧紧的，而且到处留缺口的计划，乃是脱离实际盲目冒进的表现。这种计划图虚名而得实祸，到头来不但不能促进国民经济的发展，反而是拉了它的后腿，造成巨大损失或倒退。这才是地地道道的消极平衡计划。回顾二十多年来国民经济发展的实际，难道我们吃这种不留余地而留缺口的苦头还少吗？

当然，我们所讲的留后备，是指合理的后备，它同物资积压有着明显的界限。积压是产需脱节、不按比例、破坏平衡的结果，而留后备是保证比例、实现平衡的办法。前者是我们计划工作中的错误和失算造成的，后者是自觉计划、统筹安排的。但是，正如流通领域的储备过多会限制生产一样，后备过多，也会形成资金和物资的积压，从而影响扩大再生产的规模和速度。因此，必须正确处理后备基金和扩大再生产基金之间的关系，既不能不留后备，也不能留得过多，必须保持在一个合理的限度之内。同时，后备基金也不能长期不动。发生意外，自不必说，需要解决某些重大问题时，经过严格的计算和反复平衡，做出恰当安排，也是可以动用的。

既然保留合理的后备是保证社会再生产平衡发展的重要条件，那么，怎样确定后备的多少呢？马克思指出，后备的多少"应当根据现有的资料和力量来确定，部分地应当根据概率论来确定"①。这就告诉我们，后备必须与我们的经济实力相适应，既可以根据现有资料，结合发展的需要和现有的可能，做出经验估算，也可以使用统计资料，按一定标志分组，进行抽样，计算概率，予以确定。

五、关于社会再生产中的市场实现和货币运动问题

（一）再生产比例和市场实现问题

马克思社会再生产理论的一个中心问题，是研究社会总产品如何实现的问题。什么是实现问题呢？列宁说："实现问题就是：如何为资本主义的每一部分产品按价值（不变资本、可变资本和额外价值）和按物质形式（生产资料和消费品，其中包括必需品和奢侈品）在市场上找到代替它的另一部分产品。"②又说："实现问题也就是分析社会产品的各个部分如何按价值和物质形式补偿的问题。"③这就告诉我们，实现问题包括两个相互联系的方面。第一是产品价值的各个部分如何实现，即由商品形态转化为货币形态，这里的问题是社会产品如何能卖出去。第二是社会产品价值的各个部分在转化为货币以后，又如何在实物上取得补偿，即如何买回要买的东西。如果要卖的东西卖不掉，要买的东西买不来，社会产品的各个部分在价值上就得不到补偿，在实物上就得不到替换，社会产品的实现问题就不能解决，再生产过程就难以正常进行。

前面已经指出，社会再生产的条件问题，归根结底，就是社会生产的按比例发展问题。这是一切社会再生产的共同规律。那

① 《马克思恩格斯选集》第3卷，第9页。
② 《列宁全集》第3卷，第25页。
③ 《列宁全集》第2卷，第128—129页。

么，在资本主义制度下，为什么社会再生产的条件却表现为市场实现的条件？按照社会需要的比例来分配社会劳动，即社会再生产的比例关系问题，为什么表现为市场实现问题？

我们知道，在资本主义制度下，由于生产资料的资本主义私有制，各个资本家为了攫取剩余价值，盲目地为市场而生产，这里不可能由社会自觉地按照社会的需要有计划地安排生产的比例。另一方面，由于社会分工所决定的各部门之间的物质交换的必要性，又要求社会生产各个部分之间必须保持一定的比例。这是一个矛盾。这个矛盾，在资本主义社会是通过市场经济法则的调节来解决的。各个资本家生产的产品是否适应社会的需要？社会总产品的各个组成部分之间是否互相适应？生产的东西能否卖得出去？需要的东西能不能买得回来？这些问题在生产领域中是无法知道的，只有到市场上来。只有在流通领域，才能见到分晓。所以，在资本主义社会，社会再生产的条件，不直接表现为社会生产的比例关系问题，而却表现为市场的实现条件问题，首先是产品能不能卖出去的问题。市场是资本主义再生产各种矛盾暴露出来的焦点。实现问题也就是市场问题，成为资本主义再生产的核心问题。这就是为什么马克思把一个归根结底是社会再生产比例关系问题，作为市场实现条件来分析的一个重要原因。

那么，在社会主义制度下，按社会需要的比例分配社会劳动的问题，是不是也表现为市场实现问题呢？是不是还有市场法则调节的问题呢？这个问题长期以来不但没有很好地解决，甚至有一个时期连提也没有提出来。大家知道，经典作家曾经预言，一旦社会占有了生产资料，商品生产就会消失，社会再生产的比例关系，将由社会自觉地有计划地按照社会需要分配劳动时间来安排，而不必市场价值规律插手其间。①这些预言是就生产力高度

① 《马克思恩格斯选集》第3卷，第348页。

发达的资本主义国家无产阶级夺取政权以后的情况来讲的。但是实际上，社会主义革命取得胜利的一些国家，生产力发展的水平以及原来的生产关系都比较落后。人们不考察这种情况，片面地理解经典作家的上述预言，并从它出发，把社会主义经济看成是一种自然经济，而不是商品经济；认为在这里，社会再生产的比例关系问题只是计划调节的问题，而不是市场实现的问题，把计划调节同市场机制对立起来，否定了市场机制在组织和调节社会主义经济中的作用。我们在经济管理体制中实行了一套高度集中的做法，企图光用国家计划来直接组织整个社会生产和全部社会经济生活，以为这样就可以达到国民经济的按比例发展。但是，实践证明，离开了市场机制，一个统一的计划中心事实上无法精确而完全地反映社会对千百万种产品的千变万化的需要，按照这种计划生产出来的东西往往货不对路，一方面大量积压，另一方面社会需要的东西又供应不足。这就是说，相当一部分社会产品的价值补偿和实物替换都成了问题。在这里，市场实现问题每天都活生生地出现在我们的眼前，而社会再生产比例关系的失调，也是通过市场实现问题表现出来的。

　　社会主义的计划经济，不是在自然经济条件下，而是在商品经济条件下建立起来的，我们决不能以社会主义是计划经济而否认市场实现问题的存在和市场机制在社会主义再生产中的重要作用。社会主义经济之所以还要保留商品经济和市场机制，根本原因是，目前社会生产力的发展水平以及与此相适应的社会主义公有化的程度还不是很高，社会主义公有制的各个部分、各个单位、各个个人之间，还有经济利益上的差别，还要实行按劳分配和商品交换，而不能进行无偿的实物分配。如果说生产资料的社会主义公有制带来人们物质利益上的根本一致，是社会主义经济能够实行计划经济的客观依据的话，那么，人们之间物质利益上的差别，就是社会主义社会中还存在商品经济和市场机制的直接原因。正因为如此，我们在安排社会再生产的比例关系时，一定不能忘记市场实现问题，不能忽视在计划指导下充分利用市场机制的作用，必须把计划调节与市场调节结合起来。只有这样，才能真正保证社会主义再生产有计划按比例的发展。这也是当前经济体制改革必须注意的一个重要方面。

（二）货币运动和实物运动的统一和矛盾

在商品经济条件下，货币在社会总产品的实现中起着重要作用。在《资本论》第2卷第三篇中，马克思从不同方面反复地考察了这个问题，从这些考察中可以看到，货币流通的顺利进行，既是社会再生产顺利进行的重要条件，又是使社会再生产过程复杂化的一个因素。正如马克思所说，货币流通因素的引入，一方面使交换过程易于进行，"同时也使这种交换难于理解"[①]。因此，在抽象地分析社会再生产的平衡条件时，可以而且必须"丢开了货币流通，只是以物物交换为前提"[②]。而在说明了社会再生产的平衡条件以后，再来讨论货币流通的作用，不但是非常必要的，而且也便于了解和掌握货币流通加入以后产生的种种复杂问题。

在社会总资本的再生产和流通中所发生的交换行为，不论是在两大部类之间，还是在每一个部类内部，都是商品交换，不是物物交换，这种交换是以货币流通为媒介，是"通过货币流通来完成的"[③]。没有货币的流出和流回，没有商品的购进和售出，社会总产品的价值补偿和实物替换就不能实现，社会再生产过程就无法继续进行。这样，整个社会总产品的再生产过程，一方面表现为实物的运动，另一方面表现为价值的运动；而价值的运动

---

① 《马克思恩格斯全集》第24卷，第442页。
② 《列宁全集》第2卷，第128页。
③ 《马克思恩格斯全集》第24卷，第442页。

又采取了货币运动的形式，因而表现为货币的运动。这两种运动之间既存在着密切的内在联系，又具有相对的独立性。这是一切商品经济所共有的特征。社会主义再生产也不例外。

一般说来，在整个社会再生产过程中，货币的运动和实物的运动应当是统一的。货币收入最初是在产品价值实现过程或销售过程中形成的，它的总量受着社会产品价值总量的决定。由此转化的货币支出（撇开货币储蓄的因素不说），也就是有支付能力的需求（货币购买力），在前面所述社会再生产的各项平衡条件都得到遵守的情况下，它们的总量与构成同社会总产品的实物量与构成也应该是相适应的。价值的运动和使用价值的运动、货币的运动和实物的运动相统一相平衡的原理，是马克思社会再生产理论的一条重要原理。社会有支付能力的需求的总量与构成同社会总产品的实物量与构成互相适应，是保证社会再生产正常运行的极其重要的条件。如果这种平衡被破坏，就会出现生产过剩、货币不足或者生产不足、货币过多的情况，社会再生产的连续进行就会受到阻滞。

由于货币的运动有其相对的独立性和复杂性，客观上存在着货币的运动同实物的运动不适应、不平衡的可能性。这是因为，社会产品生产出来以后，它的价值转化为货币收入的形式到最后形成货币购买力以取得实物补偿，中间必须经过复杂的分配和再分配过程。在社会主义社会中，社会产品生产出来以后随着产品的出售而形成的货币收入，首先在企业分解为消耗掉的生产资料费用的补偿、劳动报酬和企业纯收入。接着通过财政的上缴和下拨、信贷的存款和贷放等再分配渠道，形成补偿基金、消费基金和积累基金三大项货币购买力。最后这些货币购买力在社会总产品的实现中得到实物补偿。社会总产品的价值实现为货币收入，与各项货币购买力在社会总产品中取得实物补偿，本来是统一的过程，是一个过程的两个方面：一方面的卖就是另一方面的买。但是，由于货币流通的介入，个别买卖过程的分离，特别是由于在货币运动中财政和信贷等再分配杠杆的介入，情况就发生了变化。经过财政和信贷等杠杆而形成的最终货币收入和上述三大项货币购买力，在总量上和构成上，同社会总产品的实物量和实物构成，就有可能发生不适应和不平衡的情况，不是一部分货币购买力不能实现，就是一部分产品积压，或者二者兼而有之。例如，当财政信贷的支出大于其收入时，并且其差额又不能被企业、单位和个人的收入大于支出的差额所抵消时，最终形成的有支付能力的购买力，就会大于社会产品总额；消费支出和积累支出的总和就会超过国民收入总额。这样，为了保证社会产品使用价值的运动和价值的运动之间的互相协调，使社会有支付能力的需求在总量上和在构成上同社会总产品的实物量和构成互相适应，一个十分重要的问题是，正确处理好财政、信贷平衡同物资平衡的关系。二十多年来的经验证明，只要我们注意了正确处理财政、信贷、物资这三大平衡，国民经济的发展就比较顺利。反之，如果这三大平衡出了问题，财政信贷支出超过了收入，出现了赤字，或者超过市场需要增发了票子，就会一方面发生基本建设投资大于物资供应，拖长建设工期，影响投资效果或者挤占用于补偿的物资，影响当前生产和现有企业的更新改造等情况；另一方面，居民货币购买力同市场商品可供量不平衡，居民手中持有的货币买不到所需要的消费品，造成市场紧张。这一切，都给国民经济的发展带来不利的影响。所以，为了保证社会主义扩大再生产的顺利发展，我们必须深刻认识社会总产品的价值运动同实物运动相统一的关系，研究货币流通和商品流通的规律，搞好财政、信贷、物资的综合平衡。

（三）市场实现与经济危机

马克思关于社会总资本再生产的理论，揭示了社会总产品实现的平衡条件，这并不是说，资本主义的社会再生产是平衡地进行的。列宁说："抽象的实现论假设而且应当假设，在资本主义生产的不同部门之间，产品是按比例分配的。但是，实现论这样假设绝不是断言在资本主义社会中产品总是按比例分配或者能够按比例分配。""根据马克思的理论，可以得出以下的结论：甚至在社会总资本的再生产和流通是理想般匀称的情况下。生产的增长和消费的有限范围之间的矛盾也是不可避免的。何况实际上实现过程并不是理想般匀称的，而是通过'困难''波动''危机'等等来进行的。"①

根据马克思的分析，危机的可能性存在于商品形态的变化之中。商品形态变化本身表现为买和卖在空间上和时间上的彼此分离。这种分离在客观上提供了买和卖发生不均衡的可能性。在研究社会总资本的再生产和流通问题时，马克思不止一次地谈到这个问题。例如在分析第Ⅰ部类的积累（货币储藏）时，他说："既然发生的只是单方面的交易，一方面是大量的单纯的买，另一方面是大量的单纯的卖，……所以，这种平衡只有在如下的前提下才能保持：单方面的买的价值额要和单方面的卖的价值额互相抵消。商品生产是资本主义生产的一般形式这个事实，已经包含着在资本主义生产中货币不仅起流通手段的作用，而且也起货币资本的作用，同时又会产生这种生产方式所特有的、使交换从而也使再生产（或者是简单再生产，或者是扩大再生产）得以正常进行的某些条件，而这些条件转变为同样多的造成过程失常的条件，转变为同样多的危机的可能性；因为在这种生产的自发形式中，平衡本身就是一种偶然现象。"②这就是说，在自发的资本主义商品经济中，社会再生产的各种平衡条件，同时也使平衡破坏，即存在发生危机的可能性。但是，危机的可能并不等于危

---

① 《列宁全集》第4卷，第61、71页。
② 《马克思恩格斯全集》第24卷，第588页。

机本身，也绝不是危机的原因。按照马克思的危机学说，资本主义经济危机的根源在于生产的社会化和资本主义私人占有之间的矛盾。资本主义社会的这一基本矛盾一方面表现为在个别企业中的生产的有组织性和在全社会中的生产的无组织性之间的矛盾；另一方面又表现为资本主义生产无限扩大的趋势同广大劳动者有支付能力的消费需求的相对狭小之间的矛盾。这些矛盾构成了现代生产过剩的基础。

在社会主义社会，生产资料的社会主义公有制同生产的社会性之间已经建立起一种基本适应又相矛盾的关系，整个社会生产也处于社会的自觉组织和有计划的指导之下，产生资本主义经济危机的根源和条件已不复存在，因此，从理论上来说，社会主义的社会再生产并不必然会出现像资本主义那样的经济危机。但是，由于社会主义的社会再生产仍然需要通过商品流通和货币流通来进行，由于买和卖在时间上和空间上的彼此分离，由于货币运动的相对独立性及其与实物运动的分离，这里也蕴藏着社会再生产的平衡条件被破坏的可能性，也就是说，在社会主义的社会再生产中，仍然存在着发生危机的可能性。如果我们在计划领导和组织生产方面，违背了客观经济规律，无视社会再生产过程中必要的平衡条件，削弱乃至放弃了综合平衡工作，就会破坏社会再生产过程中重大的平衡关系，国民经济中就会发生比例失调的危机。不仅如此，由于社会主义社会对国民经济的集中计划领导，这种危机往往带有全面的性质。正如斯大林所说的那样："我国经济中的每个严重的失算，都不会只以某种个别危机来结束，而一定会打击到整个国民经济。每次危机，不论是商业危机、财政危机或工业危机，在我们这里都可能变成打击全国的总危机。"[1]斯大林关于社会主义可能出现危机的严重性质的判断

① 《斯大林全集》第7卷，第248页。

并不言过其实。就拿我国出现国民经济比例严重失调时的情况来说，生产起落的幅度，比资本主义国家经济危机前后生产起落的幅度还要大。以美国为例，美国工业生产的年增长速度，1954年危机前后的变化是：1953年为8.3%，1954年为-6.6%，1955年为12.9%，速度的升降幅度不过15~19个百分点。1974年、1975年经济危机前后的变化是：危机前的高峰速度，1972年是8.8%，危机中的1975年降为-9.2%，危机后的1976年又上升为10.1%，速度升降的幅度不过18~20个百分点。就是震惊世界的1929—1933年大危机，危机前的高峰速度1929年为11.1%，危机中的最低速度1932年是-22.5%，危机后的1933年又上升到19.3%，速度升降的幅度在34~42个百分点之间。[①]而我国工业生产的增长速度，"二五"期间最高为1958年的54.8%，最低为1961年的-38.2%，相差竟达93个百分点。"文化大革命"期间，工业速度从1965年的26.4%的高峰，跌到1967年的-13.8%，到1969年又跳到34.3%，以后又逐年下降到1974年的0.3%，速度变动的幅度在30~50个百分点之间，都远远超过了美国经济危机时期的变动幅度。这种情况是值得我们深思的。

当然，社会主义经济发展中曾经发生的比例失调危机的性质，与资本主义的经济危机是完全不同的。资本主义的经济危机是由资本主义制度本身所固有的基本矛盾决定的，是资本主义客观经济规律自身作用的结果，它的周期性的爆发带有客观的必然性，而社会主义经济中曾经发生的危机却不是社会主义制度本身所固有的。并不具有客观的必然性。它往往是由于我们经济领导的错误和失算造成的，是违背了社会主义客观经济规律要求的结果。资本主义的经济危机一般表现为生产过剩、消费不足的危

[①]　中国科学院经济研究所世界经济研究室：《主要资本主义国家经济统计集》（1848—1960），世界知识出版社1962年版；*Statist icae Yearbook Annuaire Statistque*1978年。

机，这是受资本主义经济的基本矛盾制约的；而社会主义经济中曾经发生的危机却表现为生产不足和过剩的货币购买力不能完全实现的危机。这往往是由于我们在计划工作中超过客观的可能追求高指标，把基本建设投资规模搞得过大，不顾国民经济发展所必要的比例关系造成的。

通过以上分析，我们不仅明白了社会主义经济中的危机往往带有主观的可以避免的性质，而且知道了产生这种危机的原因，在于我们违背了社会主义社会再生产的客观规律，破坏了社会再生产的平衡关系和发展比例。因此，认真地学习马克思关于社会再生产的理论，正确掌握和运用社会再生产比例运动和平衡发展的规律，搞好综合平衡和计划工作，不仅是避免出现比例失调危机的根本途径，而且是保证社会主义经济持续发展所必需的。

对我国国民经济发展速度和比例关系问题的探讨*

（1980年7月）

30年来，我国社会经济发生了翻天覆地的深刻变化，全面建立了生产资料的社会主义公有制，建立了独立的比较完整的工业体系和国民经济体系。国民经济发展速度是旧中国无可比拟的。但是，我国每人平均的国民收入，仍然很低，人民生活改善得很慢。我们的经验教训很多。本文拟对30年来的经济发展速度和比例关系问题，进行初步的探讨。

关于30年来经济发展速度的剖析

新中国的经济是在旧中国百业凋敝、千疮百孔的烂摊子上恢复和发展起来的。新中国成立后，经过短短三年的时间就恢复了濒于崩溃的经济。从1952年起，开始了有计划的大规模建设。到1979年，工业总产值达4591亿元，比1949年增长41倍多，平均每年增长13.3%；农业总产值达1584亿元，比1949年增长2.7倍，平均每年增长4.5%；国民收入达3370亿元，比1949年约增长7倍，平均每年约增长7%。如扣除20世纪50年代初经济发展中的恢复性因素，而从1952年算起，则年平均增长速度，工业为11.1%，农

* 本文系与王向明合写，原载《中国社会科学》1980年第4期。

业为3.4%，国民收入为6%左右①。这个速度若与外国比，也是比较高的。例如，在1950—1977年，日本工业总产值年平均增长速度是12.4%，农业总产值年平均增长速度是2.7%；联邦德国工业6.9%，农业1.8%；美国工业4.5%，农业1.9%；苏联工业9.7%，农业3.3%。从数字上看，只有日本的工业发展速度高于我国。

但是，30年来经济发展速度在各个时期却很不均衡，它具有以下一些特点：

（一）起伏很大，不少年份工农业的发展严重脱节

除去恢复时期和调整时期，只有"一五"时期是逐年持续上升的。这期间重工业平均每年增长25.4%，轻工业12.9%，农业4.5%，工农业总产值平均每年增长10.9%，国民收入每年增长8.9%。这是30年中经济发展的最顺利时期。"二五"时期，大起大落，重工业前三年大幅度增长，后两年大幅度下降；而当重工业大幅度增长时，农业从1959年起，连续三年大幅度减产，轻工业晚一年也连续三年大幅度减产，这就不能不导致农、轻、重比例严重失调，迫使重工业在后两年大幅度下降。结果，五年中工农业总产值平均每年只增长0.6%，国民收入每年递降3%。经过三年调整才逐渐恢复正常。"三五""四五"期间，由于林彪、"四人帮"的干扰、破坏，工农业生产起落不定，踯躅徘徊，甚至下降，出现了慢性失调的现象。"四五"期间工农业总产值平均每年只增长7.8%，国民收入每年只增长5.6%②。至"四人帮"垮台前，国民经济失调愈演愈烈，几乎濒于崩溃边缘。在1949—1979年的30年中，不仅工农业生产发展速度很不均衡，而且还有不少年份生产绝对水平下降，农业有五年，轻、重工

---

① 绝对数字见《国家统计局关于1979年国民经济计划执行结果的公报》，增长百分比是推算的。

② 1980年5月15日《人民日报》第5版。

业也各有五年。

从起伏的幅度看，工业大于农业，重工业大于轻工业，特别是重工业许多年份起伏的幅度过大，例如重工业产值年增长30%以上的有九年，其中年增长40%以上的有七年；下降幅度在20%以上的有三年。

经济发展中的这种大起大落，完全不能理解为一般的波浪式的发展。从马克思主义的发展观来看，发展是按所谓螺旋式而不是按直线式进行的。社会主义的经济发展也是这样，由于自然条件的变化，生产技术的变革，新增生产能力投产情况的差异，新的生产部门的出现，以及生产关系变动、调整对生产力影响的差异等，生产的发展也不可能直线上升，而会有一定的起伏，即波浪式地发展。但是，过去我国经济中出现的那种暴起暴落现象，联系出现这种情况时的内外经济条件来分析，却不能用上述的波浪式来解释。消除了经济危机根源的社会主义经济虽然也会是波浪式地向前发展的，但是，工业总产值和国民收入一般不应该出现绝对水平下降的情况，而我们却一再发生了。这是很值得我们深思的问题。

（二）平均速度呈下降趋势

从各个时期的平均发展速度看，如果撇开调整时期，可以看到长期平均发展速度在起伏中呈下降趋势。例如，工业总产值的年平均增长速度，恢复时期为34.8%，“一五”时期为18%，“二五”时期为3.8%，“三五”时期为11.7%，“四五”时期为9.1%[①]。显然，这种长期平均速度的下降趋势，是不能用恢复时期闲置生产力逐步得到充分利用后发展速度的自然下降来解释的。

对我国国民经济发展速度和比例关系问题的探讨

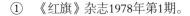

① 《红旗》杂志1978年第1期。

那么，原因究竟何在呢？它与所谓"基数增大"有无关系？我们认为，基数增大，速度下降，只是在技术不变和技术进步缓慢的条件下，一定时期内可能出现的情况，但不是普遍的"规律"。在生产发展过程中，基数增大意味着生产规模和生产能力的日益扩大；同时也意味着，随着生产水平的提高，同样的增长率所代表的实际产量或产值会日益增大，增产这些产品所需要的活劳动和物化劳动也要相应地日益增多。速度是否会下降，主要决定于扩大再生产要求追加的原材料、燃料、动力、技术装备和劳动力能否成比例地得到满足，这些物的要素和人的要素的结合是否适应规模扩大了的生产的要求，以及自然条件的变化是否有利于生产的增长等。如果扩大再生产中所有这些要求基本上都能得到满足，速度就不会下降。反之，这些要求中如果有某些重要条件不能得到全部满足，也就是说，生产要素中出现了难以克服的短线，那么，速度就难免下降。所以笼统地肯定或否定基数增大条件下可能出现的速度的"递减曲线"，都容易失之于简单化。

从长期趋势来看，后续社会经济形态的生产发展基数尽管较高，而它的发展速度却总是大大高于先前社会经济形态的。例如，封建社会的经济发展快于奴隶社会，资本主义社会快于封建社会等。后续社会形态的生产发展所以会快于其前期社会，关键在于技术的进步和劳动生产率的提高。在同一个社会形态内，某一时期科学技术进步的加速，也会使后续时期的经济发展速度快于前一时期。例如，第二次世界大战后，20世纪五六十年代一些资本主义国家经济发展速度高于战前，原因之一就在于此。但这不是说，只要社会生产技术在进步，后一时期的经济发展速度就一定会快于前一时期。因为技术进步有跃进的阶段，更有渐进和相对停滞的阶段，而且后者是比较通常的状况。再说，社会扩大再生产过程中出现的问题由技术进步来解决也需要一定的过程，而且也不是所有的问题都可依靠技术进步来解决的。一般地说，只有技术进步处于跃进的阶段，才可能有经济发展的加速度，或发展速度的"上升曲线"。所以，总起来说，技术进步促进生产加速发展的长期趋势并不能完全排除基数增大对速度的制约作用，甚至不能排除一定时期、一定条件下发展速度的下降。

联系我国过去经济发展中速度的下降趋势来看，应该说，那不是合乎规律的技术渐进或相对停滞阶段上基数增大导致的速度下降，而是追求高指标引起比例失调和经济效果降低情况下出现的速度下降。这种下降可以说主要是大量的人力、物力、财力遭受损失浪费的反映，并同作为生产主体的劳动者的积极性受到挫伤有着密切的关系。如果保持适度的经济增长率，防止上述损失浪费，提高生产资金利用效果，是可以在保持人民生活逐步提高的前提下避免增长速度下降趋势的。

（三）生产增长速度与人民消费增长速度脱节

30年来，我国生产发展速度看起来不低，而人民的生活水平，只有前八年是逐年提高的。"二五"时期以后直到"四人帮"垮台的近20年中，多数年份没有提高，甚至下降，只有少数年份略有提高，而且往往还是恢复性的提高。粉碎"四人帮"以后，城乡人民生活有所改善，但主要是归还部分欠账，1979年职工平均工资705元，比1957年增长10.6%，扣除物价因素，实际工资还有所下降。1979年每个社员从集体分得的收入是83.4元[①]，比1957年增加43元，扣除物价因素，实际上没有增加这么多。从主要农产消费品看，粮食产量前八年平均每年增长7%，而1958—1979年平均每年只增长2.5%，略高于人口的增殖率（1.9%）。农村口粮水平，长期停滞在原粮400斤左右，近年才有所增加。在

---

① 绝对数见国家统计局1979年公报，增长百分比是推算的。

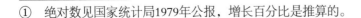

副食品方面，目前全国平均每人每年猪肉消费量已超过1957年；而植物油、蛋、水产品等估计还未恢复到1957年的水平。

生产增长看起来不慢，而人民消费很少提高，原因何在？人口增长快，对人口增长的计划控制抓晚了，是一个重要原因。从1949—1979年，全国人口增加了4.29亿人，平均每年增长2%；这个速度不但比发达国家高一倍多，比旧中国高一倍，而且比同一时期世界人口平均增长率还高。直到1975年起，我国人口增长率才低于世界人口增长率；但是由于人口基数大，增长的绝对数每年以千万计，仍然是很可观的。另一个更重要的原因是比例失调，生产结构不合理，特别是农、轻、重比例多数年份不协调，重工业比重过大，农业、轻工业相对落后，消费品增长少，生产资料增长多。同时，由于生产中消耗大，消费多，中间产品多，可供居民消费用的最终产品少；而生产出来的产品很多由于质量差，品种不对路等原因，呆滞、积压的情况又非常严重。总的来说，我们的生产增长速度包含了巨大的损失和浪费，其中相当一部分产品缺少真正的使用价值。这些情况又是与不合理的体制、政策以及落后的经营管理方法等分不开的。

上面我们分析了30年来我国经济发展的一些特征。以生产资料公有制为基础的社会主义经济，本来应该保证国民经济比较均衡地以持久的高速度发展，并在此基础上不断提高人民的物质文化生活，但从上述我国经济发展的实际情况看，并没有能够体现出社会主义制度的这种优越性。为什么会出现这种情况？特别是为什么大起大落，国民经济比例失调的情况一再发生？根本的原因，一是政治运动冲击多，经济发展缺少安定的政治局面，党的工作重点长期没有转移到经济建设上来。二是极"左"思潮和唯意志论经常出现，导致经济工作不按客观规律办事。这种思潮经过林彪、"四人帮"别有用心地煽动而势益炽，害益大。极"左"思潮和唯意志论在两方面表现得非常突出：一方面是急于不断地变革生产关系，以求加快生产力的发展，如农业生产合作社刚成立不久就迅速转为人民公社；在公社化过程中过分强调"一大二公"，甚至大刮"共产风"；"文化大革命"期间否定按劳分配原则，在农村大搞"穷过渡"，把农民自留地、家庭副业和集市贸易作为资本主义的"尾巴"予以"割除"；在城镇工商业的社会主义改造中和改造后大搞合并升级，对全民所有制的管理搞得过死，限制了各个方面的积极性，等等。这些做法都超越了生产力发展水平，不让生产力有一个相对稳定的发展时期，违背了生产关系必须适应生产力发展的规律。另一方面在发展生产力上急于求成，脱离实际，一再热衷于搞高指标，在速度与比例的关系上，牺牲比例；在数量和效率的关系上，忽视效率；在生产建设和人民生活关系上，轻视生活。这样在我国生产发展速度上就出现了大起大落、逐渐下降及与人民消费脱节的特殊现象。

主要比例关系的变化及其失调的恶果

　　30年来，我国国民经济的发展经历了曲折的道路，正反两方面的经验证明，国民经济比例关系是否协调对经济的发展速度关系极大。"一五"时期主要经济比例关系比较协调，工农业生产就能比较均衡地高速度发展；"二五"时期比例关系严重失调，经济发展出现了暴起后的暴落；经过三年调整，比例关系渐趋协调，经济发展速度也逐步加快；"三五"和"四五"时期，在林彪、"四人帮"的干扰破坏下，比例关系慢性失调，经济发展速度下降并且忽起忽落。事实反复证明，不按比例，不可能有什么高速度；忽视比例，强求速度，即使某些部门暂时勉强上去了，也要很快降下来，而且上得越猛，降得越剧。

　　国民经济的比例很多，包括工业与农业的比例，轻、重工业的比例，重工业内部的比例，农业内部的比例，工农业生产与交通运输的比例，等等，最重要的涉及全局的综合性比例是社会生产两大部类的比例和国民收入分配中消费和积累的比例。这两者又是互相紧密联系的。大家知道，分配的比例归根结底要取决于生产的比例，就这个意义上说，积累与消费的比例最终要受两大部类比例的制约。但从计划平衡的实践上说，积累的规模，积累与消费的比例，特别是积累分配的比例对社会生产比例的改变，起着十分重要的作用。下面先就消费与积累的比例关系，再就两大部类的比例关系，进行一些探讨。

（一）消费与积累的比例关系

积累是扩大再生产的必要条件，而消费是生产的目的，因此，在社会主义计划经济中，既要首先安排好消费又要有适当的积累，只有将两者恰当地结合起来，才能使眼前利益和长远利益得到兼顾而不致顾此失彼，才能使生产以持续的高速度向前发展。可是过去30年来，我们在多数年份却忽视了这一点。这集中反映在历年积累率的变化上：从1953年至1978年积累率平均接近30%，其中超过30%的有13年。积累率变化的趋势：一是波动多，变化幅度大；二是积累率的平均趋势越来越高。详见下表：

各个时期积累率的变化

	平均积累率（%）	积累率起伏幅度	
		最低（约数）（%）	最高（约数）（%）
"一五"时期	24.2	23	26
"二五"时期	30.8	10	44
1963—1965年	22.7	18	27
"三五"时期	26.3	21	33
"四五"时期	33.0	32	34
1976—1978年	33.4	31	37

*数字见1980年5月15日《人民日报》第5版、《中国社会科学》1980年第3期，第25—26页等处。

分时期看，"一五"时期，消费与积累的关系比较协调，积累率五年平均为24.2%，各年变化幅度不大。这期间工农业生产发展较快，城乡人民的生活都得到了逐步的改善。三年调整期间（1963—1965年），积累率先低后升，平均为22.7%，这对生产和生活在大幅度下降后的逐步回升，起了良好的作用。"二五""三五"和"四五"期间，消费和积累的比例关系则很不正常，特别是"二五"前三年（1958—1960年）以钢铁为中心的重工业高指标跳跃上升，基本建设急剧扩大，积累率也相应地猛升，这三年的积累率依次为33.9%、43.8%和39.6%[1]。这种过高的积累率严重破坏了生产，甚至使一些地区农业简单再生产也不能维持，人民的消费遭到了巨大的牺牲，其后两年积累率不得不降低到20%以下，但五年平均仍高达30.8%。"三五"期间，积累率两头高，中间低，五年平均是26.3%，从数字上看虽不很高，但这是在生产建设很不正常甚至很多企业陷入瘫痪状态时出现的积累率。事实上，当时的消费、积累比例关系以及其他主要经济比例关系已由"文化大革命"前调整得较协调的状态逐渐恶化了，人民的消费水平也逐渐下降了。"四五"时期，在1970年工农业生产一度出现恢复性的较高增长速度后，积累率又随着重工业的高指标大幅度上升，五年平均高达33%，并且各年都在30%以上。这引起生产失调，市场商品供应紧张。这期间，除个别年份局部调整了少数低工资职工的工资外，大多数职工和农民的生活没有得到改善，有些地区还有所下降。

粉碎"四人帮"以后，生产得到迅速恢复，人民生活得到较快的改善；但是基建规模过大的问题，没有解决，积累率仍很高，1976—1978年平均达33.4%。

近20年来，不但多数年份积累率高，而且从积累的使用方向

对我国国民经济发展速度和比例关系问题的探讨

[1]　《中国社会科学》1980年第3期，第26页。

看，与人民生活有关的非生产性积累大幅度下降。在基本建设投资总额中，非生产性建设投资所占的比重"一五"时期为28.3%，"二五"以后一直在14%以下[1]。住宅紧张的情况突出地反映了这个问题。住宅投资在基建投资总额的比重，"一五"时期平均约占9%，"二五""三五""四五"时期下降到只占4%~6%。据1978年对182个城市的调查，平均每人住宅面积只达3.6平方米，与外国比较，我国城市按人口平均的住宅面积是很低的。

非生产性积累的下降也明显地表现在文教、科研等部门的投资上。1952—1978年，全国基建投资额中文教、卫生、科研投资估计不到3%，其中"一五"时期5%多一点，"二五""三五"和"四五"时期只有2%~3%。这种投资的下降是文教科研事业落后于经济发展需求的重要原因。

积累过高对国民经济主要比例关系和生产的破坏，以及对人民生活的严重影响是很明显的。从过去30年的事实看，凡是积累率超过30%的年份，农、轻、重等比例关系就很紧张甚至失调，人民的生活就难以改善甚至下降，生产发展就会出现不正常的现象；积累率接近或超过40%，农、轻、重比例关系就严重失调，人民生活就遇到重大困难，生产发展速度就会出现重大的周折；而当积累率在20%~25%，生产就能持续正常地增长，各方面的关系就比较协调，人民的生活也可在生产发展的基础上得到逐步的改善。当然，这只是历史事实的简单概括。实际上，积累率要随着各个时期生产技术水平和劳动生产率的变化，以及人口增长和人民消费水平等各种因素的变化而变化，不可能固定不变。

（二）两大部类的比例关系

在社会生产的比例中，生产资料生产与消费资料生产的比例

① 《人民日报》1980年5月15日第5版。

是最重要的比例。这两大部类的比例关系协调了，社会扩大生产才能顺利进行，国民经济才能顺利发展；反之，这个比例失调，社会扩大再生产就会受到阻碍，国民经济则会出现停滞或下降的现象。

两大部类生产包括农业、工业、建筑业、交通运输业等所有的物质生产部门所生产的生产资料和消费资料。但是目前还缺少这种分类资料。在实际经济研究中，一般是以重工业代表生产资料生产，以农业和轻工业代表消费资料生产。从分类原则和包括产品的范围和内容来看，这个方法有其缺点和局限性。不过，由于重工业的产品主要是生产资料，而且是生产资料中最基本最重要的部分；农业和轻工业的产品主要是消费资料，而且也是消费资料中最基本最重要的部分；农业和轻工业所生产的一部分生产资料基本上也是直接为生产消费品提供的，所以，农、轻、重的比例还能大致反映两大部类的重要关系和主要问题。① 为此，下面我们在分析两大部类比例关系时仍以农、轻、重的关系为主要考察对象。

30年来，除了调整时期，在农、轻、重生产安排上，我们执行的基本上是优先发展重工业的方针。

"一五"期间，我们采取了优先发展重工业同时相应发展农业和轻工业的方针，在较短的时间内，打下了工业化的初步基础。这期间，农业和轻工业都有很快的发展，所以重工业的更快增长尚没有引起比例失调，只是"一五"后期，出现了粮、棉、

对我国国民经济发展速度和比例关系问题的探讨

---

① 两大部类是从产品的经济用途即属于生产消费还是生活消费来划分的。而农、轻、重则是从组织生产的角度就劳动对象和生产方式的特点来划分的，它们与两大部类的划分有所不同。实际上，重工业的产品除了大部分是生产资料外，也还有一部分是消费资料，如小汽车和某些生活用机电产品等；农业和轻工业产品除了大部分是消费资料外，也还有一部分是生产资料，如农业自产自用的种子、饲料、役畜、种畜，轻工业生产的包装用品、农业用塑料制品和车马挽具等。因此，以农、轻、重代表两大部类只能粗略地观察问题。

油等主要农产品供应紧张的现象。根据这种情况，"二五"期间本应放慢重工业的发展速度而加快农业和轻工业的发展。党的"八大"通过的关于"二五"计划的建议本来体现了这个精神，是个比较切合实际的方案。可惜这个方案根本没有执行。1958年在"农业大丰收"的浮夸风中，开始了以钢产量翻一番为先导，突出重工业高指标的"大跃进"，其后两年，甚至在农业严重减产的情况下，仍然坚持重工业的高指标，以强化开采、超负荷运转以及粗制滥造等方法强使重工业产值仍继续大幅度增长，结果比例严重失调，工农业生产和城乡人民消费水平大幅度下降。经过20世纪60年代初期几年的调整，到1965年农、轻、重关系才逐步恢复到比较正常的状态。"三五"期间生产建设很不正常，农、轻、重等比例关系又渐趋失调。1970年工农业生产出现较大幅度的恢复性上升后，以突出战备、突出重工业为中心的"四五"计划又使国民经济比例关系失调的情况进一步恶化。1972年出现"三个突破"（职工人数、工资总额和粮食销量超过计划），"四五"计划不得不降低指标。到"四人帮"倒台前夕，国民经济已陷入严重困难的境地。

农、轻、重比例失调的严重现象表现在许多方面，例如，按人口平均的粮食产量长期在600斤上下徘徊。从1961年以来，每年要进口几十亿斤甚至一百多亿斤粮食，解决城市口粮不足的问题；纺织工业多数年份要进口几百万担甚至上千万担棉花，以补充原料不足；市场商品供不应求，连年都有相当大的缺口。

农、轻、重比例失调有多种原因，从农业来看，主要是在制定和执行农业政策上受到极"左"思潮的干扰、破坏；在指导农业生产上大搞瞎指挥，片面理解"以粮为纲"，违反自然规律，破坏自然界的生态平衡；在农产品收购上实行高征购、低价格，挫伤了农民的积极性。所有这些都使农业生产力受到严重破坏。

从工业看，主要是片面强调了优先发展重工业。我国农业物质基础薄弱，劳动生产率很低并且很不稳定，支承工业发展的能力很弱，而要求工业的支援则很强烈。重工业片面的优先发展却正好忽视了这一特点。一方面，给予农业的压力过大，另一方面，又在基建投资和其他财政收支上挤了农业和轻工业。而我国重工业的结构又主要是自我服务型的，不能适应农业和轻工业技术改造和扩大再生产的要求。

从投资看，从1952年至1978年，国家基本建设投资累计约达6000亿元，其中投于重工业占一半以上，轻工业只占5%多一点，农业估计接近12%。同一时期，轻工业投资在全部工业投资中的比重平均只约占9%。我国农业和轻工业投资所占的比重比许多国家都低，与我国农业和轻工业技术改造和扩大生产的要求相比，是很不相称的。

从重工业对农业和轻工业的支援看，这些年来，重工业支援农业的拖拉机、排灌动力机械、电力、化肥、农药等有很大增长，支援轻工业的原材料、设备和动力等也有增长；但是，总的来说，特别是就支援农业的实效来说，是很不够的。重工业的产品中，自身消耗的多，为农业和轻工业提供的少。以钢材生产消费量为例，从1953年至1978年全国钢材生产消费量中，农业（包括农机）和轻工业（包括市场）都只约占13%。重工业支援农业的农业机械，由于质量、品种和配件不足等问题，很大一部分实际上没有发挥作用。重工业给轻工业提供的原料仍只约占轻工业全部原料的30%。这些都是影响两大部类比例关系的重要因素。

（三）比例失调的后果

过去30年中，高积累和片面优先发展重工业是国民经济主要比例关系两次严重失调的最直接最重要的原因，而这些比例关系的失调又严重影响了生产、建设的经济效果和经济发展速度。

经济效果不好，在基本建设方面表现得很突出。基本建设中长期存在的一个老大难问题是战线长，力量分散，由此造成投产率低，建设周期长，经济效果差。从新增固定资产占投资的比例看，"一五"时期占83.7%，"二五"时期、"三五"时期、"四五"时期分别降到71.4%、59.5%和61.4%[①]。如果后三个五年都提高到"一五"时期的比率，则可增加固定资产700多亿元或可节约投资近900亿元。战线长，投产率低，必然引起建设周期过长。据1978年基本建设普查，在建规模相当于当年基建投资额的七倍至八倍，即基建平均周期近八年，比一般比较正常的建设周期长一倍以上。这使大量资金迟迟不能发挥增产的作用，损失浪费极大。

基本建设方面的这种损失浪费，在国民经济大起大落时尤为严重。基本建设都是"上马容易下马难"，中途停建、缓建的项目，不但呆滞大量基金，而且还要支付大量的维护费和遭受自然的损耗，"二五"期间由此造成的损失要以百亿元计算。基本建设是在较长时间内取走劳动力和生产资料，而在这个时间内不提供任何有效用的产品的事业。这个事业的规模不能超过补偿原有生产的物质消耗后余下的可供基建用的生产资料，以及在保证人民消费水平逐步提高的前提下所能剩余的可供扩大再生产新增人员对消费资料追加的需要这个界限。超过这个界限，不但要影响人民的生活和生产的正常进行，而且基建本身也要因材料、设备和人力得不到充分保证，而不能按期竣工投产。

经济效果降低在生产上表现得也很明显。在比例失调情况下，现有企业往往由于燃料、动力和原材料得不到保证而不能充分利用其生产能力。同时在高指标的压力下，采掘工业往往不得不强化开采，加工工业不免盲目发展或超负荷运转，这会打乱生产秩序，使设备受到破坏，结果也会严重影响到生产。这种情

① 《人民日报》1980年3月11日第5版。

况明显地反映在资金产值率下降和占用流动资金增加等指标的变化上。例如，从每百元工业固定资产实现的产值看，1957年是130多元；与1957年比，1962年约减少一半，"三五""四五"期间各年一般减少20%~30%。从每百元工业产值占用的流动资金看，1957年约20元；与1957年比，1962年增加约一倍，"三五""四五"期间大多数年份增加约半倍。

比例失调，经济效果降低的恶果，更集中地反映在劳动生产率和积累的新增国民收入的变化上。以劳动生产率为例，除去恢复和调整时期不算，"一五"时期全民所有制工业全员劳动生产率平均每年增长8.7%，而"二五"时期却平均每年下降5.4%，"三五"时期每年只增长2.5%，"四五"时期每年只增长1.3%[①]。每百元积累的新增国民收入，"一五"时期约达30多元，而"二五"时期接近于零，"三五"时期只达20多元，"四五"时期只达十几元。

由此可见，"二五"时期和十年动乱时期，经济效果是大幅度下降的。如果"二五"和"三五""四五"时期每百元积累的新增国民收入都能达到"一五"时期的水平，则各个时期都可增加巨额国民收入。实践证明，比例失调是影响经济效果，特别是影响国民经济全局性经济效果的最重要的因素，也是影响国民经济发展速度最重要的因素。

正确处理比例与速度的关系

在社会生产和扩大再生产过程中，劳动力和生产资料必须在各部门之间按比例分配，使之适合社会各方面的需要。这种按比例分配社会劳动是一种客观的必然性。在资本主义制度下，它

---

① 《中国社会科学》1980年第3期，第29页。

是通过价值规律自发作用在比例不断被破坏中强制地实现的。在社会主义制度下，则可按照国民经济有计划按比例发展规律的要求，通过计划自觉地安排来求其实现。

但是在过去的实践中，由于对实际情况和客观经济规律的忽视，急躁冒进，片面追求高速度而忽视按比例，我们的计划往往不能在各部门之间合理分配社会劳动和节约社会劳动。高积累和片面优先发展重工业就是破坏社会劳动合理分配的突出事例。如何正确处理比例和速度的关系，这是涉及面很广的大问题。下面仍只就消费与积累的比例以及两大部类的比例谈点看法。

（一）如何正确处理消费和积累的比例

消费、积累比例关系的安排是否正确，对国家建设和人民生活，对国民经济的发展速度有决定性的影响。过去在实践中，重积累、轻消费的种种做法是与我们对消费、积累关系在理论认识上的片面性以及对积累的使用方向和效果的忽视分不开的。要正确处理这个比例关系，就必须从我国实际情况出发，遵循社会主义经济规律，特别是社会主义基本经济规律的要求，处理好以下几个问题：

（1）要正确认识消费与积累之间的内在联系，保持适度的积累率，争取消费、积累与生产之间的良性循环。

消费是生产的目的，积累是扩大生产的手段，两者相比，消费是第一位的，积累是第二位的。但是，从长远的观点来看，没有积累的扩大，也就没有消费的不断增长。所以，积累虽然只是手段，应该服从于目的，服务于目的，但它却并非是不重要的。消费与积累之间的这种关系是社会主义基本经济规律所决定的。

消费与积累是相互促进又相互制约的，两者的关系处理得当，生产可以迅速发展，人民的生活水平也可以不断提高；反之，生产的发展受到阻碍，人民的生活也会遇到困难。实践证明，高积累，低消费，片面地扩大积累，不顾消费，是不能求得高速度的。即使速度暂时上去了，也是不能持久的。

我国人口多，生产水平低，特别是农业没有过关，国民收入不稳定，消费与积累之间的回旋余地少，这是我们处理这个问题不能忘记的基本情况。据此，消费与积累关系的安排，应该遵守下列原则：第一，在大力发展消费资料生产的基础上相应增加人民的消费资金，保证人民的消费水平不断提高并使消费资金的增长与消费品的增长相适应；第二，要把保证原有人口和新增人口消费水平不降低作为积累的最高限或警戒线，不能逾越；第三，要把消费品扩大再生产以及与此相联系的生产资料生产相应的扩大再生产所必不可少的积累作为积累的最低限或消费的最高限；第四，从各个时期的具体情况出发，在上述积累的最低限与最高限之间决定适度的积累率。这个适度的积累率应该在高低限之间偏下的方向寻求，也就是说，这个适度的积累率宜低不宜高。

过去我们在相当长的一段时期中实行高积累、低消费，正是违背了上述原则，以致引起比例失调。以"四五"期间为例（1971—1975年），据粗略估计，新增国民收入平均每年100多亿元，其中，新增消费资金占60%多。而这期间平均每年新增人口1900万人，这新增人口按当时城乡人民平均的消费水平计算，所需消费资金就占每年新增消费资金的40%以上，再从其余不到60%的余额中扣除新增集体消费资金和物价上涨因素，实际可用于提高原有人口消费水平的资金很少。所以，这期间人民的生活水平没有什么提高。而从新增积累资金看，这期间平均每年约增40多亿元，分年看，总是一年高一年低，波动幅度很大，高的一年增加90多亿元，低的减少30多亿元。这说明积累的安排，不时出现冒进的现象，而在国民收入不稳定的情况下，消费就不可能稳定增长。这是消费与积累之间回旋余地小、两者容易发生矛盾的反映。一般说来，国民收入水平愈高并且愈能稳定增长，消费与积累之间回旋的余地就愈大，两者之间的关系就较易安排；反之，就较难安排，更应慎重。在我国目前的情况下，只有大力发展生产，特别是要重视消费品的尽快增产，增加收入，同时保持适度的积累率，才有利于消费、积累与生产之间的良性循环。

（2）积累的分配和使用要克服狭隘的生产观点，兼顾生产与生活、经济与科教。

基本建设不能只重生产性建设而不顾人民生活。有厂房建设，还必须有相应的住宅建设和生活福利设施，作为生产力要素的劳动者才有安身之所，才能安心生产。过去，基本建设中，正由于重生产、轻生活，重主体、轻配套，以致主体工程完成后，往往长期形不成综合生产能力或使生产能力不能充分发挥。这不仅违背社会主义生产的目的，而且也给生产、建设本身造成巨大的浪费。

在基本建设中，也不能只重经济建设而忽视科教建设。教育，作为培养具有现代化知识和技能的劳动者的领域，是为发展社会生产力准备人才的重要部门。这种高质量的劳动者，是生产力各因素中最重要的能动因素，是推动、使用生产资料和把科学技术成果运用于生产的能动因素。所以"人才开发"和"智力投资"比物质建设有更重要的意义。

就科学技术来说，它不但是生产力的重要组成部分，而且是生产力中最能促使其他因素发生巨大变化甚至形成新的生产力的特殊力量。马克思在分析资本主义的经济时就指出过："正像只要提高劳动力的紧张程度就能加强对自然财富的利用一样，科学和技术使执行职能的资本具有一种不以它的一定量为转移的扩张能力。"[1]现代科学技术和生产的发展证明了这一点。第二次世界大战后，许多国家都把发展科技事业作为推进生产高速度发展

① 《马克思恩格斯全集》第23卷，第664页。

的最重要的途径并且取得了显著的成就。而我们过去在相当长的时期内，没有把这个问题放到应有的位置，使我国科技事业和经济发展受到严重影响。

（3）要正确理解积累与扩大再生产的关系，控制积累的规模，提高积累的效果。

社会生产的发展速度，从物化劳动的垫支看，决定于生产基金量的增加速度和生产基金利用效果的提高速度这两个因素。在不增加或少增加生产基金量而更快提高生产基金利用效果的情况下，是可以同样甚至更好地加快生产发展速度的，是可以用较少的积累取得更大的增产效果的。可是，在积累与扩大再生产关系的理论问题上，人们的理解却并不是完全一致的。

"积累是扩大再生产唯一的源泉"，这是斯大林论述马克思社会再生产理论的一个观点。它在我国经济实践中影响很大。过去人们一提到扩大再生产，就以为要搞基本建设，增加积累，以致基本建设战线过长，成为常常出现而不易解决的问题，造成生产建设中极大的浪费。斯大林的上述论点究竟应如何理解呢？我们认为，积累是扩大再生产的源泉，但并非唯一的源泉。马克思说过："生产逐年扩大是由于两个原因：第一，由于投入生产的资本不断增长；第二，由于资本使用的效率不断提高。"[①]在实践中，我们看到，固定资产更有效地利用，燃料、动力、原材料更节约地使用，生产组织管理工作的改进，等等，都可促进扩大再生产，而这些都无须相应地增加积累。对现有企业进行挖潜、革新、改造，可用少量投资而取得很大的增产效果。通过这些途径来扩大再生产，对于我们这样积累能力弱的国家来说，比用增加积累、新建企业来扩大生产更有意义。

积累对扩大再生产的作用，可以用国民收入增长与积累及

对我国国民经济发展速度和比例关系问题的探讨

---

① 《马克思恩格斯全集》第26卷（Ⅱ），第598页。

其效果的关系的公式来说明。我们知道，国民收入的增长速度＝积累率×积累效果（积累效果即单位积累提供的国民收入增长额），用公式表示就是：

$$\frac{\Delta Y}{Y} = \frac{H}{Y} \times \frac{\Delta Y}{H}$$

式中：Y 为国民收入；ΔY 为国民收入增长额；H 为积累额。

从这个公式中，可以明显地看出，国民收入的增长不只是决定于积累率，而是同时还决定于积累的经济效果。如果积累率虽高，而积累效果很低，那么，国民收入的增长速度仍不可能高。前面我们已经指出，我国经济发展的长期平均速度呈现了下降的趋势；而另一方面，积累率则相反地呈现上升的趋势。为什么积累率提高了，经济发展速度反而下降，主要就是因为积累效果下降了。第一个五年计划时期的积累效果是每百元积累可提供国民收入约30余元，而第四个五年计划时期却下降到只有十几元。

假设第四个五年计划时期的积累效果也能维持"一五"时期的水平，那么，"四五"时期国民收入增长速度就会比实际每年增长速度提高一倍以上。或者，为达到"四五"时期实际的增长速度所需的积累率就可以降低一半左右。

上述情况说明，高积累并不一定带来高收入、高速度，关键在于提高积累效果。那种只看重积累率而忽视积累效果的观点是十分错误的。我们要争取的应该是在保持适度的积累率下，最大限度地提高积累效果，以求国民收入高速度增长。这样，既有利于消费与积累关系的合理安排，又有利于充分发挥现有生产潜力，加快生产发展速度。

（二）如何安排好两大部类的比例关系

两大部类的比例是社会物质生产最基本最重要的比例。如何正确安排这个比例呢？这要在马克思主义关于社会扩大再生产原理的指导下，结合我国的特点来加以探索。我们认为，这要处理好以下几个问题：

1. 要克服关于生产资料生产优先增长原理在认识上的片面性。生产资料优先增长是在技术进步引起生产有机构成提高的一定条件下，社会扩大再生产的一种客观要求。正确理解这个原理对于两大部类关系的安排和国民经济的发展速度有极重要的意义。

过去，我们片面优先发展重工业，实质上是同对生产资料生产优先增长原理的片面理解分不开的。这种片面性主要表现在以下几方面：一是忽视了社会主义生产的目的与实现这个目的的手段之间的辩证关系。重工业是使国民经济逐步建立在高度技术基础上的手段，是扩大消费资料生产的手段；消费资料生产才是满足人民生活需要，实现社会主义生产目的的直接物质基础。从这个意义上说，消费资料生产应置于首先安排的地位。可是，过去我们发展重工业往往并未重视这一点。这实质上是对社会主义生产目的的忽视。二是忽视了消费资料生产是生产资料生产必要的条件和推动力，忽视了生产资料生产最终要以个人消费为转移。没有消费资料的供应，作为生产力要素的劳动力不能进行简单再生产；没有消费资料的不断增长来保证作为社会主义国家主人的劳动者的物质文化生活的提高，社会主义生产和一切活动的动力会受到削弱。这些重大的问题在片面发展重工业中是往往被忽视的。三是没有充分认识我国经济情况特别是农业的特点，并在发展重工业的方针中充分估计到这些特点。我国农业劳动生产率和商品率低，承受工业发展的能力弱；半封建、半殖民地社会的小农经济迅速进入社会主义后，在此基础上建立现代化大工业有许多特殊的困难。面对这样的农业，重工业如何给予切实有效的支援来加强这个基础，这些问题，在片面发展重工业时也是往往没有得到认真考虑的，以致重工业往往冒进，脱离了农业这个基础。

本来以满足人民需要为目的的社会主义生产，如果把消费资料生产放在首位，按农、轻、重的次序安排生产，以多发展一些农业和轻工业的办法来促进重工业的发展，是可以在保证消费资料不断增长、人民生活水平不断提高的前提下，取得重工业较快的发展。而实际上我们没有这样做，优先发展重工业被理解为首先安排重工业，安排生产的次序实际是重、轻、农而不是农、轻、重，以致重工业往往孤军突出，最后不得不被迫后退。社会主义经济不存在资本主义经济那种由于剥削产生的对人民消费的限制，这是它的巨大的优越性；但是，如果忽视了人民的需要和满足这种需要的消费资料的增产，那就无异于以另一种形式给自己的生产设置了障碍，使固有的优越性无从发挥。过去正是由于片面优先发展重工业而招致了严重的恶果。这种恶果已引起一些人对在工业化过程中生产资料生产优先增长的必要性产生怀疑甚至否定。

我们认为，这种怀疑和否定也是片面的。我国正处在四个现代化的初期，工业、农业、建筑业和交通运输业等各物质生产部门的技术装备都比较差，特别是农业目前还主要是手工劳动，这都需要为数极大的技术装备和其他生产资料。同时，在现代化过程中，新的工业部门要不断出现，建筑业的一部分要日益工业化，农业生产的一部分也要工业化，城市公用事业、商业以及科学文教设施等都要日益现代化，国防也要加速现代化，所有这些都需要大量的技术装备和燃料动力等，这都有赖于重工业迅速发展。特别是能源工业的发展，现在已经成为整个经济发展的一个关键，我们必须十分注意。

总之，在实现工业化的过程中，特别是在以机械装备代替手工劳动的技术进步的条件下，生产资料优先增长，是社会扩大再生产的客观要求，这是不能否定的。但是，生产资料生产的优先增长，只是工业化过程中一种长期的发展趋势，是两大部类生产在互相促进、互相制约中发展的结果，而不能作为不管客观条件如何都得坚持执行的不变方针。在一般的比较正常的情况下，可以在首先安排消费资料生产逐步增长，保证人民生活逐步提高的前提下，取得生产资料生产的适度的优先增长；但这不排除在一定时期一定条件下（消费资料生产已经大大落后的情况下）消费资料生产快于生产资料生产。例如，在当前的国民经济调整时期，就应该这样做，以便使失调的比例恢复正常。即使在正常情况下，生产资料生产可以优先增长时，它与消费资料生产增长速度的差距也不宜过大①。

2. 改变两大部类的内部结构，促进两大部类平衡发展。在社会扩大再生产的过程中，两大部类之间的平衡发展包括了千万种产品的相互交换及其在实物量和价值上的平衡。因此，两大部类之间比例的合理安排是以两部类内部各部门比例的合理安排和内部结构的健全作为基础的。从过去的实践看，我国农、轻、重比例容易失调是与它们内部结构不健全有密切的关系。

就我国农业内部结构来说，原来就是以种植业，特别是粮食为主，而林、牧、副、渔各业很薄弱。这种落后的不合理的结构长期以来不但没有得到什么改进，有些地区甚至反而趋于恶化。例如，过去许多地区片面执行以粮为纲的方针，采取"弃牧种粮""毁林开荒""围海造田""围湖造田"等做法，就破坏了自然资源和自然界的生态平衡，造成十分严重的恶果。现在我国农业内部结构很不合理，1978年农业总产值中，估计种植业约占68%，牧业约占13%，林业和渔业分别占3%和1%多一点。就种植业与畜牧业相比，两者的比例是1∶0.2。而现在经济发达国家一般都是牧业超过种植业，如近年美国种植业与牧

---

① 我国"一五"时期，农、轻、重的比例虽属比较协调，但其速度的差距也还是偏大的，那是经济建设刚开始，重工业开始打基础时的情况。今后即使在调整时期以后，工业持续增长的速度不会那样高，农、轻、重速度的差距也不应那样大。从工业发达国家的趋势来看，随着工业化的实现，轻、重工业的速度的差距是越来越小的。

业的比例是1：1.5，英国是1：1.9，联邦德国是1：2.8，法国是1：1.3，苏联也是1：1.1。要加强我国农业这个基础，就必须在发展种植业的同时，更快地发展林、牧、副、渔各业，改进现有不合理的结构。

改进农业内部结构，实质上是充分利用农业劳动资源以及自然资源和自然条件并使它们更好地结合起来的必由之路，也是利用农业内部生产条件，提高农业劳动生产率的重要途径。劳动资源不与自然资源相结合，劳动力只是潜在的生产力，自然资源只是沉睡的潜在的资源。我国农村现在这两种资源的潜力都极大，必须大力开发利用。我们过去把3亿劳动力主要集中在15亿亩耕地上搞种植业的做法，是不利于利用农业内部生产条件和提高农业劳动生产率的。这样做，一方面会使某些地区劳动力过分密集（精耕细作过度），不免出现报酬递减的现象，从而降低劳动生产率；另一方面，许多待开发的自然资源和待利用的自然条件，却会由于缺少劳动力而得不到充分的利用，这又大大限制了农业劳动生产率的提高。我国耕地虽不多，但是林、牧、副、渔等方面的资源很丰富，条件很好，潜力很大。只要使富裕的劳力和富饶的自然资源更好地结合起来，就可以充分利用农业内部的生产条件，大大加强农业承受工业和其他各项事业发展的能力。这些对农、轻、重比例关系的安排和社会扩大再生产的加速进行都是十分重要的。

就重工业内部结构来说，采掘工业与原材料工业和加工工业都是相互联系、互为条件的。重工业各部门所需要的生产资料主要是通过内部交换而实现的。内部结构不合理，会使一些部门所需要的生产资料不能全部得到满足，从而影响重工业本身甚至整个社会再生产的进行。采掘工业受到自然条件的限制，建设过程长，投资多，资源耗竭后不能再生，一般容易落后于需求。当前电力不足就使四分之一以上的工业生产能力不能充分发挥作用。

因此，重工业建设应以采掘工业为基础，特别是燃料动力工业应该先行。在当前国民经济调整中，整个重工业战线虽然应该相对收缩或放慢发展速度，但是，燃料动力工业却必须在调整中加强建设。

近年我国燃料生产总量中，煤约占70%，石油约占20%，水力发电只占3%~4%，天然气只约占3%。新兴能源的利用还微不足道或没有开始。20世纪80年代世界性的能源危机将继续发展，当前许多国家都在大力研究如何利用核能、煤炭液化和气化、油页岩、油沙、酒精石油、太阳能、地热能等。随着现代化的进展，我国生产上和生活上耗用能源都将日益增长，能源紧张将是一个较长期的问题。我国煤的储量最丰富，煤在燃料构成中的优势地位看来在今后相当长的时期内是不会改变的；但从燃料资源与需要的长期发展趋势和世界能源开发的前景看，我们在加强煤、石油等资源的开发的同时，也应该对新兴能源的研究，未雨绸缪，避免临渴掘井。

重工业改进内部结构的另一个重要问题是其发展方向如何适应农业和轻工业技术改造和扩大生产的要求。过去重工业对农业和轻工业支援不够，不仅有数量问题，而且更重要的有品种、质量上如何切合需要的问题。过去支农产品中不少是质次价高或与农业技术改造地区特点不相适应的产品，有些农业急需的机械还不能制造；有些轻纺工业所需的高精尖设备也还不能制造。轻纺工业从重工业取得的原材料和燃料动力也远不能满足需要。以化纤为例，目前我国纺织工业原料中化纤只约占7%，而世界纺织工业原料构成中这个比重平均占40%以上。美国、英国、联邦德国、日本，占70%~80%，苏联占30%。如果我国能提高到20%~30%，每年进口原棉几百万担到近千万担的外汇就可节省下来。我国耕地少，粮棉、粮麻等争地矛盾很尖锐，大力提高轻纺工业原料中工业原料的比重对减轻农业的压力和调整农、轻、重关系是有很大作用的。我国是十亿人口、八亿农民的国家，农业是重工业无比广阔的市场，轻工业也是重工业无比广阔的市场。端正重工业的发展方向，改进重工业的内部结构，可以极大地改善农、轻、重之间的关系，大大促进两大部类生产的发展。

3. 提高经济效果，改善两大部类相互依存和相互支援的关系，促进两大部类平衡发展。两大部类在扩大再生产过程中，都要在内部交换产品的同时与外部交换产品。因此产品生产物质消耗的大小和劳动生产率的高低，都会大大影响两大部类之间的依存和支援的关系。从重工业与农业和轻工业之间这种关系来看，如果重工业生产的扩大主要靠提高劳动生产率而不是主要靠增人，同时重工业生产过程中自身的物质消耗能够不断降低，而不是愈来愈高，那么，它对农业和轻工业的压力就会相对小得多，而给予它们的支援则会相对增大很多。这样，同样生产水平的农业和轻工业就可支撑相对较大的重工业生产。可是，我们过去的实践却是另一种情况。重工业过快发展却往往主要靠增人而且物质消耗很高，以致在片面优先发展重工业下本来安排过大了的重工业生产给予农业和轻工业的压力更加沉重，从而不能不加重失调的程度。"二五"初期重工业猛上，特别是动员千百万人大炼钢铁不计消耗的恶果，就是最突出的例证。实践证明，扩大重工业生产必须注意两点：一是重工业的规模不能超过农业和轻工业支撑的能力；二是重工业在发展过程中必须千方百计提高劳动生产率和降低物质消耗，以便减轻对农业和轻工业的压力而增加对它们的支援。

在当前的调整中，我们更需要改善农、轻、重之间这种依存和支援的关系。实际上，这方面的潜力是很大的。与外国先进的水平相比，潜力更大。从燃料的利用来看，我国现在能量利用率只达28%~30%，比日本和西欧各国低得多（日本利用率超过50%，西欧各国超过40%），如果改进设备和燃料使用方法使能

刘国光
经济论著全集
第2卷

量利用率达到西欧的水平，就相当于增产两亿吨煤，等于当前我国煤的消费总量的三分之一。与日本相比，我国能源消耗量与日本相差不多，而我国工业生产成果只约等于日本的四分之一。积极挖掘这种潜力，是改善农、轻、重关系和加速经济发展的重要途径。

（三）按比例才有高速度

以上我们分别考察了消费、积累比例以及农、轻、重比例与速度的关系及其合理安排的问题。可以看到，比例和速度是互相依存和互相制约的。在既定的生产条件下，不同的比例会有不同的速度；不同的速度也会对比例的安排提出不同的要求。脱离实际的高速度会破坏再生产所要求的比例。"二五"以来两次严重的经济失调，从直接的经济原因来分析，主要是由于盲目追求速度而忽视了比例。高积累、低消费和片面优先发展重工业而不顾农业和轻工业相对落后的做法就是忽视比例关系合理安排的明显例证。实践证明，忽视比例，追求速度，总是事与愿违，适得其反。

过去有一种含混的提法，说比例的安排应该保证高速度，服从高速度。这种说法容易引起误解，似乎高速度就是最好的速度，就是比例安排的依据。实际上，最高的速度不一定是最好的速度。我们社会主义生产追求的应该是符合社会主义生产目的、可以保证在发展生产基础上不断提高人民生活水平的那种高速度，而不是一般的、抽象的，甚至不具备这种内容的高速度。人民要求的是实惠而不是虚名，从近期与长期的结合来看，不能提高消费水平的高速度，不是人民所要求的，也不是合理的比例安排所要服从、所要保证的。

在比例安排中，一个极重要的问题是平衡与不平衡的问题。国民经济的发展是各种错综复杂的内在矛盾的运动过程，其表现形式是：不平衡→平衡→新的不平衡→新的平衡。过去有人以客观上不平衡的绝对性来否定计划平衡的必要性，认为按"长线"平衡和"留有缺口"是可以激发人们革命能动性的"积极平衡"，而把"留有余地"视为"消极平衡"。实践证明，这些观点是片面的，不正确的。它会导致比例失调的严重后果。我国"二五""三五""四五"期间，许多年份国民经济的比例失调，从认识上看，是与这些观点有关的。我们从实践中可以看到，正由于生产建设中往往留有缺口而不是留有余地，以致基本建设规模常常超过物质资料所能保证的界限而拖延了工程进度，降低了竣工投产率。同时在基建与生产争原材料的情况下，生产部门也往往有生产任务而缺少原材料保证，甚至搞"无米之炊"，于是"采购员满天飞"，各种歪风邪气流行。这种恶果迄今在有些地区还未能完全肃清。

计划安排要"留有余地"，而不能"留有缺口"，这是经济发展的客观要求。因为在再生产过程中国民经济各部门和生产力各要素都在不断变化，自然条件、技术条件、经济条件、政治条件以及人的因素都会发生这样那样的变化。要应付这些变化，就必须"留有余地"，以免不测事件发生时，顾此失彼，捉襟见肘。同时，"留有余地"也有利于鼓舞劳动者争取完成和超额完成计划，而不致在虽竭尽全力也无法完成计划时，失去信心和斗志。

与积极平衡和消极平衡相联系的还有一个"能动性"和"唯条件论"之争的问题。"二五"初期，我国经济学界在关于比例和速度关系问题的讨论中，曾有人把按实际条件安排比例和速度的关系视为"唯条件论"，使之与"消极平衡"相联系；而把强调主观能动性作为"积极平衡"的标志。实践证明，人的主观能动性虽然不应忽视，但是，如果过分夸大则会变成主观唯心主义，不利于比例与速度关系的正确安排，不利于国民经济按比例高速度发展。

平衡与不平衡的变化是事物运动的形式。我们必须在不平衡里面求平衡，从发展中求平衡。这就不仅要对运动中的事物的变化做出恰如其分的估计，而且要积极采取措施，促进矛盾向有利于我们的方向转化。例如，前面所说的通过提高经济效果来改善两大部类生产之间互相依存和互相支援的关系，就是这种促使矛盾转化的工作。在其他各种比例关系安排中开展这种工作也是十分必要并有广阔余地的。

正确处理比例和速度关系的最高要求，是要取得最优比例下的最优速度。这个最优的概念应当包括的内容，一是符合社会主义生产的目的；二是符合社会扩大再生产必要的平衡的条件及其数量界限；三是能够充分而合理地利用社会的人力、物力，以最小的劳动消耗取得最大的成果。这种速度，从短期来看，不一定是最高的；但从长期来看却是持久的稳定的高速度。这里所谓"最优的速度"，当然是按一定的要求和一定的标准来说的，不能绝对化地理解。比如遵循发展生产提高生活这个原则要求来安排比例和速度的关系，也可能有多种方案，因为在增加积累和提高人民消费之间有多种结合，也就是说有多种选择，这是要根据各个时期不同的条件和需要，对不同的方案进行认真细致的比较研究而做出选择的。

当前我们正处在国民经济调整时期，消费、积累比例以及农、轻、重比例等许多重要的比例关系还不协调，必须坚决贯彻执行调整国民经济的八字方针，使失调的比例恢复正常。从经济中存在的长、短线来看，这包括大力加强"短线"，严格控制"长线"以及截长补短等措施，也包括各部门积极采取措施，提高经济活动的效果，改善部门之间的相互关系以促使矛盾的转化。在调整过程中，我们不能不适当降低经济发展的速度，以便过去负担过重、强化开采、超负荷运转的部门和企业在减轻压力下有条件进行调整、改革、整顿、提高工作；也便于过去跑快了的部门和企业在放慢脚步后更有条件这样做。这是国民经济调整的要求，也是综合平衡的要求。这一切，也可以说都是为了使各项比例得到合理安排，为经济的平衡发展创造条件，以便争取最优比例下的最优速度。

　　国民经济比例的安排，实质上就是要在国民经济各部门之间按社会需要合理分配社会劳动，这是极其复杂而艰巨的任务。社会主义生产资料公有制虽然为这种合理分配社会劳动创造了资本主义不可能有的优越条件；但是，要做好这件事仍是很不容易的，这需要我们遵循社会主义基本经济规律和国民经济有计划按比例发展规律的要求，从各个时期实际条件出发，认真探索社会扩大再生产必要的平衡条件及其数量界限，进行切实细致的工作。与此同时，还要在计划工作中，自觉运用价值规律和市场机制的作用。

苏联经济学者关于编制国民经济计划三种不同出发点和逻辑程序的论述[*]

（1980年7月）

　　1973年由勒·雅·别利主编出版的《苏联国民经济计划》一书中，提出国民经济计划编制中有三种不同的出发点和三种不同的逻辑程序。第一种是以最主要的产品的生产任务（主要是重工业产品）为出发点，在部门方案的基础上拟订计划。第二种是以社会最终消费为出发点，在数学模式体系的基础上综合地拟订计划。第三种是以有限资源为出发点拟订的最优计划。作者指出，第一种做法是长期以来计划工作中实际用的。第二种、第三种是在近些年来运用电子计算机后逐渐形成的。其中第二种已经在国民经济计划工作中试验应用，第三种还在研究探索，在有些部门里试验应用。现将作者对这三种方法的论述简介如下：

一、以部门方案为基础的计划

　　以各个部门的发展任务为出发点拟订计划，从20世纪20年代末期开始，战前几个五年计划和战后最初几个五年计划，都是这样做的。

　　工业化最初几年，拟订计划的出发点主要是重工业部门的发

---

*　原载《经济研究参考资料》1980年第108期。

展任务，包括钢、燃料、动力等。在解决了工业化的最优先的任务以后，有多余的资源才能拨给其他部门发展使用。

直到不久以前，许多经济学者都认为：不可能同时确定所有部门的任务。国民经济计划不可能一次地综合地拟订。所以必须从一些部门开始。

如果从一些主要生产资料的生产任务（钢、电力等）开始编计划，那么就会产生一个团团转的问题。譬如说，我们开始从发电量来编计划。为了确定发电量计划，必须计算国民经济对电力的需要，这又要求计算所有消费电力的部门的计划产量，就是说，要求拟出国民经济所有部门的生产规划。

因此，为了确定任何一个部门的产量，必须知道所有其他部门的产量。这看来是一个不可能解决的课题。但是在实际工作中这个课题还是逐步解决了。编制计划，从拟订几个主导部门的初步方案开始，然后算出有关部门和其他部门的生产任务，并修改起初提出的任务。同时确定每个部门可能增加的生产能力、就业人数、劳动生产率的增长、物资消耗的节约等，也就是弄清每个部门可用于扩大生产的一切资源和潜力。结果，逐渐地勾画出计划的一般轮廓，生产规模，对基建投资的需要，等等。用上述的方法，就可以编出初步的相互平衡的计划方案。

拟订部门的计划方案，在任何计划程序中都是不可少的。因为只有各部门的专家比别人更多地知道有关部门的生产潜力、技术进步的趋势等。但是，总的来说，在个别部门的范围内，不可能准确确定部门的发展远景，因为各主管部门的工作人员不可能确定国民经济所有部门对自己部门生产的产品的需要，更重要的是他们不知道在计划期间会拨给他们多少基建投资。

为了消除部门计划方案中不切实际的因素，国民经济计划的拟订就要从算大账开始。这种计算可以确定计划期间基建投资的大约的规模及其在各部门之间的初步分配。在现行计划方法下，确定计划期同投资总规模特别是它们在各部门间的分配，科学的根据还是不很充分的，在相当程度上带有摸索性质。

以部门方案为基础拟订计划，同时要有综合的平衡核算。不过直到不久以前，这种工作只是在拟订计划的结束阶段，为了控制的目的才搞的，因此只能对部门方案做出个别的修订。近几年来，在编制计划的初始阶段，就对国民收入、基建投资额等进行了综合的计算，以此来校正部门的方案。实际上，最初阶段的综合计算同部门方案之间暂时还缺乏有机的衔接。所以，计划的平衡并不总是完全可靠的。

二、在模式基础上的综合计划

编制统一的国民经济计划，应当具有综合性。计划应当同时包括一切部门和一切地区。只有这样，才能保证国民经济计划中的条块结合。即使是国民经济计划的各个部分的拟订，也必须注意计划的综合性。例如，拟订生产规划需要知道建设规划，另一方面，如果还没有生产规划，也不能拟订基建投资计划。显然，必须同时拟订生产规划和建设规划。在生产增长、就业人数、他们的收入与消费之间，也存在着同样的有机联系。

当前，应该按怎样的程序来编制计划呢？在已经建立了强大的国家经济实力以后，计划工作的出发点应当不再是个别的最重要的生产资料的生产任务，而应当是社会需要。科学的计划工作要求在拟订计划的初始阶段，确定国民经济发展规划的重要参数、轮廓，以此为出发点，可以进一步按部门拟订更详细的计划。而在结束阶段，在综合部门的和地区的详细计划方案的基础上，把计划的综合指标、总的轮廓修订得更为准确。因此，从一般到个别到具体，和从个别到一般，这就是国民经济综合计划的逻辑。

综合地制定国民经济计划，要求利用一整套相互联系的经济数学模式。目前，在计划工作的实践中已经有成熟的条件，来利用下面一整套经济数学模式：

Ⅰ.经济发展的宏观模式

Ⅱ.部门联系模式

    1.按大组划分的部门动态模式

    2.细分的部分联系模式

Ⅲ.各部门生产发展与配置的计划模式

Ⅳ.企业最优计划模式

经济发展的宏观模式可以用来计算国民收入、社会产品、最终产品的实物量增长速度，消费基金和积累基金，两大部类，生产领域与非生产领域之间的对比关系，基建投资、劳动资源；劳动生产率的增长速度和基金产值率等国民经济发展的基本指标。得出最终产品、国民收入等指标后，可以用于部门联系模式的计算。部门联系平衡表用来确定社会生产的结构，国民经济各部门发展的速度和比例，确立各部门生产的平衡关系。

社会最终产品包括消费品和用于扩大生产及用于补偿更新的劳动工具。最终产品的最重要的组成部分是个人的和社会的消费基金。非生产性积累——住宅建设等，也包括在最终产品之内。我们关心的就是社会的最终产品。这里面扣除了生产过程中的物资消耗，没有重复计算。

计算了社会最终需要以后，编制部门联系平衡表的第二个重要阶段是拟订计划的直接消耗系数。编制部门联系平衡表实质上意味着在最终需要和消耗系数的基础上，拟订所有各大部门的生产规划，这个规划是计划的骨架，是制定部门、地区乃至企业的具体计划方案的指针。以消费基金和非生产积累，物质消耗和基金占用的先进指标为依据，确定社会产品的数量和结构，以及生产性基建投资的规模和结构，有着十分重要的意义。这样做，就可以准确地计算生产资料生产和消费资料生产之间的必要的比例，使计划规定的生产资料生产的增长同人民消费有机地联系起来。

作为试验，目前编制两种部门联系模式。在开始阶段，编制按大组划分为十八个部门的部门联系平衡的动态模式。在此基础上，编制较为详细的部门静态平衡模式。按价值表现的部门联系计划平衡表包括了一百个以上的部门。目前已在试验编制实物——价值平衡表，其中列出经济主管部门，从而使部门联系平衡表更接近于现行计划工作的实践。按实物编制的部门联系计划平衡表包括了好几百种产品。更详细的产品品种在按大部门编制的部门内产品联系平衡表中，得到了反映。在部门内平衡表的基础上，可以从部门的最终产品（部门最终产品包括供本部门以外用的中间产品）确定部门内的周转额。有些部门，部门内的周转额很大，如化学工业的部门内周转额占总产值的五分之二。编制这些平衡表可以使中央计划机关集中注意力于只确定部门的最终产品。

下一个阶段是计算部门的生产发展和配置计划。部门计划又是制定企业最优计划的基础。

总的来说，国民经济的综合生产规划，同部门计划和工厂计划是有机结合的。从综合的部门联系模式到部门的具体方案和企业的最优计划，这些计划方案充实了最初的计划方案，并修订最初的参数。这应当成为编制国民经济计划的程序。

应当指出，在编制生产规划的同时，要编制基建投资计划，利用劳动资源的计划，提高人民生活水平的计划。这样就可以保证计划的各个方面的协调。

利用部门联系模式和电子计算机，可以保证计划的综合性、多方案性和平衡性。部门联系计划模式能够在短时间里得出几个平衡的计划方案，并从中选出有效的一个。但部门联系模式不能完全解决提高效率的问题。严格地讲，选择最优的计划方案，这里还得不到保证。

三、国民经济的最优计划

在苏联经济发展的所有阶段，计划机构都在寻找计划的最优方案。但是靠经验选择，不能从许多方案中找到严格数学意义的最优计划。因此产生了最优计划的问题，即在一定的具体条件下，保证社会生产的最好效率，国民经济的最有利的比例关系。

目前，最优计划的观念，还在探索的阶段。下面是最优计划理论的一些基本原理：

1. 社会主义经济被看成是一种以公有制为基础的，自觉地实现最优化的制度。

2. 社会主义制度下，存在着统一的最优化的标准，即最大限度地满足社会成员的需要，选择经济发展的最好途径。

3. 社会在每个一定时间里拥有的劳动资源、自然资源、生产能力和科学技术知识是有限的。

4. 在生产中和最终消费中使用资源的方法上，存在着广泛的相互代替的可能性。

5. 国民经济是由许多不同的要素组成的复杂的体系，国民经济及其管理机构都存在着多层多级的结构。

6. 局部利益一定要同经济发展的目的相协调，换句话说，应当保证各级经济单位和工作人员从经济上关心整体经济任务的解决。因此，对于各个经济组织活动效果的评价，应当同国民经济整体的最优标准一致起来。

从理论上讲，国民经济计划的严格的最优化，可以运用数学规划方法来解决，在最优计划理论中，价格和对资源的评价占有特殊的地位。最优价格就是在计算最优计划时用的价格，具有十分重要的属性。它们把计划中可以相互代替的产品的生产，置于同等有利的条件下，它们考虑到需求和供给情况，刺激最有效率的生产。

最优计划的主要优点在于把比例（平衡性）同计划最优方案的选择结合起来。可是，采用最优计划方法，有许多理论上的困难和实际上的困难。其中包括：（1）确定最优计划的评价标准；（2）最优计划课题的计量、综合和细分的问题；（3）定额基础问题。

理论上的最大难题是确定整个国民经济发展计划的最优标准问题。在经济学文献中讨论过以下一些最优标准：

1. 用最小的社会劳动消耗，取得一定量和一定结构的社会最终产品；

2. 最大的国民收入实物量；

3. 整个计划时期中最大的消费基金和非生产性积累；

4. 社会成员最大福利（包括非生产领域的服务和自由时间因素在内）。

在展望的时期内，资源为一定的条件下，必须保证消费基金、非生产性积累和非物质性的劳务有一个最大的量，有一个与需要相适应的结构；必须保证劳动条件的改善；同时还要保证在计划期完了后的后续时期生产的进一步高速度发展；保证巩固国防。如何把所有这些用一个统一的标准来表现，这个问题还有待研究解决。